人性的弱点全集

How To Win Friends And Influence People

[美] 戴尔·卡耐基◎著 景青◎译

長江出版傳媒 | 长江文艺出版社

新出图证（鄂）字 03 号
图书在版编目（CIP）数据
人性的弱点全集 /（美）戴尔·卡耐基 著　景青 译
武汉：长江文艺出版社，2014.5(2024.10 重印)
（最伟大的励志书）
ISBN　978-7-5354-7026-3

Ⅰ.人…　Ⅱ.①戴…　②景…　Ⅲ.心理交往—通俗读物　Ⅳ. C912. 1-49

中国版本图书馆 CIP 数据核字（2013）第 246843 号

责任编辑：远　林　　　责任校对：毛季慧
封面设计：新华智品　　　责任印制：邱　莉　王光兴

出版：长江出版传媒 | 长江文艺出版社
地址：武汉市雄楚大街 268 号　　　邮编：430070
发行：长江文艺出版社
电话：027—87679360
http://www.cjlap.com
印刷：三河市百盛印装有限公司

开本：700 毫米×1000 毫米　　1/16　　印张：24.375
版次：2014 年 5 月第 1 版　　　2024 年 10 月第 2 次印刷
字数：391 千字

定价：79.80 元

目录
Contents

6 走出孤独，战胜忧虑

7 防止疲劳，永葆活力

8 平安快乐的要诀

9 拥有成熟的心灵

10 规划工作，善于理财

11 你是沟通高手吗？

一 人际交往小诀窍

人际交往 ‹‹‹

一个人的成功，15%归结于他的专业知识，还有85%归结于他的人际交往及其他的能力。

1

欲采蜂蜜,勿蹴蜂房

智慧语录

尽量去了解别人,而不要用责骂的方式。设身处地地想,他们为什么要这样做,这比批评责怪要有益得多,而且让人心生同情、忍耐和仁慈。

1931年5月7日,纽约发生了一桩前所未有、骇人听闻的围捕格斗!凶手是个烟酒不沾,叫"克劳雷"的罪犯,他是个双枪杀手。警方经过几周的搜捕,最终在西末街——他情人的公寓里将他抓获。

150名警方治安人员,把克劳雷包围在他公寓顶层的藏身处。他们在屋顶凿了个洞,试图用催泪毒气把克劳雷逼出来,并在四周的建筑物上架上枪。一个多小时后,纽约市这个原本清静的住宅区内,响起一阵阵的惊心刺耳的枪声。克劳雷藏在一张堆满杂物的沙发后面,用短枪接连地向警方人员射击。无数的市民怀着紧张不安的心情,观看了这幕警匪格斗的场面。这是纽约市从未有过的场面。

当克劳雷被捕后,警察局长马洛里说:"这个暴徒是纽约有史以来最危险的一个罪犯。"并说,"克劳雷他杀人,就像切葱一样……连眼睛也不会眨一下。"

可是,"双枪杀手"克劳雷又是如何看待自己的呢?当警方人员围击他藏身的公寓时,克劳雷写了一封公开的信,信中这样写着:"在我外衣下掩藏的是一颗疲惫的心——仁慈的、一颗不愿意伤害任何人的心。"信上留着他鲜红的血迹。

事发前不久,克劳雷还在长岛的一条公路上驾着汽车跟一个情人调情。

当时有个警察,突然走到他停着的汽车旁边,说:“请出示你的驾驶执照。”

克劳雷不说一句话,拔出他的手枪,就朝那警察扫射,警察倒地而死。接着他从汽车里跳了出来,捡起那警察的手枪又朝他的尸体放了一枪。这就是克劳雷所说:“在我外衣下掩藏的是一颗疲惫的心——是仁慈的、不愿意伤害任何人的心。”

克劳雷最后被判死刑,行刑前,你想他会说:“这是我杀人作恶的下场”吗?不,他说:“我是为了自卫,才这样做的。”

也就是说克劳雷觉得自己没有任何的错,他丝毫不为自己的行为而忏悔。

再听听下面这些话:

“我将一生中最好的岁月给了别人,为他们获得幸福,而我所得到的只是侮辱,一个亡命之徒。”这是美国的第一号公敌“卡邦”说的,他是横行在芝加哥一带一个穷凶极恶的匪首。可是,他认为自己是一个造福于民的人,只是被人误会而已。舒茨也曾如此。他接受新闻记者采访时说,他是一位有益于人民的人。其实,他在纽约是个令人发指的罪犯,因江湖恩怨被同类杀死。

就这个问题,我曾经和华赖·刘易斯有过几次通信。他是星星监狱的狱长,他说:“在星星监狱中,很少有罪犯承认自己是坏人,他们和你我一样,都会为自己辩解。他们会这样告诉你,为什么要撬保险箱,为什么开枪伤害人,甚至辩护自己反社会的行为,他们总能找到各种理由,结论是:他们根本就不应被关起来。”

就连卡邦、克劳雷及监狱中的暴徒都不曾为自己的行为自责,那我们又如何强求一般的人呢?

已故的华纳梅格曾承认说:“三十年前我就明白,责备别人是愚蠢的行为,我并不抱怨上帝将智能分配平均,我对克服自己的缺陷已感到非常吃力了。”

华纳梅格早就知道了这一点,我们在这古老的世界上,盲目地行走了三十多年,然后才豁然领悟:一百次中有九十九次,没有人会为了任何一桩事情来批评他自己,无论错误到怎样的程度。

著名的心理学家斯金勒通过动物实验证明:因好行为而受到奖赏的动物,它学习得更快,也更持久;因坏行为而受到处罚的动物,它学习的速度和持续力都比较差。这个原则用在人的身上也一样。心理学家汉斯·赫尔说:“更多证据显示,我们都怕受人指责。”

因批评而引起的怨愤,常常使亲人、朋友情绪低落,对改变事实却毫无益处。

俄克拉荷马州的乔治·约翰逊是一家公司的安检员,他的职责之一就是检查工人有没戴上安全帽。据他报告,每当发现工人作业时没戴安全帽,他便利用职务权威要求工人改正，但结果是受批评的工人很不高兴，等他一走开，他们又不戴上帽子。

后来他决定改变工作方式。当他再看见这类情形时，就会问工人帽子戴起来是不是不舒适，或是帽子尺寸不对，然后再和蔼可亲地提醒不戴帽子的危险性，再要求他们最好还是戴上。这取得的效果要好得多，工人也很容易愉快地接受。

从上千页的历史中，你可以找出很多很多样指责无效的例子。罗斯福和塔夫特总统那著名的争论导致了共和党的分裂，而使威尔逊进了白宫，使他在世界大战中建立功勋，改变了历史的趋势。

让我们回忆一下当时的情形：

1908 年，罗斯福离开白宫的时候，共和党的塔夫特被指选为总统。然后，罗斯福去非洲狩猎狮子。当他回到美国时，情形就发生了变化。他看到塔夫特作风守旧，非常愤怒。他公然抨击塔夫特，想要自己连任第三任总统，并且计划组织“进步党”。这几乎毁灭了共和党。在接下来的选举中，塔夫特和共和党，只获得两州的选票。这是共和党有史以来最大的一次失败。

罗斯福责备了塔夫特，可塔夫特是否承认自己有错呢？当然没有。塔夫特两眼含着泪，说：“我不知道怎样做，才能和我已做的不同。”

究竟是谁做错了？这情形我不知道，也不需要去关心。不过我所要指出的一点，那就是罗斯福所有的批评，并没有使塔夫特觉得自己不对。塔夫特只是尽力替自己辩护，眼中含着泪水，反复地说：“我不知道自己到底有什么错！”

再看一件油田舞弊案，这件事还记得吗？它使舆论沸腾，震惊全国！

舞弊案的经过是这样的：阿尔伯特·福尔，是哈丁总统在任时的内政部长，当时委派他主管政府在爱克陵和茶壶盖油田保留地出租的事。那块油田，是政府预备给未来海军使用的。当时，福尔是不是公开投标了呢？不，他把这份肥差给了他的朋友杜黑尼。杜黑尼则给了这位部长十万元美金“债款”。福尔接着用他的职权命令美国海军进驻那地区，把附近其他的油商赶走了。他们迫于压力不得不离开，但是他们并不甘心，于是跑到法庭，揭发这桩舞弊案。事发后，影响之恶劣，几乎毁灭了哈丁总统的政权，举国轰动。结果共和党也几乎垮台，而福尔也被判下狱。

福尔被斥责得焦头烂额，他很少被这样谴责过。但他后悔了？不，根本没有！

几年后，胡佛在一次公共演讲中透露哈丁总统的死，是由于心力不支，因为有一个朋友出卖了他。当时福尔的妻子也在座，听到这话后立刻从座椅上跳了起来，失声大哭，挥着拳头，说：“什么？哈丁是被福尔出卖的？不，我丈夫从未辜负过任何人。就算这间屋子堆满了黄金钞票,也不会让他动心。他是被别人出卖,才走向刑场的。”

你看,人类自然的天性就是这样。做错事只会责备别人,而绝不会责备自己,每个人都如此。所以当你我明天要批评别人的时候,就想想卡邦、克劳雷和福尔这些人。批评就像家鸽,它们永远会飞回来的。我们知道,当我们指责他人时,他也会为自己辩护,反过来谴责我们。就像温和的塔夫特,他也说:“我不知我做的一切有什么不对!”

1865年4月15日早晨,林肯躺在一家简陋的公寓的卧室中。这家公寓就在福特别墅的对面,也就是他遭枪杀的地方。林肯瘦长的身体,躺在一张短短的床上,靠床的墙上挂着一幅名画简陋的《马市》,一盏煤气灯散发出幽暗昏黄的光。

林肯将去世的时候,陆军部长斯坦顿说:“这里躺着人类有史以来最杰出的统治者。”

林肯与人相处的秘诀是什么?我曾费了十年左右的时间,研究了他的一生,并花费了三年的时间,写了一部有关他的书,书名是《林肯的另一面》。

我相信我对林肯的人格和他的家庭生活,已知之甚详。对他待人处世的方法我更有体会。林肯喜欢指责他人吗?是的,当年他在印第安纳州时,因为年轻,他不但喜欢批评别人,而且还写信做诗讥笑别人,他把写好的东西扔到一定会有人经过并且很容易发现的路上。

林肯在伊利诺斯州的春田镇做了律师后,他仍喜欢在报纸上发表文章,公开抨击他反对的人,但是像这样的事他只做了一次。

1842年秋天,林肯讥笑一个自大好斗的爱尔兰政客,这人叫西尔斯。他在春田的报上,发表了一封匿名的信讽刺他,使全镇的人轰然大笑。西尔斯平时非常敏感,此事让他盛怒不已。当他查出写信的人是林肯时,立刻跳上马要去找林肯决斗。

林肯虽然不愿意决斗,可是为了尊严他不得不接受挑战。他的对手西尔斯让他自己选用武器。林肯两条手臂特别长,就选用了马队用的大刀,因他向一位西点军官学校毕业生学过。到了指定的日期,他和西尔斯在密西西比河的河滩上,准备决一生死,幸好在最后一分钟,他们的同伴阻止了这场决斗。

那次对林肯来讲,是桩最惊人、恐怖的事。可是这件事在林肯待人的艺术上,却给了他一个极宝贵的教训。他,永远不再写凌辱人的信,永远不再讥笑人家。从那时候开始,他几乎从不为任何事而批评任何人。

美国内战时期,林肯曾多次更换波多马克军队的将领,但他们总是惨败,让林肯非常失望。群情激愤,但林肯一言不发。他信奉一句名言:“不要指责别人,别人就不会指责你。”

当林肯太太和其他人一样谴责南方人时,林肯说:“不要指责他们,换作我,也会那样做的。”

1863年7月1日,盖茨堡战役打响了。7月4日,李将军率领伤兵败将撤到波多马克河边,前有暴雨倾盆,河水高涨,后有追兵。林肯觉得真是天赐良机,于是一道道下命令给米迪将军,让他立即追击李将军。米迪将军不但没有行动,还故意拖延时间,寻找各种借口,贻误战机,最后李将军越过波多马克河,顺利南逃。

林肯勃然大怒,对着儿子吼道:“老天,这究竟是怎么了?”极端失望之际,他坐下来给米迪写了一封信,以表达他的不满。

亲爱的将军:

我不信你对李将军逃走会感到遗憾。他就在触手可及之处,只要他一被俘,就意味着战争的结束——加上我们最近的胜利。上星期一你不能擒住李将军,现在他逃到波多马克河南边去了,战争势必会延续下去,你又如何保证成功呢?盼望你成功是不明智的,而且我也并不期望你现在做得更好。时机一去不复返,我真的是非常遗憾!

只是,米迪将军从来没有看到过这封信,因为林肯并没把这封信邮出去!也许当时林肯在想,无论如何,事情已经发生了,如果把这封信寄出去,除了能暂时缓解他的感情外,没有其他用处,米迪也许会竭力为自己辩解,会反过来攻讦他,使大家都不痛快。或许还有可能危及他的前途,迫使他离开军队。

于是,林肯没有把信发出,就放在一边了。惨痛的经验告诉他,尖锐的批评、斥责永远不会有效果。

罗斯福总统曾经说过,当他担任总统,遇到难以解决的问题时,他会把座椅往后面一靠,仰起头,看着挂在墙上的林肯像自问:“如果林肯处在我眼前这种困难下,他将如何去解决这个问题?”

以后我们如果想要批评人家时,就从口袋里拿出一张五元的钞票来,看看钞票上林肯的像,自问:“如果林肯遭遇到这类的事,他将会如何去处置呢?”

我年轻时,总想让别人对我印象深刻。我曾给美国一位极负盛名的作家戴维斯写过一封信,想请他告诉我,有关他写作的方法。

几个星期后,我收到一封信,信上附注着这一句:“信系口述,未经过目。”这句话,引起了我的注意,这表明了他一定是位事务繁忙的大人物,而我却一点也不忙。为了引起这位大作家的注意,我写了一封简短的回信,后面也加上这句："信系口述，未经过目。"

戴维斯不屑再给我回信，而是把那封信退了回来，下面潦草地写着："你风格恶劣，无以复加。"

是的，我做错了，或许我应该得到这样的斥责。可是，人性使然，这使我对他怀着极度的愤恨。甚至十年后，我知道戴维斯去世的消息时，我心里还深深地恨他。而我却羞于承认他给我的伤痕。

如果你明天要激起一股愤恨，使人痛恨你十年，一直到死，你只要发表一通刻薄的批评就可以了。

当我们要批评一个人的时候，应该记住，与我们相处的对象并不是绝对理性的动物，而是充满了情绪、偏见和虚荣的东西。

英国的小说家哈代曾因他们苛刻的批评而放弃写作。批评让另一位英国诗人托马斯·查特登走向自杀。本杰明·富兰克林年轻时并不圆滑，但后来他却非常有外交手腕，善于与各种人周旋，当了美国的驻法大使。他的成功诀窍是："我从不说别人的不好，只说人家的好。"

只有不够聪明的人才批评、指责、抱怨别人，而很多愚蠢的人正是这样做的。但是要做到包容和宽恕，需要有自制力和修养。

托马斯·卡莱尔说："一个伟大的人正是在对待小人物的方式中体现他的伟大。"

鲍勃·胡佛是个有名的飞行驾驶员，时常表演空中特技。一次，结束圣地亚哥的表演后准备回到洛杉矶，但在高空 300 米处，飞机两侧的引擎突然熄火了。他凭着高超的技巧化险为夷，无人受伤，但飞机受损严重。

迫降后，他立即检查了燃料舱，果然这架飞机里装的不是汽油，而是喷气机燃料。

他要求见飞机保养工作人员。那位年轻人为自己的错误悔恨至极，一见到胡佛，他的眼泪立刻夺眶而出，因为他不但毁了一架飞机，还差点毁了三个人的性命。

你能够想像胡佛当时的愤怒，他一定会对这个人痛加指责的，但这位责任心极强、做事认真的人并没有指责批评他，而是用手拍拍他的肩膀说："为了表明你值得我信任，明天再为我保养 F51 飞机。"

让我们尽量去了解别人吧，了解就是宽容！这比批评更有力，也更具同情、仁慈和包容。

那么，就从现在开始，让我们从自己做起，扫净自家门前雪，再管他人瓦上霜吧！

不要批评、责怪或抱怨他人！

2

给他想要的东西

智慧语录

促使人将自身潜力发展到极限的最好办法是赞赏和鼓励。

你想过没有？天底下只有一种方法可以使人做任何事，只有一种，那就是给他想要的东西。你可以威逼他，可以解雇他，可以恐吓他，这些粗劣的方法都只会带来不良的后果。

那么一个人想要什么呢？

著名的心理学家弗洛伊德说一个人做事的动机起源于两方面：性冲动和渴望伟大。美国哲学家杜威曾说过人类本质里最深远的驱动力是希望具有重要性，渴望被人肯定。

那么，一个人需要的到底是什么？也许并不多，但有少数几种是你极其渴望拥有的。大多数人都需要的是：

一、健康的身体和生命的延续；
二、食物；
三、睡眠；
四、金钱及它所购买的东西；
五、未来生活保障；
六、性满足；
七、子女的幸福；
八、被人重视的感觉。

以上几点，除了第一项之外，几乎都不难满足，但有一种像食物和睡眠一样为人迫切需要，却很难像它们一样得到满足的，这就是弗洛伊德所说的“渴求伟大”，也就是杜威所说“被人重视的感觉”。

林肯曾在信中说道：“人人都喜欢被人称赞。”詹姆斯也说：“人类天性中，最深切的渴望是渴望被人肯定。”他不用“希望”、“愿望”而是说“渴望”，可见其迫切意义。

这种渴望不断刺激着人们，但只有少数人才能做到，也正是这种人才能掌握别人。这种“渴望具有重要性”也正是人与野兽最大的区别。

小时候，我家住在密苏里州的一个农场，父亲饲养着一种品种优良的猪和一种血统优良的白牛。那时我们常在牲口展览会中展览它们，并几十次地获得头奖。我父亲把蓝缎带的奖章别在一条白布上，一有亲友们来我们家，父亲就拿出这条白布来，让亲友们来观赏。

猪、牛并不在乎它们赢得的蓝缎带，可是父亲却十分重视，因为这些奖品，替他带来了一种“重要感”。假如我们的祖先，没有这种“重要感”的炽烈渴望，就不会有现代文明，我们也就跟其他动物没有差别了。

就是这种渴望，激起一个没有受过良好教育，在一家杂货店工作的贫困店员，翻遍了整个堆满杂货的大木桶，找出他用五角钱所买的几本法律书籍，痛下决心去研究。这个杂货店员的名字叫林肯。

这种渴望，激发了狄更斯写出他不朽的名著。这种渴望，使克利斯多弗尔完成了他的设计。也就是这个渴望，使你城市里的巨富，建造一座他所需要的大房子。这个渴望，能使你穿上最新潮的服饰，驾驶最漂亮的轿车，谈你自己聪明伶俐的孩子。也就是这种渴望，使许多青少年成为盗匪。前任警察总监莫洛尼曾说：“现在很多年轻的罪犯，充满着对虚名的盲目追求，被捕后他们的第一个要求就是在报纸上出风头。只要能看到自己的相片和著名的运动员、明星以及政客一起登在报纸上，进刑室坐电椅那是另外一回事了。”

洛克菲勒为了满足这种“具有重要性”的渴望，捐钱在中国建造最现代化的医院，照顾了许多他没有见过面，同时也永远不会见面的贫民。相反，狄林格做土匪、抢银行、杀人，也是在满足自重感。当警方人员搜捕他时，狄林格奔进别人家农舍里……他以他是第一号公敌为荣，所以他大声地说：“我是狄林格……我不会杀害你，但我要你知道我是狄林格！”

是的，狄林格和洛克菲勒最大的差别，就在他们如何获得自己的自重感。

历史上有很多名人事例。甚至是华盛顿，也喜欢有人称他是至高无上的美国总统；哥伦布向皇家请求获得“海军总司令兼印度总督”头衔；女皇凯撒琳拒绝拆阅没有称她为“女皇陛下”的信件；林肯夫人在白宫，对格兰特夫人大吼：“我没有请你之前，你怎敢在我面前坐下！”一些百万富翁资助拜尔德将军去南极探险，附加了一个条件，以他们的名字给冰山命名。而那个雨果，甚至希望把巴黎改成他的名字。

人们会故意装病以取得别人的注意和同情。比如麦金利总统夫人，强迫她身为美国总统的丈夫，放下国家的重要事务，依偎在她床边，搂抱着她，抚慰她入睡。而且每次需要数小时，麦金利夫人藉此满足她的自重感。她坚持让麦金利陪她一起去医牙，藉此满足她医牙痛楚时被注意的欲望。

有一次麦金利和约翰·海尔有约，不得不让她一个人留在医院，于是她大发脾气。

莱恩哈特夫人曾告诉我，有个年轻的少妇，为了得到自重感而装病。她说：“总有一天，这人不得不面对一种事实，那就是随着年龄的增长，她日渐衰老，而使她永远不能结婚。想到孤独的晚年就在她面前，可期望的事，实在太少了。她躺在床上有十年了。她年老的母亲，每天捧着碟盘去侍候她。有一天，这位年老的母亲由于过度的疲惫，终于去世了，这个装病的女人伤心几周后，不得不从床上爬起来，穿上衣服，重新开始生活。”

有些专家认为人可能真的会发疯，为的是要在疯狂的幻境里寻找冷酷的现实世界中得不到的重要感。美国医院患精神病的人远比患其他病的人多。如果你过了 15 岁，又住在纽约，那么你的一生中要在疯人病院待七年的可能性有二十分之一。

精神错乱的原因是什么？

没有人能回答出那样笼统的问题，不过我们知道有些病——像性病，会摧残脑细胞，结果导致癫狂。实际上，约有半数以上的精神病是因这类的生理原因引起的，像脑部受到损伤，酒醉、中毒，及其他原因所造成的伤害。而另一半——这是令人惶恐的部分——患上精神病的那些人，如果把他们的脑细胞放在显微镜下，那么这些组织与正常人的一样健康。

为什么这些人会精神错乱？

我最近曾向一位精神病院的主治医师请教过这个问题。他有渊博的学识，也具有很高的权威性。他坦诚地对我说，他也不知道人们为何会精神错乱。但他认为，许多精神错乱的人，想在幻想境界中找到真实世界中所无法获得的被肯定的感觉。他告诉了我一个真实的故事。

我现在有个病人，她的婚姻是一出悲剧，她需要爱情、孩子、性满足和社会地位。可是现实生活，却摧毁了她所有的希望。丈夫不爱她，甚至于拒绝跟她一起用餐，并强迫她服侍他在楼上房间吃饭。她没有孩子，没有社会地位，于是疯了。而在她的想像世界中,她与丈夫离了婚,恢复了她少女时的姓名。她甚至相信自己,已嫁给英国皇家贵族;并且坚持要人家称她是史密斯夫人。

由于她想有孩子,所以每天都希望自己生个小孩。每次我去看她时,她说:“医生,我昨晚生了一个孩子。”

这故事悲惨吗?我不知道。那位医师说:“就算我能伸出手治愈她,我也不愿意那样做,因为她现在似乎获得了她所期盼的快乐。”

整体来看,那些精神失常的人,似乎要比你我快乐。甚至许多人从疯癫中取乐,他们为什么不能这样呢?你看通过这种方式,他们已经解决了他们的问题。他们可以轻而易举地签出一张百万元的支票给你。或者给你开一封介绍信,去见一位有名的人物。在他们的梦境中,他们找到了他们所渴望的重要感。

如果有人如此渴求重要感,甚至为它精神失常,试想在他们尚未疯癫前,就给他们真诚的赞扬,将会创造什么样的奇迹呢?

据我所知,历史上,有两个人年薪百万,其中之一就是斯考伯。

卡耐基每年要花百万聘用斯考伯,是因为他是个天才吗?不。是因为他掌握的钢铁技术比别人多吗?也不是。斯考伯说他手下许多人在这方面比他懂的要多。

他获得高薪的秘诀就在于他精于人事,懂得怎样与人打交道。他亲口告诉了我为人处世的秘诀,我想这些话应该镌刻在铜牌上,悬挂在每个家庭、学校、商店以及办公室中;每个人甚至是儿童都要将它记下来。只要我们运用它,它就会改变我们的生活,他说:

“我想,我的能力就在于激发人们的热情。促使人将自身潜力发展到极限的最好办法是赞赏和鼓励。”“来自上级的批评,最容易挫杀一个人的锐气。我从不批评任何人,奖励是使人工作的动力,所以,我不吝赞赏,讨厌挑剔,我最喜欢的就是真诚、慷慨地赞美他人。”

这就是斯考伯的秘诀!而我们一般人做的却恰恰相反!对不喜欢的东西,溢于言表,对喜欢的却惜言如金。

斯考伯先生还用他丰富的阅历和经验告诉我们,无论什么人,不管他多么尊贵或伟大,在受到赞赏的情况下,比在受到批评的情况下,工作会更卖力,效果会更好。

真诚的赞赏,也是洛克菲勒成功管理人事的一个秘诀。比如他的一个合伙人贝德福特,在南美的一笔生意中,使公司亏损了一百万元。洛克菲勒对他并没有任何批评或指责,尽管他可以这样做。他知道贝德福特已尽了最大的努力,而且这件事已过去了。所以他找些可称赞的事,说他幸而保全了他投资金额的百分之六十。洛克菲勒说:“那已经不错了,我们不可能每件事都做得那么好。”

百老汇最有名气的歌剧老板是齐科非。他能够让许多美国女孩在一夜之间走红。那些原来没人愿意多看一眼的平凡女孩子,在他的训练下,都成了风情万种的明星。他深知赞美和信心的价值,常用殷勤体贴打动那些女子,让她们相信自己的美丽。他不仅非常现实,把歌女的薪水从每周 30 美元提到 175 美元,而且也懂得浪漫,每次开演之前,他都致电给主要演员,还给每个女郎送花。

我曾经有一次迷上了当时流行的节食风潮,六个昼夜没有吃东西。不过那并不困难,到第六天时,我反而不像前几天那样饥饿。你我都知道,如果让家人或雇员六天内不吃东西,那就犯了罪。可是我们却会六天、六星期、或是六十年不给家里人或雇员任何赞美,这种赞美难道不同食物一样重要吗?

我们会照顾儿女、朋友的身体,却忽视了要照顾他们的自尊,忽略了要感谢他们的语言。这些美妙的语言会在他们的记忆深处歌吟,犹如晨星奏出的乐章。我们常常会在心里感激自己的爱人,却从来没有说出来过。

当年,阿尔弗雷德在《维也纳的重逢》一剧中担任主角的时候,曾经说过:“我最需要的东西,是我自尊的维持。”

我们供养了孩子、朋友和员工,但我们给他们的自尊却又何等稀少。我们给了他们牛排、马铃薯等的食物,增强他们的体力,可是忽略了给他们赞赏,这是生活中的妙曲,永远会被他们铭记在心的。

有些读者看到这几句话时,可能会这样说:“老套,恭维、阿谀、拍马屁,我都尝试过了,一点也没用……这些对受过教育的人是没有用的。”

当然阿谀那一套是骗不了明白人的,那是肤浅、自私、虚伪的,注定会失败。可是,对赞赏,出自内心的赞赏,人们真的太需要了。

有这样一个例子:为什么屡次结婚的迪文尼兄弟俩,在这方面会一帆风顺?为什么这两位花花公子能分别与两位美丽的电影明星,和一位著名的歌剧主角以及一位拥有数百万家产的哈顿结婚?他们是怎么做到的?

圣约翰在自由杂志中说:“许多年来,迪文尼对女人的魅力是一个谜……妮格雷是一个见过世面的人,一位欣赏男人的专家,也是一位艺术家,有一次向我解释道:‘他们比我认识的任何男人都懂得恭维谄媚的艺术。这种艺术,在这真实而无情的时代里，几乎是一件被人忘了的东西，迪文尼对女人的魅力，正在这一点。'"

赞赏和谄媚的区别很容易识别出来，赞赏是出于真诚，而谄媚是虚伪的。一个发自内心，一个出于口头；一个是不自私的，一个是自私的。一个将会为人们所钦佩，一个只会令人不耻。

最近我在墨西哥城看到奥伯里根将军的半身像，像的下面刻着奥伯里根将军的名言："别怕那些攻击你的敌人，而要提防谄媚你的朋友。"

不！不！我不是叫人去谄媚、恭维，而是在讲一种新的生活方法。

英皇乔治五世在白金汉宫书房的墙上挂着一套名言。其中有一句是，"教我不要奉承或接受廉价的赞美"。廉价的赞美就是谄媚。

如果恭维谄媚就能达到目的，那么任何人都可以学会，都可以成为人际关系学的专家了。

现实生活中，我们用百分之九十五的时间去考虑自己。现在，如果我们不去想我们自己，而是多想想别人的优点，我们就不会也没有必要说那些廉价的恭维了。

爱默生说："凡我所遇到的人，都有胜过我的地方，我应学他们那些好的地方。"

爱默生观点非常正确，值得我们遵循。那么停止思考我们自己的成就和需要，让我们试着关注别人的优点，抛弃恭维谄媚，给予人由衷诚恳的赞赏。人们将一辈子对它视若珍宝，甚至当你忘了他们，它还在重复。

献出你真实、诚恳的赞赏。

3

激发他人的强烈需求

智慧语录

成功的人际关系奥秘在于你能领会对方的观点，处理一件事时，你能兼顾到对方和你两个不同的角度。

夏天的时候，我常到缅州一带去钓鱼。我非常喜欢吃鲜奶草莓，但我发现鱼儿却喜欢吃小虫子。因此当我去钓鱼的时候，我们想的不是自己要吃什么，而是鱼儿要吃什么。我们没有用鲜奶油草莓当诱饵，而是用鱼儿爱吃的虫和蚱蜢。然后我们对鱼儿说："你想不想尝尝看？"

为什么不将同样的方法用在人身上呢？英国首相乔治就擅长用这种方法。许多人问他，当许多战时领袖比如威尔逊、奥兰多及克里蒙梭都渐渐被人们遗忘的时候，他为什么还能大权在握？他说，如果一定要说有什么秘诀的话，那就是，钓什么鱼，就得用什么饵。

我们为什么总谈到自己的需要？多么幼稚、荒唐！的确，你感兴趣的是你自己的需要，我们也和你一样，只注意自己的需要！

而天底下只有一个方法可以影响他人，就是提出他们的需要，并让他们知道怎样去获得。

我们为什么不把同样的办法用在对人的身上呢？

请记住，从明天起当你要求别人做某件事时，举例来说，假如你不希望你的孩子抽烟，千万别跟他讲一番大道理。你只要告诉他，抽烟会让他进不了棒球队，或赢不了百米赛跑。

这个方法值得你牢记在心，无论对方是小孩子，还是小牛或是大猩猩。这里有一个生动的例子：

一天，爱默生和他的儿子想把一头小牛牵进谷仓，但是他们却犯了一个错误，就是只想到他们自己的需求：爱默生在前面拉，他的儿子在后面推。小牛却依然我行我素，它只想到它所需求的，所以绷紧双腿，拒绝离开牧草地。一个爱尔兰主妇看到了这一幕，她不会写散文，不会写书，但在当时的情境下，她却懂得更多的马性或牛性，她知道小牛想要什么，于是她将手指伸进小牛的嘴里，一边让它吮吸，一边轻轻地把小牛引进到谷仓里。

从你来到世界上这一天开始，你的每一个举动，出发点都是为了你自己，都是因为你需要些什么。你为什么给红十字会捐助100元呢？那是因为你要别人像你一样做一件善举，一件神圣的事。或许因为一位主顾，请你捐款你不好意思拒绝，所以才捐助的。但可以肯定的是，你捐款，是因为你也有所求。

哈雷·亚弗斯教授，在他《影响人类行为》的书中说："行动源于我们的基本欲望……无论在商场、家庭、学校或政治上。那些试图想说服别人的人，必须知道，首先要激起对方某种迫切需要，若能做到这点你就能左右逢源，否则到处碰壁。"

安德鲁·卡耐基早年是个贫苦的苏格兰儿童，当时他的工作酬劳，每小时只有两分钱，后来却捐献了3.65亿美元。他早就懂得了影响他人的唯一方法就是从对方的需要出发。他只受过4年的学校教育，却深知为人之道。他有两个侄子在耶鲁大学念书，也许他们太忙，而把家信给疏忽了，没有想到母亲的忧心挂念。

卡耐基知道这事后，说他可以让两个侄子马上回信，虽然他不提这一点。他给两个侄儿写了封家常信，信末提到要给他们每人寄上5美元。

当然，他并没有把钱装入信封。

很快回信来了，两个侄儿谢谢他们的叔父，下面的内容不说你也能猜到。

我住在俄克兰州的一个同伴史坦·诺瓦克也提供了一个很有说服力的例子。一天晚上下班后，他发现小儿子蒂米躺在客厅的地板上又哭又闹的，原来明天要开学了，他不想上幼儿园。通常遇到这种情况，史坦会把儿子赶到房间，警告他最好还是要去，别无选择。但是，今晚他意识到这个方法并不能让儿子喜欢上学。他想："如果我是蒂米，我会因为什么而高兴地去上学呢？"然后，他和妻子想到很多蒂米喜欢做的事，如画画、唱歌、交朋友等，接着他们就采取了行动。

"我们——妻子、另一个儿子及我都到厨房的桌子上画画，显得其乐无穷。

不一会儿，蒂米也凑过来了，并要求加入。我说：‘不行啊，你必须先到幼儿园才能学会画这个啊！’然后我和太太以极大的热情告诉他幼儿园里可以得到的乐趣。第二天一大早，我发现蒂米已经等在客厅里了。全家人努力，终于激起了他上学的渴望，而这是威逼办不到的。”

也许就在明天，你有机会要求别人做某事，在你开口之前，先问问你自己：“我怎样才能让这个人想做这件事？”

看看我的一次亲身经历：

一次，我在纽约饭店租下大厅，准备住20天，做一个季节性的演讲。日期快到时，我突然接到一个通知，我的租金涨了三倍，而此时我的演讲通知已发出，票已印好。

自然，我不想支付多出的部分，但和饭店讲我的需求是无用的，他们只在乎他们想得到的。几天后，我去见饭店的经理。

“接到你们的信，我感到有些震惊。”我说，“但我对你们没有怨言，如果我处在你的角度，我也会这样做。作为一个饭店的经理，你的目的就是追求利润的最大化，否则你将被解雇。现在让我们看看，如果你坚持提高租金，那么给你带来什么样的利弊。”

我拿过一张便笺，从中画出两栏，一栏写着利，一栏写着弊。

在利的一栏下我写着，大厅可做它用。可以租给别人跳舞或是开会，这比你仅仅用做演讲的利益要高得多。如果20个晚上，你只租用作演讲，就意味着你将失去一大笔生意。

再看看弊的部分。首先，你将得不到我这边的收入，如果你提高租金，我支付不起就会另择地方。第二，我的演讲，会吸引很多有文化的人到饭店，这是极好的广告机会。你们花5000美元在报纸上做一次广告，还不一定能吸引这么多的人来。不是吗？

说完后，我把纸条还给经理，并说等着他考虑后的答复。

第二天，他告诉我租金只涨50%，而非原来的三倍。自始至终，我没有谈到自己的需求，而是对方的需求以及如何获得。如果我像一般人那样，一听到消息就怒气冲冲地跑去理论，结果怎样，你们都会知道的。即使我说服了他们，自尊也会让他们不愿意作出让步。

所以，记住福特的忠告：成功的人际关系奥秘在于你能领会对方的观点，处理一件事时，你能兼顾到对方和你两个不同的角度。这是真正的金玉良言。

他的道理很简单，但是，这个世界上90%的人在90%的时间里都忽略了这一点。

看看明天早上你将收到的信，你会发现大多数人没做到这点。举个例子，看看一封信对收信者到底会有什么影响。它是一个具有全国规模的广告公司的一位主任写给下面各分部的。

亲爱的布兰克先生：

本公司希望保持在无线电界的领袖地位。

（谁关心你公司希望什么？我正为自己的问题烦呢！银行要取消我房产抵押权……害虫正在咬我的花草……昨天股票市场大跌……早晨我误了八点一刻的火车……昨晚琼斯家里舞会没有请我……医生说我有高血压、神经炎……今天一大早就收到这样一封信，真是让人心烦。）

本公司在全国有很多广告客户，是各无线电台的保障，我们公司的业绩每年都名列前茅。

（你自大，炫耀有钱，一切都遥遥领先，对不对？那又怎么样？如果你像全国汽车公司、电气公司、美国陆军总部合起来那么大，我也懒得理会。如果你自己也这样浮浅，那你就该知道，我只关心我是如何大，而不是你如何大。你提到你的成功，不正是显得我更渺小、微不足道吗？）

我们希望将各无线电台最近的消息提供给我们的客户，为他们服务。

（你希望！你希望！你这个笨蛋。我不会在意你所希望的，或是墨索里尼所希望的，或是平克斯贝所希望的，我干脆告诉你，我只在乎我所希望的……在你这封不近情理的信里竟然只字未提。）

所以你可以将本公司，列入你们每周报告的优先名单，包括每一项对广告公司有利的细节。

（优先名单，你自吹自擂已经让我感到自己很渺小，还要我将你列入优先名单，而你连“请”字也不说。）

即刻回复，提供给我们有关你最近的活动，以利彼此。

（你这个笨蛋，你寄了一封普通的油印信给我，一封分发各地的通知——就像秋天的落叶那么多。你要我在房产抵押，血压增高的时候，单独给你写封回信，而且还要即刻。即刻是什么意思？难道你不知道，我也跟你一样的忙。请问，谁给你权力来指使我的？你说彼此有益，到最后才考虑到我的立场，而对我有何益，你却语焉不详。）

再启者，随信附上《布兰克日报》复印本，供你在电台广播时参考。

（在你这一则附启中，你倒是提到了可以帮助我解决的一个问题，为什么信的开始不提这个呢？那又有什么用？任何广告公司的人，犯了你那样愚蠢的毛病，脑神经一定不正常。)

如果一个致力于广告事业的人，他自以为具有影响他人的力量，却写出那样的一封信来，我们如何能给他更高的评价呢？

这里有另外一封信，那是一大货运站的总监写给我的一个学员的。这封信对一个收到信的人会有什么效果呢？先看过这封信后，我再告诉你。

执事先生：

敝公司外运总站，因许多货物都是傍晚时分送到，带来了很多不便。结果会引起货运阻滞，使我们员工延迟工作时间，影响运送效率。

11 月 10 日，我们收到贵公司交运的货物 510 件，送达时间是在下午四点二十分。

我们恳请贵公司的合作，以减少货物迟交所发生不良影响。以后若交运大批货物，是否可以尽量提前送到？或于上午先送来一部分？

这样也有益于贵公司业务，使你们的卡车可以迅速驶回。敝处保证，收到你们货物后立即发出。

总监某某谨启

公司的业务经理看过这封信后，告诉了我他的想法：

这封信所产生的效果，正与对方的原意相反。信的开头先说总站的困难，一般来讲，这很难引起我们的兴趣。接着对方要求合作，可是他们没有想到我们的不便；信末提到如果我们合作，卡车可以迅速返回，且保证我们的货物在收到之日立即发出。

他把我们所最关心的事放到了最后，很难达到预期效果，反而引起别人的反感。

现在我们将这封信改一下，我们不需要浪费时间谈我们的问题，就像亨利·福特所说：“领会对方的意图，从对方的角度想问题。”这里修改后的信，看看是否有进步？

亲爱的弗姆雷先生：

14 年来，贵公司一直是我们欢迎的好主顾。当然，我们非常感激你们的照顾，并且极愿意为你们提供更迅速有效的服务。可是，我们非常抱歉地需要谈到一件事，贵公司 11 月 10 日下午，由于大批货物在傍晚时候才送到，使我们无法做到最有效率的服务！

因为很多其他的客户也在这时交货，结果导致货运阻滞，货车得等很长时间才能卸货，致使有的货物无法按时送出，我们很抱歉。

我们希望尽量避免这种情况的发生。如果可能的话，希望贵公司能在上午把货物送到。这样不会造成拥挤，货物能及时处理，而敝处的员工，也可以提早回家，品尝贵公司出品的鲜美面食。

看过这封信后，请勿介意，并非敝处向贵公司提出建议，只是想为贵公司更有效地服务。

贵公司货物无论何时到达，我们都会竭力迅速地为你们服务。

您业务很忙。请不必费神赐复！

某某谨启

今天成千的推销员，疲倦沮丧，却收获不多。为什么？因为他们永远只想自己所需要的，而不会注意，他们所推销的是不是我们所需要的东西。如果想要，我们会自己去买，原因是我们需要。

有很多人，费去一生的光阴在推销，却从不站在买主的立场考虑。

以前，我住在纽约中心的一个住宅区。有一天，我正走向车站的时候，遇到一个房地产的代理商，他在长岛一带买卖房地产，已有很多年了。他很熟悉我住的那个住宅区，我问他我住的那种房子用的是什么材料。他回答不知道，然后给了张名片要我给他打电话。

第二天早晨，我接到他一封信。他是想写信回答我的问题吗？那倒不必。只需花六十秒钟时间，挂个电话就行了。但他没有这样做，而是要帮我办理我的房屋保险业务。

他并不想帮助我，只是想帮他自己。

很多专业人士，也犯同样的错误。几年前，我去费城一位著名的喉鼻专家那里看病。这位医生在看我的扁桃腺前，先问我是做什么的。他不去注意我扁桃腺的大小，而只在乎我钱袋的大小。他所关心的是能从我口袋里得到多少钱，而不是帮我解决问题。结果，他什么也没有得到。我轻视他的人格，放弃请他诊疗的打算，走出了他的诊疗室。

世界上到处都是自私的人。而那些真正无私的、为他人着想的人终会获益的。欧文·杨曾说过："一个能设身处地为他人着想的人，永远不必担心他将来的前途如何。"

许多人受过大学教育、学问深奥的人从未发现自己的心是如何活动的。有一次，我替一些大学毕业生讲授"最有效的演讲术"的课程，他们正准备进入一家冷气装置公司。其中一位想劝别人打篮球，他是这样说的："我想要你们去打篮球,我喜欢篮球,可是近几次去体育馆,由于人数不足没法比赛。前天晚上,我们只有两三人作掷球游戏,不小心把我的眼睛打紫了,我希望明晚你们能来,我要打篮球。”

你看,他提到了你想要的吗?你也不想去那谁也不要去的体育馆,是不是?你不愿想他需要什么,也不想自己的眼睛被打紫。

他能告诉你,去体育馆你能得到什么好处吗?当然可以。比如,他可以说去体育馆可以激发精神、加强食欲、清醒头脑,你还可以从中得到快乐。

阿拉巴马州的一个人告诉我,他有两个同在一家公司工作的推销员,是如何处理同一件事的。

几年前,我在一家小公司担任了高层。公司附近有家大保险公司的分公司。这家保险公司按区给业务员分配了任务,负责我们这个区的两个人叫卡尔和约翰。

一天早上,卡尔到我办公室来,提到他们公司专为主管人设计的一项保险业务,他说也许我会感兴趣,等他了解了更多情况再来与我详谈。

同一天,喝完咖啡后,约翰看见我走在人行道上,叫道:“嗨,有好消息告诉你。”他兴奋地跑来告诉我他们公司开设的一项新业务,正是卡尔所说的那种。他给我一份重要资料,并说,“这是我们公司的一项新业务,我会请公司专门派一个人给你们讲解,现在请你们先签上保单,以便他们能更好地为你服务。”虽然我对保险业务不甚了解,却被他激起了兴趣。最后我们都买了这笔保险,而且项目比当初还多两倍。

这项业务本来应该是卡尔的,但他的努力没有激起我们的欲望。

我要再次重复那句名言:“首先要激起别人的欲望,如果能做到这一点,你就可以左右逢源,否则将一事无成。”

我有一个学员,一直在为他的儿子操心。那个孩子偏瘦,饮食也没有规律。他们一直像一般父母的做法一样:斥责他,恐吓他。说些“妈妈想要你吃这吃那”、“爸爸想要你长成一个强壮的男子汉”诸如此类的话。

男孩在意了他们的请求吗?

没有人期望一个三岁的孩子会按照一个三十岁父亲的要求那样做出恰当的反应。尽管这是做父亲的一直盼望的事。多么荒唐。最后他终于意识到了,“这个孩子的需求是什么?”“我怎样把孩子的需求和我的要求结合起来?”

考虑到这点,事情就变得简单了。这个孩子有辆自行车,他喜欢骑着它在家门口的小径上跑来跑去。和他们毗邻的街道有个“小混混”,他经常将小孩推下车自己骑上。通常,这个小男孩会哭着向妈妈求救,妈妈就会跑出来将“小混混”揪下来再把儿子放上去,同样的一幕几乎天天上演。

此时,小男孩需要的是什么?是他的骄傲,他的愤怒,他的尊严,以及一种想快快长大的强烈愿望,以便他能够还击,撕碎那个大个子的鼻子。于是他的父亲许诺,如果他吃了妈妈让他吃的东西,那么有朝一日,他就可以痛打白天那个令他讨厌的家伙。于是那个小男孩的吃饭难题便迎刃而解了。他什么都吃以期能够强壮得打败那个令他经常受辱的人!

紧接着,他父亲又成功地解决了他尿床的问题。

小家伙和祖母睡一起,每天早上,他祖母会摸着湿床单说:“瞧,约翰,你昨晚又干了什么?”

小家伙说:“不,不是我干的,是你干的。”

斥责,打屁股,羞他,还有妈妈的老生常谈,都无济于事。怎样才能使他停止尿床?

他想要的到底是什么?原来,他想和爸爸一样穿睡衣而不是和祖母一样穿着袍子。祖母说如果他能够改就同意。他还想要一张属于自己的床,祖母没同意。

他的妈妈带他到商场,盯着售货小姐,说:“这儿有个小绅士,想自己买些东西。”

售货小姐以一种让小男孩觉得自己很重要的语气问:“年轻人,我能为你做什么?”

小男孩踮起脚说:“我想为自己买一张床。”

他妈妈将他带到一张她看中的床前,示意售货员说服了小男孩。

第二天,床就送到了,晚上爸爸回来时,小男孩跑到门口高叫着:“爹地,爹地,快看我给自己买的床。”

爸爸看着他的床,给予了他真诚、慷慨的赞赏。

“你不会再尿床了,是吧?”

“是的,不会,不会的。”男孩骄傲地承诺着,因为那是他的床,他自己买的床,而且他穿着睡衣,像个小绅士,他想像个大人一样,他做到了。

首先要激起别人的渴望。

二　做个受欢迎的人

如何受人欢迎 ‹‹‹

你只有真正关心他人,才能赢得他人的好感与帮助。

1

真诚地关心他人

智慧语录

你只有真正关心他人，才能赢得他人的注意、帮助和协作。
如果我们想交到朋友，就要先为别人做一些事，那些要花时间、精力、奉献才能做到的事。

我们为什么要阅读本书学习交友呢？为什么不向世界上最善于交友的人学习这个技巧呢？他是谁？明天你走到街上，也许就可以看到他。当你走到离他十英尺左右时，他会摇动他的尾巴。如果你蹲下来轻轻拍拍他，他会高兴得跳起来，并且让你知道，他是如何喜欢你。而且你也知道，他的这种亲密的表示，并没有什么企图：他不打算卖给你一块地皮，更不会想跟你结婚。我想大家都知道我说的是谁了——一只可爱的小狗。

我五岁时，父亲花了五毛钱，给我买了一只黄毛小狗。它给我带来了童年的欢乐。每天下午四点半左右，它坐在庭院前，用它那对美丽的眼睛瞪着门前那条小路，当它听到我的声音，或看到我拎着饭盒经过那矮树林时，就像箭一样地蹿上小山，高兴地跳着、叫着来迎接我。

迪比从来没有读过心理学，它也不需学。凭着它的直觉，它在两个月的时间赢得了很多朋友。让我再说一遍：如果你时刻关心别人，对别人感兴趣，在两个月的时间里所交的朋友，要比只想让别人关心你，对你感兴趣，在两年的时间里所交的朋友还多。

然而，你我都知道，有人终其一生也没有醒悟过来，企图引起别人的注意，让别人对他发生兴趣。

当然，这都是在白费劲。因为他们对你我都不感兴趣，对任何人都一样。他们关心的只是自己——无论是早上，中午还是晚餐后。

纽约电话公司曾经做过一项调查，看电话中最常用的是什么字？这个答案也许你早猜对了：那就是我、我、我……500个电话中，用了3990个“我”字。

当你看到一张有你在内的团体相片时，你先看的是谁？肯定是“我”。

拿破仑曾经这样尝试过，他和约瑟芬最后一次相聚时说：“约瑟芬，我曾经是世界上最幸运的人，但是现在，你是这世界上惟一值得我信任的人了。”在历史学家的眼光里，拿破仑是否真正信任约瑟芬，还是个疑问呢！

维也纳著名的心理学家阿得洛说：“凡不关心别人，对别人不感兴趣的人，他一生必会遭受重大的阻碍、困难，并且给别人带来极大的伤害。正是这种人，会导致人类的失败。”让我们记住这句话吧。

我在纽约大学进修时，一位著名杂志的编辑来给我们做讲座。他说他每天都读到很多故事，每次只要捡起桌上数十篇小说中的任何一篇，看上几段后，他就可以看出作者是不是关心别人。如果那作者不关心别人，别人也不会关心他的作品的。

写小说是这样，在待人处世上就更应该如此了。

塞斯顿是位成功的魔术家，他在百老汇献技时，我去他的化妆室拜访过他，我们谈了一个晚上。40年来他走遍世界，以精湛的魔术绝技迷倒了无数的观众。约有6000万以上的观众看过他的表演，其收入有200万美元之多。

我请塞斯顿先生谈谈他成功的秘诀，他说他的成功与他的教育无关。因为他在幼年就离家出走，四处流浪，偷乘火车，在草堆上过夜，乞讨。他是通过看铁路两旁广告，才认识了几个字。

他有高人一等的魔术吗？不！这是他自己对我说的。关于魔术的书不胜枚举，而很多人懂得的比他还要多。可是有两样是别人没有的：第一，他的表演很有个性。他的每一个动作姿态，说话的声调，都经过严格的预习，连时间都计算得很精确。除此之外，他最大的成功在于他对人的关心与了解。他说许多魔术家看着观众就想：这些傻瓜、乡巴佬，我要好好地骗他们一下。可是他完全不那么想，他告诉我，每次当他上台时就对自己说：“我要感谢这些捧场的观众，他们使我如此快乐，我要努力做好这场表演。”而且每次走向台前时，他对自己说：“我爱我的观众，我爱我的观众。”可笑吗？不近情理吗？你怎么想都行，我只是把这位最著名魔术家，处世为人的技巧客观地讲出来供给你参考。

罗斯福深谙其中之道。他的一个仆人曾经写了这样一个细节：

一次他的太太向总统询问什么是鹑鸟，因为他太太从来没有见过，总统详尽地描述了一番。时隔不久,他农舍里的电话响起来了,原来是总统先生亲自打来的,他太太接听的电话。总统说,如果她此时从窗户向外看,也许可以看到有只鹦鸟正在窗外。正是这一类的小事,显示了总统的优秀品质。无论什么时候他从农舍经过,就算是没有看见他们,他都会叫他们的名字,这是多么友善的招呼啊!

罗斯福对待下人的诚挚真实会时时流露出来,他会叫每个老仆人的名字,和他们打招呼,甚至包括在厨房里洗碗的女仆。

一次他去拜访塔夫特总统,总统和夫人恰好外出,当他看到厨房女工爱丽丝时,问她是不是还在烘玉米面包,爱丽丝说她有时只做一些给仆人吃,但楼上的人都不吃。

“他们不懂得品味,”罗斯福责怪地说,“等我见到总统时,我一定会告诉他。”爱丽丝装了一些玉米面包给他,他拿了一片走到办公室去吃,一路和园丁、工人打招呼……

正是这种品质使哈佛大学校长依利亚特受到全校师生的爱戴,而他也成为有史以来最成功的大学管理者之一。这里有一个他处世待人的例子:

一天,大学一年级学生克莱顿找校长贷50美元的助学款,得到校长批准后他很感激,正要退出……克莱顿回忆道:

校长把我叫住,说:“请坐一会儿,听说你在宿舍自己动手做饭吃,如果你吃得适宜充足,我想这没有什么不好的。我上大学时,也这样做过。”我听了后觉得很意外,接着他又说:“你有没有做过肉饼?如果把它煮得很烂,非常可口,过去我就喜欢这样吃。”然后他详细地告诉我肉饼的做法。

我还发现,如果我们真诚地关心别人,就能赢得他人的注意和帮助,甚至最忙碌的重要人物也不例外!

数年前,我在布鲁克林科学研究院讲授小说写作的课程,非常希望能请当时的名作家诺里斯、赫司德、塔勃尔等前来讲述他们写作的经验。于是我给他们每人写了一封信,称赞他们的作品,并希望他们能抽出一些时间来给我们讲叙他们的经验和秘诀。

每封信上,都有150名学生的签名。我们知道他们很忙,所以在每封信里,附上一张希望他们作答的问题表,请他们填下自己写作的方法后把这张表寄给我们。他们很喜欢这样的做法,所以都很高兴答应前来。

我们用同样的办法,请到了老罗斯福总统任上的财政部长,塔夫特总统任上的司法首长,和其他很多名人。

任何人,不管他是屠夫、烤面包的、或是宝座上的国王,都喜欢尊敬他的人。德皇威廉就有这样一个例子。一战后,全世界的人都指责威廉是罪魁祸首，他逃亡到荷兰后，连德国人也不愿理他。憎恨他的人，何止千百万，甚至有人要把他抓来碎尸万段。

在这股怒火中，有一个小男孩给他写了一封简短诚恳的信。德皇看了这封信后，非常感动，就邀请这个小男孩去见他。小男孩真的去了，是他母亲陪他一起去的。后来德皇就和孩子的母亲结了婚。这小男孩不需要看如何交友，和如何影响他人这类的书，就已知道该如何做了。

假如我们想交朋友，应该先为别人做些事——那些需要花时间、精力、奉献、体恤的事。当爱德华公爵是皇储的时候，曾计划到南美洲旅行，出发前他费了一段时间学习西班牙语言，为的是可以直接和南美各国人士直接交谈。所以他到了南美洲后，受到那里人们的特别欢迎。

多年来，我一直想知道朋友们的生日，怎么办呢？我当然是不会相信星相学上的话，可是我见了朋友还是要问他们是否相信人的生日与他的性格个性有关？然后我借机记住他的出生年月日。回家后，再写在一本生辰簿上。每年的年初，我把这些生日写在我的台历上，到了有人生日那一天，我就发给他一封贺函，或是贺电。当那人接到贺函或是贺电时，他是多么高兴，我是全世界让他们记忆最深刻的人了。

如果我们想交朋友，就要有最热诚的态度。有人打电话给你，你也应该热情悦耳地说上一句：你好！现在有很多公司在培训接线员。下一次我们打电话时，也应该记住这个。

这种哲学运用在商业上有效吗？我可以举出很多例子来，可是不愿意太费时间，只举两个例子。

看似对平凡的人的关心，让新泽西的一位业务代表挽回了一个客户。这个代表在报告中说：

> 几年前，我为强生公司在麻省寻找客户，其中有一个是一家药品杂货店。每次我去店里时，都要和柜台职员寒暄几句，然后再去见店主。一天，店主告诉我不用再去了，因为他不想买强生的产品，他们的许多活动是针对食品商场和廉价商店，这损害了他们小药店的利益。于是我只得离开，在外转了几小时后，我决定返回店里，把公司的情况跟他讲清楚。
>
> 走进店里时，我同平常一样和柜台员工打招呼，然后进去见店主。谁知店主见到我很高兴，并笑着迎接我，还订了比平时多一倍的货。我很吃惊问他是什么原因。他指着柜台上的一个男孩说，在我离开后，那个男孩告诉他，说我是少数几个会同他打招呼的推销员，他认为我们值得和他做生意。店主听了很感动，从此成了我最好的客户。由此我永远铭记，推销

员的首要素质是学会关心别人。

还有另外一个例子。

费城的奈佛先生一直想把燃料卖给一家大型的连锁店，但这个连锁店却一直从外地进货，而且运货恰好从他办公室前经过，他大骂这家店，却还是搞不懂他们为什么不愿买他的燃料。

他接受了卡耐基先生的建议，参加了他们举行的一场连锁店的广布对国家弊多利少的辩论会，奈佛先生参加的是反方。由于要为连锁店辩护，他便拜访了那位他看不起的经理，说明了来意，告诉他："我不是来推销的，是想请你帮个忙。我来找你，是因为我想不出还有谁能提供更好的事实。我想赢得这场辩论，对你提供的任何帮助，我将感激不尽。"

他原本要求这位经理只抽一点点时间，所以经理才同意，谁知他们整整谈了一个多小时，经理还请来一位曾写了关于连锁店书的主管，并写信给全国连锁店公司，帮他要来一份有关这个问题的材料。他们的谈话让他也明白了许多意想不到的事，改变了他的心态。

"在我离去的时候，他送我到门口，拍着我的肩膀，祝我得胜。并且要我告知他辩论的结果。"最后，他说："春天你再来看我，我愿意买你的一些燃料。"

这真是个奇迹，由于我对他们连锁店的关心，使他转而关心我的产品，因此在这两个钟头里，我达成了几年来所不能成的事。

关心别人与其他的人际关系原则一样，必须付出真诚。双方都应如此。关心他人是双向的，两者皆受其益。

真诚地关心他人！

2

你的微笑价值百万

智慧语录

人格中有一种最可爱的因素，那就是令人倾心的微笑。

我在纽约的一个宴会上看到一位贵妇人，她有很多遗产，花了很多钱买貂皮、钻石、珍珠，为的是让人对她产生好的印象，但她脸上流露出来的却是尖酸刻薄的表情。她永远不明白一点：一个女人所表露出来的神色，要比她身上的衣服贵重得多。

斯考伯曾经告诉过我，他的微笑，价值百万。他大概向我暗示这一真理。因为他今日的成就，该归功于他的人格，他的魅力，和他很会讨人喜欢的能力。而在他的个性中，最可爱的因素，就是他令人倾心的微笑。

有一次，我同莫里斯呆了一下午，坦白地说，我失望极了。他一直都沉默寡言，郁郁寡欢。出人意料的是，他最后终于有了微笑。而那一笑，就像拨云见日。也正是这一笑，改变了他的命运，否则他现在还在巴黎，和他的父兄一起做木活。

一个人的行动，比他所说的话，更有表现力，对人微笑就表示："我喜欢你，你使我快乐，我非常高兴见到你！"

为什么狗那么讨人喜欢？当他看见你时，高兴得仿佛心都要从肚子里跳出来，自然，我们也喜欢看到它。

一个婴儿的微笑也有相同的效果。

如果你在候诊室呆过，一定知道周围的人都阴沉着脸，一副沉闷痛苦的样子。一个医生曾对我说过一件事：一次，他的诊室里挤满了人，每个人都等在那里，也许他们也想聊天，想做些什么，打发无聊的时间。

就在这时，一位女士带着一个九个月大的孩子和一只猫进来了。她坐在一位焦躁不安的男士旁边，当他朝旁边看时，发现这个孩子正看着他，并对他天真地笑了。你猜这个男士如何？当然，他也对孩子笑了笑。然后和孩子的母亲谈起来，很快，整个诊室的气氛活跃起来。

那么，是否我只要张嘴笑就可以呢？不是的，不诚意的笑是欺骗不了任何人的。那种笑机械、虚伪、惹人讨厌。因此我说的是一种真正会心的、真诚的笑，那种笑在人际交往中才有价值。

心理学家迈克尔教授说，会微笑的人在管理、教育、推销上更容易取得成功，更容易培养下一代。这也是教育上用鼓励和微笑代替责罚的原因。

一家大百货公司的人事部主任说，他宁愿雇佣一个拥有可爱微笑的小学未毕业的女职员，也不会用一个面如冰霜的哲学博士。

美国一家大橡胶公司的董事长说，一个人无论做什么事，如果不心怀愉悦，很少会取得成功。他们之所以成功，是因为他们乐于经营他们的事业，到后来，工作变得沉闷，他们失却了工作中的乐趣，就导致了失败。

下面是纽约证券交易所成功的会员丹哈德的故事：

我结婚已有18年了，多年以来，从起床到出门做事，我很难给妻子一个笑脸或是同她说上几句，我是百老汇街上行人中脾气最坏的人。

后来要就微笑的经验做一个演讲，我决定试着微笑一个星期看看。次日清晨，在梳头时，看着镜中沉闷的面容，我对自己说：“比尔，你今天要一扫阴霾，要微笑，从现在开始。”吃早餐时，我微笑着对妻子说：“早，亲爱的。”

妻子反应激烈，她迷惑了，惊讶了。自那以后，我一直坚持了两个多月。

这两个月中，我在家庭中得到的快乐比过去一年中所有的还多。现在我到办公室时，也会微笑着对开电梯的人说一声“早”，他们也用微笑回报我。在地铁小店里兑钱时对人微笑，在交易所时，对未曾见过的人微笑。

不久我发现人人都反过来对我微笑，我和颜悦色地面对着向我抱怨倾诉的人，我微笑着倾听，发现调解也容易成功得多。我发现微笑每天都带给我很多财富。

和我同一个办公室的交易员的秘书，是一个极可爱的青年人，我和他交流了我的人际关系新哲学，他也坦诚地告诉我，他以前觉得我是一个坏脾气的人，现在他改变看法了，觉得我有时很有人情味。

我现在是一个完全不同的人了，一个更快乐、更充实的人。

请你要记住这封信是一位饱经世故，聪明绝顶的股票经纪人的经历。他在纽约证券交易所以买卖证券谋生，干得很成功。这个职业很难做，100人去尝试，可能有99人会失败的。

如果你会觉得自己笑不出来怎么办？有两个方法，不妨试试！第一，强迫自己微笑，如果你单独一人，就吹吹口哨，唱唱歌，尽量让自己高兴起来，就好像你真的很快乐一样，那样真的能使你快乐起来。哈佛大学已故的詹姆斯教授说：

“行动好像追随着一个人自己的感受。然而事实上，两者是并行的。所以你需要快乐时，可以强迫自己快乐起来。”

人们都在寻求快乐，这里有一条行之有效的途径，那就是控制自己的思想。快乐源自内在的心情，不需要向外界寻求。

不管你拥有些什么，你是谁，在何地，做何事，只要你想快乐，你就能快乐。比如两个人，他们有同样的地位，做同样的事，收入也一样，可是其中一个轻松愉快，另外一个却整天愁眉苦脸。原因何在？答案很简单，他们两人的心境不一样。

莎士比亚说：“事无善恶，思想使然。”

林肯也曾说：“大多数人的快乐同他们想得到的相差不多。”

不论你是谁，身在何处，做什么事，你快乐或不快乐的关键在于你怎样去想。一个拥有财富或声望的人可能会痛苦，一个乞丐却很快乐；一个残疾儿童会很快乐，一个健全的人却很忧郁，为什么？思想使然。

贝特格过去是棒球队里的三垒手，现在是美国一位最成功的保险商，你说他有一套成功的秘诀吗？是的，他经过多年的研究发现会微笑的人永远受人欢迎。所以，每次当他走进办公室前，总是在外面停留片刻，想想让他高兴的事，让自己脸上露出一缕发自心底的微笑，然后才进。

是的，当一个小孩子，他知道将要终身成为残废时，会感到难受不安。可是这种难受不安过去后，他也只有听天由命，继续寻求他们的快乐，他们现在比一般正常的儿童还快乐。

我真想对那些残废的孩子们致敬，他们给了我一个永远无法忘怀的教训。

我们再看看赫伯德这个神奇的建议——别忘记，你必须真正去实行，不然，那是没有用的。他的建议是这样的：

当你外出时，把下巴往里收，抬头挺胸，让你肺部充满新鲜的空气。遇到朋友时，跟他握手，全神贯注地。别怕误会，别想不愉快的事，不要让你的仇敌侵入你意识中。要在你心中，确定你喜欢做什么，然后一往无前。当你精神集中在你喜欢做的事业上时，随着岁月流逝，你会发现你在无意中已经抓住了满足欲望的机会。你想像自己是一个有能力、诚恳、有益于人的人，有了这种想法后，你会时时刻刻地改变你自己，使你渐渐成为这种人。你要知道，一个人的思想，能形成一种极大的力量。保持一种好的心理状态——勇敢、诚实、乐观。正确的思想能促进你的创造力。很多的事情，都是由理想欲望而生的。凡你真诚的祈求，都会获得应验。我们想要变成什么，只要把这种意念埋在我们心里，我们就会变成这样的人！放松你凝重的脸色，抬起头，我们就是明天的主宰。

古代的中国人充满着智慧，他们有一句格言，你应剪下来，贴在你帽子里。那句格言是："不笑莫开店"。

刚才我们谈到开店，弗雷克为考林公司所做的广告，有这样几句话也给人启示。

它不费本钱，却产出颇丰。

它使得者富有，予者无损。

它瞬间完成，却留下永恒。

没有一个富有者不想要它，没有一个贫穷者不会因它而受益。

它在家中能创造快乐，在生意上能赢得好感，是朋友间的口令。

它使疲惫者得到休息，失意者感到振奋，悲伤者看到光明，是大自然解除烦恼的良药。

它不能买，不能求，不能借，不能偷，你放弃了它，它就一文不值。

做好准备了吧，在圣诞节狂购最后一分钟时，给售货员一个微笑！

保持微笑！

3

记住他人的姓名！

智慧语录

一种最简单、最直接、最重要的获得好感的方法，就是记住他人的姓名，使他人感觉自己对于别人很重要。

1898年，纽约的洛克雷村发生了一桩悲剧。村里一个小孩死了，出葬的那天，村里的人都准备去送殡。正值寒冬的时候，地上积了一层厚厚的雪。法莱去马棚里牵马，一匹马在马棚里关了多天，被放出来时，它特别兴奋，身体打转，双腿高举，一不小心将法莱活活踢死了。在一周内洛克雷村举行了两场葬礼。

法莱死后仅留给他妻子和三个孩子几百元的保险金。

他的长子吉姆只10岁，为了生计，他去一家砖厂工作，任务是把沙土倒入模子，压成砖瓦，再拿到太阳下晒干。吉姆没有机会受更多教育，但他有爱尔兰人达观的性格，人们都很喜欢他，愿意接近他。后来他参加政治，经过多年，他逐渐养成了一种善于记忆人们名字的特殊才能。

吉姆连中学也没上过，但他46岁时，已有四个大学赠予他荣誉学位。他当选过民主党委员会主席及美国邮务总长。

有一次，我去拜访吉姆先生，请他告诉我他成功的秘诀。他简短地告诉我："苦干！"我觉得他是在开玩笑。

他反问："你认为我成功的原因是什么呢？"我说："吉姆先生，我知道你能叫出一万个人的名字来。"

"不，你错了！"吉姆说，"我大约可以叫出五万个人的名字。"

别对这个感到惊奇，正是这种本领，才让他帮助罗斯福进了白宫。

吉姆的这套方法并不困难。他每次遇到一个新朋友时，就问清楚对方的姓名，家里的人口，职业。问清楚后，他就牢记在心里。下次遇到这人，即使在一年之后他还能拍拍那人的肩膀，问候他的妻子儿女，甚至于还可以谈谈那人后院的花草。

罗斯福竞选总统的前几个月，吉姆一天要写数百封信，分发给美国西部、西北部各州的熟人、朋友。随后，他搭乘火车，19 天里走遍美国 20 个州，行程 12000 里。他乘坐了火车、轻便马车、汽车、轮船等。每到一处，都去找熟人聚餐并作一次极诚恳的谈话，接着再赶往下一段行程。

当他回到东部时，立即给各城镇的朋友每人一封信，请他们把曾经谈到过的客人名单寄给他。那些不计其数的名单上的人，都得到吉姆亲密的回函。

吉姆早就发现，一般人对自己的姓名，比对世界上任何人的姓名都感兴趣。记住一个人的姓名并自然地叫出来，对他就是微妙的恭维赞赏。反过来，忘记那人的姓名，或是叫错了，不但使对方难堪，对你自己也是一种很大的损害。

我在巴黎曾经组织过一个演讲讲习班，我给城中每位美国人发一封打印的信。我雇用的那个法国打字员英文很差，打姓名时总出现错误。有一个人是巴黎一家美国银行的经理，他写信责备我，原来我那个法国打字员，把他的姓名字母拼错了。

这也是钢铁大王卡耐基成功的秘诀之一。

卡耐基 10 岁的时候，就发觉了人们对名字的重视程度。他利用这一发现取得与他人合作的机会。当他还是苏格兰的一个孩童时，他曾养了一只公兔、一只母兔。不久它们便有了一窝小兔，卡耐基却没有东西喂它们，他想了一个极妙的主意，他告诉邻近的小孩，如果他们愿意采集充足的蒲公英和金花菜喂小兔子，就可以用他们的名字给兔子命名，以此纪念他们。

这一计划神奇奏效，卡耐基永远也不会忘记。

多年以后，在商业上他也运用了同样的心理学。并获得了巨额利润。比如，他要将钢铁路轨卖给宾夕法尼亚铁路，他就以当时铁路局局长汤姆生的名字建造了一所钢铁厂，命名“汤姆生钢铁厂”。

当他与普尔门互相竞争卧车经营权的地位时，他又想到了兔子的教训。

为了与普尔门竞争，他们相互排挤、削价、损伤所有获利的机会。一晚，卡耐基遇到了普尔门，他说：“晚安，先生，我们俩不是在捉弄自己吗？”

“你是什么意思？”

于是卡耐基将自己的想法讲了出来，他讲述了双方合作的利益，普尔门认真听着,却半信半疑地问:“这新公司你将叫它什么?”卡耐基立即答道:“当然是普尔门卧车公司。”

普尔门面容发光,表示愿意详谈,那次谈话创造了实业界的奇迹。

卡耐基高超的记忆力及他尊重他人姓名的做法,是他成为一位领袖人物的秘诀。他能叫出很多工人的名字,这是他引以自豪的。他常得意地说,他亲自管理公司时,他的公司从没有发生过罢工的情形。

彼特华斯基也是这样,他一直称专门侍候他的黑人厨师为史考伯先生。这使他感觉到自己的重要。彼特华斯基 15 次周游美国都带着他,而且从不像美国人一样叫他乔治,总是称他史考伯先生。

人们都重视自己的名字,而且想方设法让自己的名字流传下去,甚至愿意付出任何代价。有钱的人常给那些作家们钱,要作家用他的名义出书。图书馆、博物馆收藏丰富,那些陈列品上都有捐赠者的姓名。原因是他们希望自己的姓名永远延续下去。

很多人不记他人的姓名,是因为他们没有必要花费功夫与精力。他们总给自己找借口:太忙。

事实上,人们都极重视他们的名字,总是设法使之延续。记忆姓名的能力在事业与交际上的重要性,和在政治上一样重要。

一个政治家的第一课就是:“想起选举人的姓名是从政之才,忘记就是湮没。”

罗斯福总统非常擅长这一点。罗斯福总统知道一种最简单、最明显、而又是最重要的获得好感的方法,就是记住对方的姓名,使别人感到自己很重要。技师张伯伦在对罗斯福总统的回忆中写道:

> 当我去白宫访问总统时,总统非常愉快,他叫我的名字,让我感到很自在。给我印象最深的是他对我要说明及告诉他的事真切地注意。“这辆车设计完美,”罗斯福总统对周围的人说,“这车真奇妙,你只要按一下开关,就可开动,毫不费力,这车很好,我真想拆开看看,看它是如何运转的。”

当他的许多朋友对这辆车表示羡慕时,他当着他们的面说:“张伯伦先生,真的非常谢谢你,谢谢你为设计这车所费的时间和精力。这是一件杰出的工程!”他注意到每个细节,他甚至对他的老黑人侍者说:“乔治,你要好好照顾这个衣箱。”

我带了一位机械师到白宫去,将他介绍给罗斯福,他没有同总统谈话,而总统也是第一次听到他的名字，他是一个怕羞的人，站在后面。但在总统离开我们之前，他再寻找这位机械师，与他握手，叫他的名字，并感谢他到华盛顿来。他的致谢是真诚的，我能感觉得到。回纽约后数天，我接到罗斯福总统的亲笔签名，并附有简短的致谢信。他花时间注意这些事，真的令我激动万分。

法国皇帝拿破仑三世，就是拿破仑的侄儿，曾经自夸说：虽然他国事很忙，可是他能记住他所见过的每一个人的姓名。

他有技巧吗？是的，那很简单，如果他没有听清楚，他就说："对不起，我没有听清楚。"如果是他不常见到的姓名，他就这么问："对不起，这字如何拼？"

在谈话中，他会不厌其烦地把对方姓名反复地记忆数次。同时把这人的姓名，和他的面孔、神态、外形联系起来。

如果这人对他是重要的，拿破仑就更费事了。在他独自一人的时候，他会把这人的姓名写在纸上，仔细地看着、记住，然后把纸撕了。这样一来，他眼睛看到的印象，就跟他耳朵听到的一样了。

这些都很费时间，但爱默生说："良好的礼貌，是由小小的牺牲换来的。"

我们为什么不这样做呢？

记住他人的姓名，这是所有语言中最甜蜜的声音。

4

倾听是最好的恭维

智慧语录

始终挑剔的人，甚至最激烈的批评者，常常会在一个有忍耐和同情心的倾听者面前软化降服。

最近我应邀参加一场桥牌聚会。我不会玩桥牌，恰巧有一位漂亮的小姐也不会。我们就坐下来聊天。她知道我在汤姆斯从事无线电事业前，曾一度做过他的私人经理。那时汤姆斯到欧洲各地去旅行，旅行期间，我帮助汤姆斯记下他沿途的所见所闻。这位漂亮的小姐，知道我是谁后就说："卡耐基先生，能不能请你告诉我，你所看到过的名胜和那些离奇的景色？"

我们在沙发上坐下后，她说最近她跟丈夫去了一次非洲。"非洲！"我接着说，"那多么有趣，我总想去那里，可是除了在阿尔及尔停留过24小时外，就没去过非洲的其他地方。告诉我，有没有令你记忆特别深刻的地方？多么幸运，我真羡慕你，能告诉我关于非洲的情形吗？"

那一次我们谈了45分钟，她不再问我到过什么地方，看到过什么东西。她需要听我的旅行，她所要的，只是一个专心的倾听者，以使她能自我满足。

现实生活中许多人都像她一样。最近我在纽约出版商格林伯的一次宴会上，遇到一位著名的植物学家。我从没有接触过植物学，我觉得他说话极有吸引力。那时我像入了迷似的，坐在那里静静倾听他讲有关大麻、室内花园等事，他还告诉了我关于马铃薯的惊人事实。后来我谈到自己有个小型的室内花园，他非常热忱地告诉我如何解决我的几个问题。

这次宴会中，还有十几位客人在座，可是我忽略了其他所有的人，而与这位植物学家谈了数小时之久。

到了子夜，我向其他人告辞，这位植物学家在主人面前极度恭维我，说我“极富激励性”、“是个最风趣、最健谈、最优雅的人”。

“谈吐优美”？我？我知道自己几乎没有说话！如果我们刚才所谈的内容，没有改变，即使我想谈，也无从谈起。因为我对植物学知之甚少。但我做到了一点：那就是我注意倾听。我静静地听，用心地听，我发现自己对他所讲的确实感兴趣，而他也感觉到了，所以自然就很高兴了。倾听，是对任何人最好的恭维。伍尔特说过：“没有人能抵抗倾听式的谄媚。”其实，我不过是善于倾听，善于鼓励别人谈话而已。

一个学者说：“成功的商业交往，没有什么——最重要的是注意倾听和你讲话的人。没有什么比这会更让他开心。”这点很重要对吧？你在哈佛学四年也许都学不到。但我们都知道很多商人租用豪华的店面，降低进货成本，陈设新款漂亮的橱窗，花巨额的广告费，可所雇用的，却是那些不愿意倾听顾客讲话的店员——他们打断顾客的话，反驳顾客，激怒顾客，似乎要把顾客扫出大门才甘心！

来看看渥顿先生的亲身经历：

在毗邻海岸的新泽西，他在一家百货商店买了一件衣服，结果令人失望，这件衣服褪色，把他的衬衫领子都染黑了。

他带着这件衣服返回该店，找到卖衣服给他的店员，并将事实告诉他。他想告诉店员此事的经过，但被店员打断了。

“我们已经卖出了数千套这种衣服，还是第一次碰到挑剔的人。”这位售货员反驳道，他的语气非常不屑，“你在撒谎，想故意找茬吧。我再给你看一两件。”

争得正激烈，另一位售货员插进来，他说：“所有黑色衣服开始都要褪点色，没办法，这种价钱的衣服就是这样子。那是颜料的关系。”

“这时我气得火冒三丈，”他说，“第一位售货员怀疑我的诚实，第二位暗示我买了一件便宜货。我十分恼怒，正要与他们吵，这时他们的经理来了，他知道他们的职责。也正是他让我的态度完全改变了。”他将一个怒火中烧的人变成了一个满意的顾客。他采取了三个步骤：

第一，他倾听我从头至尾讲述我的经过，不发一言。

第二，当我讲完了，售货员又要插嘴时，他站在我的立场上与他们争论。他指出我的领子明显是被衣服所染，而且坚持说，不能使人满意的东西，就不应从店里出售。

第三，他承认他不知道原因，并直率地对我说：“你要我如何处理这件衣服呢？你怎样说，我照办。”

几分钟前，我还想告诉他们收起这件可恶的衣服，但现在我却说：“我只要你的建议，看这种情形是否是暂时的，有什么办法解决。”

他建议我再将这件衣服穿一个星期试试。“如果到时仍不满意，您可以再换一件满意的，非常抱歉，给你带来不便。”他说道。

我满意地离开了这家店。一星期后这衣服没有毛病，我也恢复了对这家店的信任。

最挑剔甚至是最激烈的批评者，常常会在一个有忍耐和富有同情心的倾听者面前软化降服。哪怕挑衅者像毒蛇一样张开嘴巴吐出毒物时也一样要倾听。

几年前，纽约电话公司碰上一个蛮不讲理的顾客。他用最恶毒的字眼责骂接线生，后来他又说电话公司制造假账单，所以他拒绝付款。他要向报社投诉，还要向公众服务委员会申诉，并使电话公司有过几起的诉讼。

最后，电话公司派出一位最有经验技巧的调解员，去拜访这位不讲理的客人。这位调解员去那里后，只是静静听着——尽量让这位好争论的老先生，发泄他满腹的牢骚。而他只是说着简短的“是！是！”并对他表示同情。

他接着说了当时的情形：“他继续不断地大声责骂。我静静听了近3个小时。此后我又去他那里，再听他没发完的牢骚，前后四次。在第四次访问结束之前，我已成为他创办的一个组织的会员，他称之为‘电话用户保障会’。现在我还是这组织里的会员，可是就我所知，除了这位老先生外，我是里面唯一的会员。

“在这几次访问中，我静听着，我尽量同情他所说的每一点。而他说以前电话公司的人从没有这样跟他说过话。他对我的态度，也渐渐友善起来。在前三次中，我对他的要求不提一个字，第四次，我整个结束了这一事件。他把所有的账款都付清了，撤消了对公众服务委员会的申诉。”

无疑的，这位先生表面看起来是为社会公义而战，为了保障公众权益，实际上他所要的是自重感。他通过挑剔抱怨去获得这种自重感。当他从电话公司代表身上获得这份自重感后，他不切实际的委屈也就消失了。

多年前，有个贫苦的荷兰籍小男孩，在学校下课后，为一家面包店擦窗，每星期赚五毛钱。他家境贫寒，平常他总是提着篮子去水沟捡从煤车掉下来的煤块，这孩子叫爱德华·巴克，一生仅受过6年学校教育。可是后来他却成为美国新闻界一个最成功的杂志编辑。他是如何成功的？说来话长，但他如何开始，则可以简单的叙述。他用本章所提出的原则，作为开场。

他13岁离开学校，充任西联的童役，每星期的工资是6.25美元，他虽然很贫困，可是无时无刻不在追求接受教育的机会。他靠的是自学。他从不搭乘街车，把午饭的钱也省下来买了一部美国名人传记——后来他做了一件人们闻所未闻的事。

他详细研读过美国名人传记后，就给传记上的每一位名人写信，请求他们多告诉他一些他们童年的故事。他写信给正在竞选总统的加菲特，问他曾否在一条船上做过童工，加菲特回复了他。他又写信给格雷德将军，问他一次战役的情形。格雷德将军在回信中，画了一张详细的地图，还邀请这个14岁的小男孩吃饭，他们谈了一个通宵。

他写信给爱默生，希望爱默生说些有关他自己的事。不久他便和国内很多著名的人物通信，如爱默生、勃罗格、郎菲洛、林肯夫人、休曼将军、戴维斯等。

他不只是与那些名人通信，还利用他放假的时间去拜访他们，成为那些人家里受欢迎的客人。他的这些经验，使他拥有了一种无价的自信心。这些名人激发了他的理想和意志，改变了他以后的人生。所有的这些，都是因为实施了我们正在讨论的这个原则。

名记者马可逊访问过不少名人，他曾经说："许多人之所以不能给人留下好印象，是由于他们不注意倾听别人的谈话。这些人只关心自己要说的是什么，却从不打开耳朵听听别人所说的……许多成名人士曾告诉我，他们所喜欢的，不是善于谈话的人，而是那些静听者。只是这种人似乎要比其他任何好性格的人少见。"

不只是大人物才喜欢善于静听的人，普通人也如此。正如《读者文摘》中所说的："很多人找医生；他们所要的，不过是个静听者。"

一些大人物曾说，他们喜欢善于倾听者而非善于谈话者，但这种能力，似乎比其他任何好性格都少见。

在美国内战时，林肯写信给一位老朋友，请他到华盛顿，说想和他讨论一些重要问题。

这位老朋友来到白宫，林肯同他谈了数小时关于解放黑奴的宣言是否恰当。他分析了赞成和反对此项决定的种种可能的理由，又阅读了一些批评他的信件及报刊文章。数小时后，他与老朋友道晚安，送他回去，竟然没有征求他的一点点意见。整个谈话过程中，都是林肯在说，他好像是要舒缓心情。谈话后，他似乎稍感安适。

老朋友知道，此时林肯需要的并不是他的建议，而是一位友善、同情的倾听者，以便发泄他的苦闷，那是我们在困难时都需要的。

如果你想让人远远躲开你,背后嘲笑你,甚至轻视你,这里有个很好的办法:就是永远不要倾听别人讲话,不断地谈论你自己。如果别人正谈着一件重要事情,你发现你有自己的见解,不等对方把话说完,马上就提出来。在你看来,他绝对不会比你聪明,为什么你要花那么多时间,去听那些没有见解的话?是的,马上插嘴,就用一句话,去制止别人的高论。

你曾遇到过那种人吗?很不幸的,我碰到过。奇怪的是,有些这样的人,还是社交界的名人。

那种人是令人讨厌出了名的。他们被自己的自私、自重感所麻醉,而为一般人所讨厌。

如果你要成为一个谈笑风生、受人欢迎的人,你需要静听别人的谈话。正如李夫人所说的:"要使别人对你感兴趣,先要对别人感兴趣。"问别人所喜欢回答的问题,鼓励他谈谈他自己,和他的成就。

要记住:和你说话的人,对他的需要、他的问题,比对你的问题要关心上百倍。他注意自己颈上的一个小疮比注意非洲的40次地震还要多。

做个善于倾听的人!

5

谈论别人感兴趣的话题

智慧语录

直达人心的最佳途径就是：谈论他人最感兴趣的事情。

每一个拜访过罗斯福的人，对他渊博的学识，都会感到惊奇。“无论是谁，罗斯福都知道同他谈些什么。”

这是怎么回事呢？答案很简单，在接见每一个来访者之前，罗斯福都会在前一晚了解那位客人所喜爱说的话题和他特别感兴趣的事。

他同许多领袖一样，懂得与人沟通的诀窍，那就是：谈论别人感兴趣的话题。耶鲁大学的菲尔普先生曾经有过一次深刻的教训。

他8岁那年的一个周末，去拜望他的姑妈，并在她家度假。

一天晚上，一个中年人来访，他与姑妈打过招呼后，便将注意力集中在菲尔普身上。

当时，菲尔普正巧对船很感兴趣，而这位客人对这个话题似乎也特别有兴趣。他走后，菲尔普向姑妈热烈称赞他，说他是多好的一个人，对船多么感兴趣！姑妈说，他是一位律师，其实他对船毫无兴趣。

那他为什么始终与菲尔普谈论船呢？姑妈说，因为他是一个高尚的人，他见菲尔普对船有兴趣，就谈论让他感到愉快的事情，同时也使他自己受人欢迎。

姑妈的话让他终生难忘。

我面前有一封信，那是热心童子军工作的杰尔夫先生寄来的。信是这样写的：

有一天,我需要找个人帮忙,欧洲将举行一次童子军大露营,我要请美国一家大公司资助我一个童子军的旅费。

在我会见那位大老板之前,听说他曾签出过一张百万元的支票,随后又把那张支票作废了。

所以我走进他办公室的第一件事,就是请求让我观赏那张支票。我告诉他,我从没有见过有人开过百万元的支票,我要跟我那些童子军们讲,我的确见到过一张百万元的支票了。他很高兴地取出来给我看,我表示羡慕、赞美,同时请他告诉我,开出这张支票的经过情形。

杰尔夫先生开始并没有立即谈到童子军的事和他的来意,而只是谈对方最感兴趣的事。结果又如何呢?

那位经理随后问我:"你找我有什么事吗?"我这才告诉他我的来意。

出乎意料的是,他不但立即答应了我的要求,而且比我原来要求的还要多。他签了一张千元外汇银行支付的凭证,叫我们在欧洲住七个星期。他又替我写了几封介绍信:吩咐他在欧洲各城市分公司的经理,妥善照顾我们。

在商界,这也是一种很有价值的方法。

多佛诺公司是纽约一家顶级的面包公司,多佛诺先生一直想将面包卖给纽约的一家旅馆,四年以来,他一直拜访这家旅馆的经理,参加这位经理所参加的社交活动,甚至在这家旅馆里开了房间,以期得到这笔交易,结果他失败了。

"后来,在研究人际关系之后,我决定改变自己的做法。我要找出这个人最感兴趣的东西。"多佛诺先生说。

"后来我得知,他是美国旅馆招待员协会的会员,他很热衷于成为该会的会长,甚至还想成为国际招待员协会的会长。协会不论在什么地方举行活动,翻山越海,过沙漠,他都会去。

"第二天我见到他,就开始谈关于招待员协会的事。他的反应极好,和我讲了半小时,声调充满热情,我可以明显看出来,这的确是他的业余爱好。离开他办公室之前,他要我也加入。

"这次谈话,我原本没提到任何有关面包的事情。几天以后,他旅馆中的一位负责人给我打电话,要我带着货样及价目单去。

"我不知道你做了什么,但他真的被你搔着痒处了!"负责人说。

"试想一下,我紧追四年,尽力想得到他的买卖,却一无所获。我若不另想他法,找他感兴趣的东西,恐怕现在还要那样呢。"

谈论别人感兴趣的话题!

6

你是重要的

智慧语录

现实生活中有些人会出现交际障碍,是因为他们不懂得或者是忘记了一个重要原则——让他人感到自己很重要。

现实生活中有些人会出现交际障碍,是因为他们不懂得或者是忘记了一个重要原则——让他人感到自己很重要。他们总是喜欢自我表现,自吹自擂。一旦取得成功,他们首先想到的是自己的功劳。这样就无形中向别人表明:你不重要。它既伤害了别人,也对自己不利。

有一天,我在邮局里排队寄一封挂号信,柜台后的那位职员对工作好像很不耐烦。秤重,贴邮票,找钱,开收据——年复一年的单调重复。我对自己说:"如果我要让那个人喜欢我,那就意味着我要对他说些关于他的好话。他有什么地方可以让我真诚地赞赏呢?"我很快找到了答案。

当他帮我的信件称重时,我热情地说:"我真希望自己能有你这样的头发。"

他抬起头,有些惊讶地望着我,脸上充满微笑:"是的,但已没有以前那样好了。"我们愉快地谈了一会,最后他说:"许多人都称赞我的头发。"

我敢保证,这位先生出去吃饭时,一定是足下生风,晚上回家,一定会将这事告诉他太太,并对着镜子欣赏自己:"多么漂亮的头发。"

有次我讲课时提起这件事,有人问我:"那么,你想从那人身上得到什么?"

我想从那人身上得到什么?我能从他身上得到什么!

如果我们真是这么自私,如果没能从他人那里得到好处,就不对他人表示一点赞赏或是一丝真诚的感谢,那么我们灵魂或许不比野生的酸苹果大,我们的心灵会变得多么贫乏!

是的,我是希望从那位先生那里得到什么——那就是,助人的快乐。而且我已经得到了,它是无价的。时过境迁之后,那种感觉仍永远留在我的记忆里。

人类的行为中,有一条至为重要的法则:就是永远尊重别人,让别人觉得自己重要。如果我们遵守它,大概就不会遇到烦忧。它会给我们带来无数的朋友,和永久的快乐。如果违反了它,就会遭遇到无数的困难。杜威说:“人类本质里最深层的驱动力是希望具有重要性。”正是这种需要使人和动物有了分野,也有了人类文明的进化。

几千年来哲学家一直在思考着人类关系定律。而他们得出的定律只有一条,这并不是新的,它跟历史一样的古老!2500年前,索罗斯特把那条定律教给所有异教徒。2000多年前,孔子也这样告诫过他的门生。道教始祖老子也曾这样教过他的门徒。纪元前500年,释迦牟尼也把那条定律留传人间。耶稣经典中也这样记载着这条世界上最重要的定律:“你希望别人怎样待你,你就该怎样去对待别人。”

你要得到别人的认同,想要别人承认你的价值,想要在你的小世界里获得一种自重感。你不喜欢没有价值、虚伪的阿谀,你渴求真诚的赞赏,你希望你的朋友“诚于嘉许,宽于称道”。所有这些,人人都需要。

所以让我们遵守这条金科玉律——你希望别人怎样待你,你就该怎样去对待别人。

如何做?何时做?在什么地方做?答案是:随时,随地。

比如有一次,我向无线电城的一个人打听舒尔维先生的办公室号码。那个穿着整洁制服的导问员,他很清晰地回答:“舒尔维(顿了顿),18楼(顿了顿),1816室。”我走向电梯,想了想,接着又走了回来,对那个人说:“你回答问题的方式很妙,很清楚而恰当,像一个艺术家,真是了不起。”听了我的话后,他很愉快。他告诉我,为什么他答话时中间要顿一顿……我的几句话让他如此得意,他高昂着头。当我乘电梯上了18楼时,我觉得那天下午我为人们增添了一点快乐。

其实,你大可不必等当了驻法大使,或是一个很大俱乐部主席时,才去称赞别人,你几乎每天都可以应用它,它会产生神奇的效果。

比如我们要一份法式的煎马铃薯,而那个女服务生替你端来了薯泥,那时,我们不妨这样说:“对不起,给你添麻烦了——我喜欢的是法式的煎马铃薯。”她会回答一点也不麻烦,并且很乐意地替你去更换,因为你先尊重了她。

对不起，麻烦你，请你，你会介意吗，谢谢你！——这些平常的礼貌用语，可以减少人与人之间的纠纷，同时也能显现你高贵的品格。

让我们再举个例子，美国著名小说家柯恩，一个铁匠的儿子，他一生受过的教育不到8年，可他去世的时候，是举世最富有的作家。

他是如何做到的呢？事情是这样的，柯恩喜欢诗词，所以他将大诗人罗斯迪的诗全部读完了，甚至还写了一篇演讲稿，歌颂罗斯迪的艺术成就，并且还送了一份给罗斯迪。罗斯迪很高兴，他说："一个对我的才学有这样高超的见解的年轻人，一定很聪明。"罗斯迪就请这个铁匠的儿子到伦敦当他的私人秘书，这也是柯恩一生的转折点。在这个新的职位上，他见到了许多当代的大文豪，受到他们的指导和鼓励，他的写作生涯也由此一帆风顺，最终享誉世界。

他的故乡在格利巴堡，现在已是旅游胜地。他有250万美元的遗产。然而谁知道，如果他没有写那篇赞赏名诗人的演讲稿，可能终生会默默无闻。

这就是发自内心的真诚赞赏的力量。

几乎每个人都认为自己是最重要的，一个国家也是如此。你是否觉得你比日本人优越？可是事实上，日本人认为他们比你优越得多。如果一个守旧的日本人看到一个白种人和一个日本女人跳舞时，他会非常气愤。你以为你比印度人优越？你有权可以这样想，可是他们的感觉跟你完全相反。你以为你比爱斯基摩人优越？你当然可以这样想，可是你想知道爱斯基摩人对你的看法吗？爱斯基摩人称好吃懒做、不务正业的无赖叫"白人"，那是他们轻视人最刻薄的话。

每一个国家都觉得比别的国家优越，这样就产生了爱国主义和战争。

有一个真理：就是你所遇到的任何人，几乎每个人，都觉得自己某方面比你优秀。但有一种方法可以深入人心，那就是你让他觉得他是重要的，要真诚的承认。

别忘记爱默生所说的："凡我所遇到的人，都有比我优秀的地方，我要向他们学习。"

莎士比亚曾经说："人，骄傲的人，借着一点暂时的能力，便在上帝面前胡作非为，使天使为之落泪。"

我有几个学员运用了这条原理，获得了惊人的效果。看看他们的故事吧。

第一个是不愿意公开自己姓名的律师，我们就用R先生来代替。

有一天，R先生开着汽车和太太一起去长岛拜访亲戚，太太留下他陪亲戚老姑妈闲谈，自己则去看别的亲戚。他决定把他学到的原则试着从老姑妈身上开始运用，他环顾四周，想找到值得赞赏的方面。

他问老姑妈:“这栋房子是1890年建造的吗?”

“是的。”老姑妈回答道。

他又说:“这使我想起,我出生的那栋房子——古朴而美丽,现在都看不到这样的房子了。”

老姑妈点点头:“是的,现在的人才不在乎住房好不好看,他们只需要一所小公寓、一个电冰箱、一部汽车就够了。”

老姑妈沉浸在美好的回忆中充满柔情地说:“这栋房子是用我们的爱建成的。我和我的丈夫在建造之前,已梦想了很多年。我们没有请建筑师,完全是自己设计的。”

老姑妈领着R君,去各房间参观。R君对她一生收藏的各种珍品——法国式床椅、一套古式的英国茶具、意大利的名画和一幅曾经挂在法国封建时代宫廷里的丝帷,都真诚地加以赞美。

老姑妈带他参观房间后,她又带他去车库,里面停着一辆很新的派诺特汽车。她轻轻地说:“这部车子,是我丈夫去世前不久买的——自从他去世后,我就再也没有坐过——你欣赏美丽的东西,我就把这部车子送给你!”

R君听到这里非常意外,说:“姑妈,我感激你的好意,可是我不能接受。我自己已经有了一辆新的车子。你有很多更亲近的亲戚,相信他们会喜欢这部车子的。”

“亲戚!”老姑妈提高了嗓门说,“是的,我有很多更亲近的亲戚,他们希望我赶快离开这个世界,就可以得到这部车子,可是,他们永远得不到。”

“你还可以把这部车子卖掉。”

“卖掉!”老姑妈叫了起来,“你看我会卖掉这部车子?我会忍心看着陌生人驾着这部车子行驶在街上?这是我丈夫特地替我买的,我做梦也不会卖。我愿意交给你,因为你懂得如何欣赏美的东西!”

R君想婉转辞谢,但他不能伤了老姑妈的感情。她孤身一人住在这栋宽敞的房子里,对着屋子里这些精致、珍贵的陈设,缅怀着过去——她希望有一个人和她有同样的感受。她也有过一段金色的年华,那时她美丽动人,为男士们所追求。她建造了这栋包含爱的房子,并且从欧洲各地搜集了很多珍品来加以装潢。而现在,她风烛残年、孤单一人,她渴望着能获得一点人间温暖,一点真心的赞美——可是,却没有一个人给她。当她找到了的时候,就像沙漠中涌出一泓泉水来,使她心底充满激动和感谢,以至于愿意把这部派诺特汽车相赠。

柯达公司的伊斯曼发明了透明胶片后,电影制作突飞猛进,同时也让他获得了亿元的财富,成为世界上一位著名的商人。他虽然有这样伟大的成就,可是他仍然跟你我一样,渴望别人的赞赏。

数年前,伊斯曼为了纪念他母亲,想建造一座剧场,纽约某公司经理艾达逊希望能承办该剧场里的座椅项目,想通过那个建筑师去拜见伊斯曼。

到了那里,那位建筑师说:“我知道你想得到座椅项目,但我告诉你,伊斯曼很忙,如果你占用他五分钟以上的时间,你就别打算再做这一笔生意了。他脾气也很大,你迅速说明来意后,马上就离开他的办公室。”艾达逊听后,就准备那样做。他被带到一间办公室,看到伊斯曼正埋头处理桌上的一堆文件。见有人进来,伊斯曼抬起头向建筑师和爱达森说:“两位早,有何见教?”

建筑师稍作介绍后,艾达逊说:“伊斯曼先生,我很羡慕你的办公室。如果我有一间像你这样的办公室,在里面工作一定很愉快的。我是从事室内家具制作的,从没有见过这样漂亮的办公室。”

伊斯曼说:“谢谢提醒。我差不多忽略了这点。当初这间办公室布置好后我确实非常喜欢,现在太忙了,有时接连几周,我都不会注意到这方面。”

艾达逊用手摸了摸办公室的壁板,说:“这是不是英国橡木?它和意大利橡木的品质,稍有不同。”

“是的,这是进口的英国橡木,是一位专门研究细木的朋友,特别替我挑选的。”

接着,伊斯曼陪他参观自己的室内陈设,包括木门、油漆色彩和雕刻工艺等。他们在一扇窗前停了下来,伊斯曼表示,他要捐助给洛贾士德大学和公立医院一些钱,为社会尽一点心意。艾达逊称赞了他的慈善义举。伊斯曼打开玻璃橱的锁,取出他从前买的第一架摄影机——那是向一个英国人买下的。

爱达森问他,当初是如何起步奋斗的?伊斯曼感慨地叙述他幼年时候的贫苦情景。还谈到了他做实验的一些事情,艾达逊一直静静地听着!他是上午 10∶15 分进伊斯曼办公室的,当时那位建筑师曾告诫他,最多只能留 5 分钟,可是,一两个小时过去了,他们仍然在谈着。

最后,伊斯曼向爱达森说:“上次我去日本,买了几张椅子回来,我把它们放在阳台上,阳光把椅子上的漆晒脱了,我买了些油漆回来自己漆,你要不要看看我自己漆的椅子?你来我家,我们一起吃午饭,我让你看看。”

午饭后,伊斯曼把他漆的椅子拿给艾达逊看——那些椅子,每张不会超过 1.5 美元,而身家亿元的伊斯曼却很自豪,因为那是他自己漆的。

凯本剧场座椅订货的总额是九万美元。你猜,是谁得到了订货合同?除了艾达逊外,还会是谁?

就从那时候开始,直到伊斯曼去世,他们一直保持着密切的友谊。

你想知道,如何让一个女人爱上你?这里就有一个秘诀很奏效。这不是我想出来的,而是从迪克斯女士那里借来的。

有一次,这位女士去访问一位成为新闻人物的重婚者。这人曾经骗得二十三个女人的芳心和她们银行里的存款。(说明:迪克斯女士是在监狱访问他的。)当迪克斯女士问他获得女人爱情的方法,他说没有什么,只要对女人谈论她自己就行了。

这技术用在男人身上同样有效。英国首相狄斯累利说:"对一个男人谈论他自己的事,他会静静地听数小时之久。"

让别人感觉到自己的重要,并要真诚地这样做。

三　巧妙赢取他人的赞同

赢取赞同 <<<

他人的反应取决于你的态度，用争夺的方法，你永远得不到满足，用让步的方法，你得到的可能比你期望的更多。

1

争论中没有赢家

智慧语录

如果你争论、逞强、唱反调,你或许有时会获胜,但这种胜利是空洞的,因为你永远得不到对方的好感了。

二战后不久,伦敦的一个晚上让我受益匪浅。

当时我是史密斯爵士的私人助理。战争期间,他被调往巴勒斯坦作澳国的空军飞行首领,他在一个月内绕地球半周而轰动了全世界,这是从来没有过的壮举。为此澳大利亚政府奖励了他5000美元,英国女王也授予他爵士头衔。一时间,他成了英国的焦点人物。

一天晚上,我参加了一个欢迎史密斯先生的宴会,席间,坐在我身边的上校讲了一个幽默故事,这个故事用到了一句话:"无论我们如何粗俗,有一位神,就是我们的目的。"

讲叙者认为这句话出自《圣经》。但我绝对肯定,他错了。为了显示我的重要和优越感,我委托一个人指出了他的错。他却坚守自己的观点:什么?出自莎士比亚?不可能,不近情理,就是出自《圣经》!

当时我的一个老朋友加蒙先生坐在我的另一边。他非常精通莎士比亚,最后我们想请加蒙先生来决定。加蒙先生静听着,在桌下用脚碰了碰我,说:"戴尔,你错了。这位先生是对的,是出自《圣经》。"

当晚回家时,我对加蒙先生说:"老实说,你知道那句话是出自莎士比亚的。"

"是的,出自《哈姆雷特》第五幕第二场,但我们作为宴会的客人,为什么非得证明别人是错的?为什么让别人没有面子?他并没有征求你的意见,你为什么非要和他争辩？永远避免正面的冲突！”

“永远避免正面的冲突！”这句话给了我极深的印象和教训，因为我从来就是执拗的争辩者。

我曾批评过、从事过数千次的辩论，却从没注意事后所发生的影响。由于这次教训，我得到一个结论，也是一项真理，就是：天下只有一种方法，能得到辩论的最大胜利，那就是尽量避免辩论……避免辩论，就像避开毒蛇和地震一样。

十次辩论中有九次，每个争论的人都比以前更加深信自己的正确。你不可能通过争辩获胜。因为如果你辩论失败了，你当然失败了；如果你获胜，你也是失败的。为什么？如果你胜了对方，将对方驳得体无完肤，并证明他神经错乱，那又如何？你自我感觉很好，但是他呢？你伤害了他的自尊，他当然也要反对你的胜利。

波恩互助人寿保险公司为他们的推销员定了一个规则：“不要辩论！”真正的推销术，不是辩论！人的想法不是通过辩论就可以改变的。

数年前，有一个好争辩的爱尔兰人叫欧哈利，来我讲习班听课。他没有受过很好的教育，可是喜欢争辩。他做过司机，又做过汽车推销员，但业务干得并不理想，于是他来找我。我跟他说过话后，才知道他推销汽车总是和顾客发生争论。他对我说：“每当我走出一个人的办公室时，我就说我又教训了那家伙几句，可他就不买我的东西了。”

对于欧哈利，我的首要任务不是教他如何说话，而是让他如何少讲话，尽量避免跟人争论。现在他已是纽约汽车公司一名成功的推销员了。他是如何做的？他说：

“假如我现在走进客户办公室向他推销，对方如果说：‘什么？怀特汽车，那太不行了，就是送给我，我也不会要的。我打算买胡雪公司的汽车。’听了他这样的回答，我不但不反对，反而顺着他的口气说：‘老兄，你说得不错，胡雪的汽车确实不错，而且是个大品牌，推销员也很能干。’听我这样说，他就无话可说了，想争论也无从争起。这样，我就找到一个机会，向他介绍怀特牌车子的优点。

“过去如果我遇到这种情形，一定会恼火，并指责胡雪牌汽车是如何的不好，结果，我越是挑剔，争辩愈是激烈，以至于对方决心不买我的汽车。

“回想起来，我真不知自己过去是如何推销的。无谓的争论，使我失去了很多宝贵的时间和金钱。现在我学会了如何避免争论，如何少讲话，收效显著。”

就像聪明的老富兰克林常说的：“如果你靠辩论反驳，或许会得到胜利，可那胜利是短暂空虚的。因为你永远失去了对方的好感。”

你不妨好好权衡一下:你是想得到表面上语言的胜利,还是想得到人们对你的好感?二者很难同时得到。

你在进行辩论时或许你是对的,但在改变对方的思想方面,就是你对了,也和不对一样,毫无建树。

麦肯锡是威尔逊总统的财政部长,他根据多年的从政经验总结了这样一句:“靠争论根本无法让无知的人服气。”

岂止是“无知的人”?麦肯锡说得有些保守。根据我自己的经验,不管对方的智商如何,你都无法靠辩论去改变他的想法。

举个例子。为了一笔9000元的账单,巴逊士先生和一位政府稽收员争论了一个小时之久。巴逊士先生声称这是一笔死账,永远收不回来,因此不应纳税。稽收员说:“胡说,死账?那也得纳税。”

稽收员的态度淡漠、傲慢、固执。理由对他毫无用处,事实也没有用,争辩越久,他越是固执。所以巴逊士先生决定放弃争论,改变方法,给他赞赏。

“我也曾研究过税收问题,但我只是从书中得到一点知识,而你具有丰富的经验,有时候,我真的愿意从事你这样的工作。它可以教会我许多。”巴逊士真诚地说出每一句话。

于是,那位稽收员挺起身子,倚在椅子上,讲了许多关于他工作的话,还告诉巴逊士他发现的巧妙的舞弊方法。他的声调渐渐变得友善起来。临走时,他要巴逊士先生给他时间再考虑考虑,几天后再给他答复。

三天之后,他到办公室告诉巴逊士,他已决定按照所填报的税目办理。

稽收员表现出来的是最普通的人性特点,他需要的是自重感,一旦巴逊士改变策略,承认他的重要,辩论便马上停止,他立即变成了一个同情和友善的人。

拿破仑家里的管事,时常和约瑟芬打台球游戏。在他写的《拿破仑私生活回忆录》中,曾写下这样一句:“我知道自己球艺不错,不过我总设法让约瑟芬胜过我,这样会使她很高兴。”

我们要让顾客、爱人、丈夫或者是妻子,在细小的争论上,胜过我们。

林肯曾说过:“一个成大事的人,不能囿于个人成见,消耗自己的时间去和人家争论。无谓的争论,对自己性情不但有所损害,还会让人失去自制力。在尽可能的情形下,你不能过分张扬自己,要学会放弃,即便是一件小事。与其跟一只狗争路,不如让狗先走一步。如果被狗咬了一口,你即使把这只狗打死,也不能治好你的伤口。”

《点滴》一书中有篇文章,建议人们怎样避免争论:

一、欢迎异见。俗话说:“人们总需要持不同意见的朋友。”如果有人对你提出异议,你应该衷心感谢。这样可以让你避免犯大错。

二、不要相信直觉。听到对方的反对意见时,人的本能反应是自我保护。不要过分相信直觉,因为这可能是你不好的地方,要心平气和。

三、控制好你的情绪。记住,你可以根据一个人在什么场合下发脾气,判断他的气质和修为。

四、学会倾听。给意见相反者一个机会陈述,不要阻止他,让他完整地表达出他的意见。学会倾听,增强了解。

五、努力寻求共同点。听完了反对意见,首先找到你们相同或相近的地方。

六、勇于认错。发现自己的错,勇于向对方承认。这样有助于双方的了解。

七、认真考虑反对意见。要承认他们的意见可能有合理性。认真考虑不同意见是理智的做法,不要等对方说:“我早说了,你就是不听。”

八、感谢提出反对意见的人。因为关心同一件事,才会出现分歧。把它看成能给你帮助的人,或许你们能成为朋友。

九、不争于行动,给双方留一个空间。

释迦牟尼说:“恨不止恨,爱能止恨。”误会永远不能用辩论停止,而是用手段、外交、和解来从对方的观点出发,以求得对方的同情。

赢得争论的惟一方法就是避免争论。

2

千万别说“你错了”！

智慧语录

你永远不会因为认错而招来麻烦。只有如此才能平息争论,让对方也同你一样公正宽大,甚至也承认他或许错了。

当罗斯福在白宫的时候,他说如果他的决策有75%是对的,那就达到他的最高标准了。

像他这样的杰出人物都承认自己的判断只有75%是对的,你我又该如何呢?

如果你能确定,你有55%的正确率,你可以到华尔街一天赚百万元。如果你不能确定,你凭什么要指责人家的错误呢?

无论用什么方式指责对方——一个眼神、一种语气、一个手势,或是直说,其结果都是一样的。他绝不会同意你的！因为他感到你伤害了他的智慧、判断力和自尊心。这只会招致对方的反击,而不会改变他的意见,即使你用柏拉图或是康德的逻辑加以反驳也没有用,因为你伤害了他。

所以,千万不要一开始就试图:“我要证明给你看。”这等于向对方表明:“我比你聪明,我要让你改变想法。”这是不明智的举动,无疑会造成反感并引发冲突。这种做法是一种挑战,必然会引起争执和冲突。这种情况下,无论你的方式如何温和也无法改变别人的主意。所以,如果你要证明什么,别让别人知道,而且不用教导的方式,不露痕迹,充满技巧。

诗人波普说:“在你教导别人时,要表现出若无其事的样子。事情要在不知不觉中提出来,好像被人忽略了一样。”

300多年前，意大利的科学家伽利略说："你不能教一个人什么事情，你只能教他自己去发现。"

查斯菲尔德爵士告诉他儿子："要比别人聪明，但不要让他们知道。"

苏格拉底也告诉他的门徒："我唯一知道的，就是我一无所知。"

我们不会比苏格拉底更聪明，所以从现在开始，我们不再指责别人的过错。这样，我们会因此受益。如果你认为别人说错了，你最好这样说："啊，是这样，我还有一种想法，不知对不对。如果我说错了，希望纠正。我们一起来探讨这件事吧。"

这样的话真的很奇妙。我有一个学员叫林克就是用这个原则处理事情的。他是道奇汽车在蒙大拿州的代理商。由于汽车竞争压力大，在处理问题时他们对顾客常常很冷漠，并造成许多不快。这样影响了他的生意。他告诉班上的其他学员："后来，我想这样的确无济于事，我决定换一种方式处理。我反过来对顾客说：'这是我们公司的错，非常抱歉。请你把你的问题告诉我。'这样做明显减少了客户的敌意。很多人还感谢我们的谅解，并带自己的朋友来买车。我相信，尊重顾客，对他们体贴周到，一定会在竞争中获胜。"

你永远不会因为认错而引来麻烦。如果你承认自己的错误，就能平息争论，使对方也能像你一样公正宽大，甚至会承认他自己也许错了。

如果有人确实错了，而你直率地告诉他，会发生什么样的后果？我有这样一个例子：

> 史密特是纽约一位年轻的律师，最近在美国最高法院为一件重要案子辩护，案件牵涉到一大笔钱和一项重要的法律。
>
> 辩护过程中，一位法官问史密特："海军法的申诉期限是6年，是不是？"
>
> 他注视了法官片刻，然后直接说："法官阁下，海军法中并没有这样的条文。"
>
> 他在讲习班中，叙述当时的情形说："当我说出这话后，整个法庭顿时安静下来，气温仿佛到了零度。事实上我是对的，法官是错了，我如实告诉了他。可是，他不会对我友善的。我相信我有法律的根据，而且我也知道我讲得比以前好。但是我并没有说服那位法官，因为我犯了个大错，在大庭广众下直接说一位极有学问而著名的人物错……"

很少人有逻辑性，我们大多数的人，都怀有成见。我们都曾被嫉妒、猜疑、恐惧和傲慢所伤。所以，如果你准备告诉别人有错误时，请你每天早餐前，把罗杰斯教授所写的一段文章读一遍。他是这样写的：

我发现试着了解别人的想法太重要了。也许你会觉得奇怪，这么做有必要吗？我想是的。我们听别人说话时，第一反应总是评判别人的看法或态度与我们的是否相同，很少关心语言陈述本身。当一个人表达自己的某种看法、感受或信念时，我们通常会做出的反应是："不错"、"真可笑"、"不合理"、"这样不对"、"那样不好"等。我们很少去了解对方话中的真正意义。

有一次，我请了一位室内装潢师设计家里的窗帘。等账单送来时，我真的吓了一跳。

过了几天，一位朋友来访看到了那些窗帘，她问了价钱后，非常夸张地宣称："什么？太荒谬了，我想你是受骗了！"

是的，我想她说的的确不错，但没有人喜欢听她讲这种真话。我努力为自己辩解，我说物有所值，便宜不是好货，高品质高品位的东西在杂货店是买不到的，等等。

第二天，又一位朋友来访，对那些窗帘赞不绝口，还说她也希望能买到这种漂亮的窗帘。我的反应与前一天截然不同："老实说，我也差点付不起，我买得太贵了，真后悔没事先问好价钱。"

当我们犯错误的时候，也许心里已经承认了。如果别人的态度温和一些，或显得有技巧一些，我们也会向他认错，甚至会为自己的坦白、心怀宽大而自豪。但如果对方有意让你难堪，那情况就大不一样了。

从现在开始，你最好不要再指出别人有什么错，那样会付出代价的。如果你认为有的人不对，你最好这样说："慢着，我有另一个想法，不知对不对。假如我错了，希望你能指正，我们一起来看看这件事。"

我确信，如果你过于直率地指出别人的错误，再好的意见也不会被人接受，甚至会伤害别人，你剥夺了别人的自尊，也让自己成为最不受欢迎的一部分。

美国内战时，一位极著名的记者哈利斯，与林肯的政见不合，他以为用论战、嘲笑、谩骂的方式，可以让林肯接受他的意见。他连续不断地攻击林肯，一月又一月，一年又一年，就是在林肯被刺的那天晚上，他还写了一篇粗鲁、刻薄的嘲弄林肯的文章。

这些苛刻的攻击，能使林肯接受他的意见吗？不，永远不能。

如果你想要知道，人与人之间如何相处，如何提高你自己，改善你的人性、品格，你可以看《富兰克林自传》。这是一部有趣的传记，也是一部美国文学名著。

在这部自传中，富兰克林指出，他如何克服他自己好辩的恶习，使他成为美国历史上,一个最能干、和蔼、善于外交的人物。

当富兰克林还是一个冒失的年轻人时,一位教友会里的老教友,把他叫到一边,严厉地把他训了一顿。

“本,”这位老教友叫富兰克林的名字,“你太不应该了。你伤害了太多与你意见不合的人。现在已没有任何人会理你的意见。你的朋友都觉得如果你不在场,他们会自在得多。你表现得太过分了,以致没有人会再跟你提意见。因为那样不但白费劲,还会惹你不高兴。这样下去,你再也不会了解到新的东西。”

据我所知,富兰克林之所以能成功,要归功于那位老教友尖锐有力的教训。那时富兰克林的年纪已不小,有足够的聪明来领悟其中的真理。他知道,如果不痛改前非,自己将会遭到社会唾弃。

富兰克林这样说:“我替自己订了一项规则,不要当面直接反对对方的意见,也不能太武断。凡有肯定含意的字句,就像‘当然的’,‘无疑的’等话,我都改用‘我推断’,‘我揣测’,或者是‘我想象’等话来替代。当别人指出我的错误时,我没有立刻反驳对方,而是婉转作答:在某种情形下,你是对的,但是现在可能有点不同。

“很快,我的态度改变有了成效,谈话的气氛变得融洽起来。我谦虚的态度很容易被大家接受。争执也减少了,我不会因偶尔出错而难堪,当我正确的时候,也会更加顺利争取大家的赞同。”

在商业上又如何?举个例子:

迈哈尼在纽约经销石油业特用的设备。长岛一位老主顾,向他订了一批货。在那批货的开始生产时,一件不幸的事忽然发生了。

那位买主和他的朋友们谈到这件事,他的朋友们提出了多种意见,有些让他听了后无所适从、烦躁不安,最后他打了个电话给迈哈尼,说他不想要那批订单货物了。

迈哈尼先生后来说:“经过仔细查看,我发现我们并没有错误,我知道这是他和他的朋友们没有根据的胡乱猜测。如果我直接这么说,不但不恰当,反而会危及到业务进展,我决定去长岛。刚进他办公室,他马上从座椅上跳了起来,声色俱厉,好像要跟我打架似的。最后他说:‘你看怎么办吧!’我心平气和地告诉他,他有什么意见我都可以照办。我说:‘你是买家,当然要得到你所满意的东西。如果你知道问题在哪儿,请再给我一张图样。虽然我们已花去2000美元,为了让你满意,我情愿承担损失。不过我必须把话先说清楚,如果我们按你现在给的图样生产,再有任何错误，责任在你。如果按照我们的计划，出了任何差错，由我们全部负责。'"

听我这样讲了后，他的怒火似乎渐渐平息下来，最后他说："好吧，照原计划进行好了，如果有什么差错，只好求上帝帮助你了。"

结果证明我们做对了，现在他又向我们订了两批货。

当那位主顾侮辱我，向我挥拳，说我不懂自己业务时，我尽量克制自己不去和对方争论。我做到了，那是值得的。

当时如果我说他是错误的，并与他争论起来，说不定还会闹到法院。而那样不只是双方经济上的损失，彼此都失去了一个重要的主顾。我深深地体会到，直接指出人家的错误是不值得的。

我现在相信，如果你过于直接指出别人的错，再好的意见也不会被别人接受，甚至会让你受到伤害。你无视别人的自尊，也让你自己成为最不受欢迎的人。

有人曾问马丁·路德金为何作为一个和平主义者，却支持白人将领詹姆斯，而不是黑人官员。他说："我根据他们自己的原则，而不是根据我的原则去判断。"

同样，罗伯特·李将军曾在南方联邦总统杰斐逊面前赞赏他属下的一名军官。有一位军官很惊异，他问李将军："你不知道那个人总是在攻击诽谤你吗？""我知道，不过总统是问我对他的看法，而不是问他对我的看法。"

尊重别人的意见，不要直接指出别人的错误。

3

承认错误，在别人有机会说出来前

智慧语录

用争夺的方法，你永远得不到满足，但用让步的方法，你得到的可能比你期望的更多。

从我家步行不到一分钟，有一片森林园。我发现它时就像哥伦布发现了新大陆。我常带着我的波斯狗瑞克斯到园中散步，它是一只温和的小狗。因为园中很少有人，我总是不给它系上皮带或戴口笼。

一天，我在园中碰上一位警察。

“你不给狗戴上口笼，也不系上皮带，让它在园中乱跑，是什么意思？你不知道这是犯法的吗？”他责问道。

“是的，我知道。”我轻声回答，“但我想它在这里不会对他人造成伤害。”

“你想？你想不会？法律可不管你怎么想。那狗也许会伤害松鼠，咬伤小孩。这次就算了，下次我再遇到这种情况，就得带你去见法官了。”

我谦逊地同意了。但瑞克斯不喜欢口笼，我也不乐意这样做，便决定碰运气。开始倒没什么，一次，我和瑞克斯跳过一个小山丘，突然，我惊慌地看见了那个警察，瑞克斯正向他冲去。

我知道事情也无法逃避了，所以没等警察开口，我先发制人说道：“先生，你当场抓住了我，我没有托辞，没有借口，我犯了法，你罚我吧。”

这位警察却温和地说：“喔，现在周围没有人，让这样的一只小狗在这儿跑一跑，的确很惬意。”

“真的很诱人，但那是犯法的。”

“像这样的一只小狗是不会伤人的。”警察辩护说。

“不,它也许会伤害到松鼠。”我说。

“你太认真了,”他告诉我,“你让它跑过土丘,让我看不见它——我们就将这事了了。”

我们各得其所,这件事就友好地结束了。其实,那位警察也很有人情味,他只不过要得到一种自重感。所以当我开始自责时,他采取宽容的态度以增长他的自尊,显示自己的慈悲。

我不与他争辩,因为我承认他是正确的,我是错误的。我迅速、坦白、热忱地承认。结果我们各得其所,这件事就以友好的方式结束了。

如果我们知道自己一定会受到责备时,我们首先自己责备自己,这样岂不比让别人责备好得多?如果你将别人正想要批评你的事情在他有机会说出来之前承认,他就会采取宽容、原谅的态度,以减轻你的错误——就像那位警察对待我和我的小狗一样。

华伦是一位美术商业家,他曾用这种方法平息了一个粗鲁、无理的顾客的怒火。

华伦回忆这件事的经过:“做商业或出版方面的广告,最重要的是简明准确。有些艺术编辑要求别人立刻完成他们交来的工作。在这种情形下,难免出现误差。我的客人中有一个人很喜欢挑剔找错,我常会极不愉快地离开他的办公室。并不是因为他的批评挑剔,而是他所指出来的毛病并不恰当。

“最近,我交给他一幅匆忙中赶出来的作品,他通知我马上去他办公室。果然,他怒气冲冲,作出一副要指责教训我的样子。我想到了在讲习班学到的自我批评方法,便说:‘先生,你不高兴是正常的,我的疏忽无可宽恕。我替你绘了这么多年,本该知道如何画才是,我真的非常惭愧!’”

听到这样的话后,他立即说:“是的,虽然如此,不过还不算太坏,只是……”

我接着说:“不管程度如何,总会让你受到影响,让人家看了讨厌……我应该多加小心,你平时对我关照甚多。你应该得到让你满意的东西。这幅画我会带回去,再重新画一张。”

他摇摇头,说:“不,不。我并不想给你添太多的麻烦……”他说他只要一个小小的修改。这点小错误,事实上并不会让他公司的利益受到损失。让我不要看得太重了。

由于我及时自我批评,他怒气全消。最后,他请我吃中饭,分手时,他签了一张支票给我,并交给我另外一件工作。

愚蠢的人都会尽力为自己的错误辩护。有的人却承认自己的错误，给人一种尊贵高尚的感觉。

历史上所载的关于李将军的一件最完美的事，就是他在毕克德失败后的自责。

毕克德在战场上冲锋无畏。7月的一个下午，他率着士兵得意地冲向联军的阵线，人群涌动，战旗飞扬，场面壮观极了，联军看见他们时，响起了一阵低声的赞美。

毕克德的军队步伐轻快，迅速前进，突然，隐藏在石墙后面的联军向他们猛烈开火，瞬间，整个山顶变成了一片火海，一个杀戮的场所。除了毕克德，所有旅长都被击倒了，士兵中有五分之四的人倒下了。

阿密斯旦率军队奋力冲杀，在墙头与联军短兵相接，终于把南军的战旗插上山，但只一会儿。毕克德的冲锋光荣、勇敢，却挽回不了失败的结局。李将军失败了，他无法再深入北方，南军失败了。

李将军极其悲痛、震惊。他向总统戴维斯交出辞呈，请求另派一个"年富力强的人"。李将军可以找出一打理由，将毕克德冲锋失败归罪于别人，如有的师长不胜任，马队到的太迟，没能协助步兵的进攻，等等。

但李将军没有责怪别人，当毕克德打了败仗，挣扎着回到同盟战线时，李将军骑马迎上去，并说："这都是我的过失，我，我一个人战败了。"

历史上有几个将领有这样的品质和胆量去自责呢?

当我们是对的时候，我们要温和、巧妙地得到人们的同意；当我们是错误的时候，我们要当即真诚地承认，这种方法能产生惊人的效果，在某些情况下，比为自己辩护更有力。

俗话说得好："用争夺的方法，你永远得不到满足，但用让步的方法，你得到的可能比你期望的更多。"

如果错了，在他有机会说出来之前承认。

4

以友好的方式开始

智慧语录

“一滴蜂蜜比一加仑胆汁能招引更多苍蝇。”

如果你在盛怒下，对人发了一阵脾气，固然觉得解气，可是那个人又会如何呢？他能分享你的轻松和快乐？你那挑战的口气，敌意的态度，他受得了？那只会让他与你作对。

威尔逊总统说：“如果你握紧了拳头来找我，我可以告诉你，我的拳头会握得更紧。但如果你说：‘让我们坐下一起交流一下，看看我们到底有什么分歧，主要的症结是什么？我们会发现，彼此的意见分歧并不大，而相同的地方却很多。’也就是说只要有耐心，加上彼此的诚意，我们就可以相互接受。”

小洛克菲勒深知其中的道理。

1915年，小洛克菲勒还是科罗拉多州的一个不起眼的小人物。当时，发生了美国工业史上最激烈的罢工，持续达两年之久，小洛克菲勒负责管理一家公司。当时群情激愤，公司财产受到破坏，军队前来镇压，小洛克菲勒最后却赢得了罢工者的信服，他是怎样做到的？

他发表了一次可以称之为不朽的演讲，不但平息了众怒，还为他自己赢得了不少赞赏。演讲的内容是这样的：

这是我一生中最值得纪念的日子，因为这是我第一次有幸和这家公司的员工代表见面。我可以告诉你们，我很高兴站在这里，我有生之年也不会忘记这次聚会。假如这次聚会提前两个星期举行，对你们来说，我还是个陌生人，我也只认识少数几个人的面孔。从上个星期以来，我拜访了整个附近南区矿场的经营地，和大部分代表谈心交流。我拜访过你们的家庭，与你们的家人见面，因此，我现在不算是陌生人，可以称得上是朋友了。在这个基础上，我很高兴能有这个机会和大家讨论我们的共同利益。

承蒙你们的好意，我得以坐在这里。这个会议是由资方和劳工代表组成，虽然我不是股东或劳工，但我深感与你们休戚相关，从某种意义上，我也代表了资方和劳工。

这就是小洛克菲勒的艺术。没有恫吓，没有高压手段，没有强迫证明的意图，他用的是温和、平静、友善的处理方式，但仍不失权威，而这正是让他成功的力量。假如他用的是另一种方法，与矿工们争得面红耳赤，谩骂他们，或者暗示错在他们，是他们的不是，结果如何？只会招惹更多的暴行。

林肯说过："假若人心不平，对你印象不好，你就是用尽所有基督理论也无济于事。我们都应意识到，人的思想不容易改变。你不能强迫他们同意你，但你完全有可能引导他们，只要你温和友善。"

他还说："这里有一句古老的真理：一滴蜂蜜要比一加仑的胆汁能招引更多的苍蝇。人也是这样，如果你想赢得别人的心，就要用真诚的方式开始，那样就像有一滴蜂蜜吸引住他的心，有了一条通往他内心深处的坦途。"

著名的辩护律师威伯斯特声誉极高，但他辩论时却始终充满了温和的字眼。比如他辩论时常说："这一点有待陪审团的考虑"、"这也许值得我们深思"、"相信各位不会忽视这样几个事实"、"相信各位基于对人性的理解，会看出这件事的实质"。没有恐吓，没有高压，平静、温和而友好，但仍不失权威，这正是他成功的独特之处。

也许你不会遇上这样的情况，但假如你想让房东少收你的钱，这个方法能起作用吗？让我们看看这个例子。

工程师史特伯先生想让房东少收些房租，据说房东是个很难打交道的人，恐怕很难办到。他说："我写了一封信给他，告诉他合约期满，我就立即搬出。其实我并不想搬走，只是想降低房租，那样我就会继续住下来。但情形并不乐观，大家对我说，很多房客都这样试过，没有成功过。我想，我正在学习处世之道，不妨将学到的原则试试。

"房东接到我的信后，就来找我。我在门口热情地和他打招呼，一开始并没有提到房租过高的事，只是夸奖他的房子很漂亮，我当时真的是在真诚地赞美他。我还说他很擅长管理房子，如果不是付不起房租，我真的想再多住一年。

“显然，以前他没有遇到这样的房客，他一时不知说什么好。

“后来他告诉了我他的一些委屈，说一些租房者写信侮辱他。还有人要他阻止楼上的房客打呼噜，否则就违约。而像我这样的房客，让他觉得很放心。最后，不经我的要求，他主动降低了房租，我告诉他我承担得起的价格，他没有多说就爽快答应了。

“在他转身要离开的时候，他还问我房子需不需要装修一下。

“如果我用别人的方法，相信也会失败的。这就是同情、赞赏所产生的力量。”

让我们再举一个例子！那是一位女士的经验之谈，一位社交上极有声望的女士，她是长岛沙滩花园城的黛夫人。

前不久，我请几位朋友吃午餐，我很重视这个聚会，自然希望聚会中所有事情都能尽如人意。管家艾弥尔一向是我的一个得力助手，可这次他让我失望了。那次午餐做得不好，艾弥尔本人也没来，只差了一个侍者来。这个侍者对高级宴会的情形完全不清楚，弄得糟透了。我非常难堪沮丧，但在客人面前不得不强作笑颜，我心里想，等我见到艾弥尔，我一定饶不了他。

事发第二天，我听了关于人际关系学的演讲，听完后，我想，责备艾弥尔是没用的。做不好反而让他愤怒、怀恨在心，以后就不好再找他办事了。我试着从他的立场着想：菜不是他买的，也不是他亲自下厨，只怪那侍者太愚蠢，才把那次宴会弄糟了。或许是我把事情看得太严重，未假思索就急于发怒，我决定友善地对他，赞许他、夸奖他，相信这办法一定有效。

第二天，见到艾弥尔时，他显得愤愤不平，似乎要跟我争论。我说：“艾弥尔，你知道当我请客时，你在场是多么好啊。我知道你是纽约最能干的管家，那天宴会的菜不是你亲手做的，那天发生的事，你也无能为力。”听到这话，他脸上的怒气完全消失，并笑着对我说：“真的，太太，问题就出在那个侍者身上，那不是我的错。”我就接着说：“我准备再举办一次宴会，你认为我们应该再给那个侍者一个机会吗?”艾弥尔连连点头，说：“那当然。太太，你放心，上次那种情形一定不会再发生了。”

下一星期，我又设宴。我们来到席间，桌上摆着两束美丽的鲜花，艾弥尔亲自关照，对来宾非常殷勤。当时的情形，就是宴请玛丽皇后，也不过如此了。菜肴美味可口，服务周到，四个侍者在旁侍候，而不是一个。最后以艾弥尔亲自端上可口的点心作为结束。

散席后，我的客人笑着问我："你对那个管事，施了什么法术？我从来没有见过这样殷勤的人。"

是的，我的法术就是友善、诚恳的赞赏！

多年前，当我住在米苏里州西北部，还是一个喜欢赤脚乱跑的小男孩时，我读了一则《伊索寓言》，讲的是太阳和风的故事。

一天，太阳和风正在争论谁更强壮，风说："当然是我。你看下面那个穿着外套的老人，我们打赌，我可以比你更快地叫他脱下外衣。"

说着，风就用力对着老人吹，希望把老人的外衣吹下来。但是，它愈是吹，老人把外套裹得愈紧。后来，风吹累了，太阳便从后面走出来，暖融融地照在老人身上。没过多久，老人便开始擦汗，而且脱下了外套。

于是，太阳对风说："温和、友善永远胜于激烈与狂暴。"

是的，太阳能更快地叫老人脱下外套。温和、友善和赞赏的态度也更能叫人改变想法，这是咆哮和猛烈攻击所难以达到的。

记住林肯所说的："一滴蜂蜜比一加仑胆汁能招引更多的苍蝇。"

以友好的方式开始。

5

让对方一开口就说“是”

智慧语录

懂得说话技巧的人,一开始就会让对方说“是”。这样能引导对方进入肯定方向,就像撞球一样,原先你打的是一个方向,稍有偏差,等球弹回来时,就与你期待的方向完全相反了。

懂得说话技巧的人,一开始就会让对方说“是”。这样能引导对方进入肯定方向,就像撞球一样,原先你打的是一个方向,稍有偏差,等球弹回来时,就与你期待的方向完全相反了。

当你与别人交谈时,不要先讨论你不同意的事,要先强调且要不停地强调你所同意的事。因为你们目标是相同的,只是方法相异而已。

哈理·奥维屈博士认为,作出“不”的反应是很难克服的障碍。因为当你说了一个“不”字之后,你本性中的自尊就会迫使你一直坚持下去。也许,往后你发现这种回答有待考虑,但你的自尊往哪里放啊?所以一开始朝着肯定的方向,这对你的结果是很重要的。

在现实生活中,这种“是”的反应技术很有用处。詹姆斯·艾伯森曾用这种技巧挽回了一位差点失去的顾客。下面是事情的经过:

有个年轻人走进他们银行想要开个账户,我递给他几份表格让年轻人填写,但他坚决不愿填写有些方面的资料。在没学人际关系课程前,我一定会告诉他,如果他拒绝提供完整资料,银行就难以给他开户。但今天早上,我想起来,最好不要谈银行的要求是什么,而是顾客需要什么。于是,我决定一开始就引导他说:“是,是的。”

我先同意他的观点，有些资料并不是非写不可，但假定你遇到意外，是不是愿意银行把钱转给你指定的亲人？

“是的，当然。”他说。

“那么，您是不是认为应该把这位亲人的名字告诉我们，以便我们到时可以按您的意思处理，而不会出错或是拖延？”

“是的。”他再次说。

年轻人的态度开始缓和下来，理解这些资料并不是为银行，而是为他个人利益考虑。最后他不但填写了所有资料，而且开了一个信托账户，指定他的母亲为合法受益人。

由于一开始让他回答：“是，是的。”这样反而让他忘了原来的问题，而是乐意地去做我建议的所有事情。

下面来看西屋电气公司业务代表艾力逊的经历。

在我的辖区里有个人，公司一直很想和他做生意。我的前任代表和他谈了十年，可一笔业务没做成。我接管后，与他谈了三年，还是一无所成。最后，我终于有了开始，卖了一些发动机给他。

三个礼拜后，我兴致勃勃地再次拜访他，接待我的总工程师却向我公布了一个惊人的消息：“艾力逊先生，我不能再买你们的发动机了。”

“为什么？”我很惊讶。

“因为你们的发动机太热了，我们不能把手放在上面。”

我知道争辩无用，但是我用了“是”的反应法则。

“先生，我完全同意您的意见，如果那些发动机太热，就不会再卖了。您这里一定有符合电气公司标准的发动机吧？”我说。

他说是的，我得到了第一个“是”的反应。

“电气制品公司一般规定发动机设计，其温度可高出华氏 72 度，是吧？”

“是的。”他又同意，“但你们的发动机还是太热了。”

“工厂里的温度是多少？”我没有与他争辩，继续问他。

“大概是华氏 75 度左右。”

“假如工厂温度是 75 度，发动机的温度是 75 加上 72 度，您把手放在华氏 147 度的水龙头下，是不是会烫伤呢？”

“是的。”他不得不说。

“很好，那么，是不是最好不要把您的手放在发动机上呢？”

“您说的不错。”他承认。在接着的几个月里，我们又成交了 35000 多元的生意。

人有一种心理状态：当他说“不”时，他所表达的并不只是一个词而已。此时他整个身心都处在抵触状态之中，并因此而形成一种紧张感，以抗拒他人的观点。反之，当他说“是”时，他的整个身心便处在欢迎和开放的状态之中，就很容易接受别人的意见。所以，让对方说“是”，就很容易让他们接受我们的意见。

希腊大哲学家苏格拉底，是个风趣的老顽童，他一向光脚不穿鞋，40 岁时已秃顶。可是，却娶了一个 19 岁的女孩子。他对世人的贡献，历史上能与之相比者并不多。他改变了人们的思维方式，直到今天，他还被尊为世界上最优秀的辩论家之一。

他运用了什么方法？他曾指责别人的过错吗？不，苏格拉底决不这样。

他的处世技巧，现在被称为“苏格拉底法则”，就是让别人说“是”的反应技巧。他总是问些对方同意的问题，然后渐渐引导对方进入设定的方向。对方只好继续不停地说“是”，等他发觉时，你早已得到设定的结局了。

下次当我们要指出人们的错误时，记住苏格拉底法则，先问一个让对方说“是”的问题。

中国有句俗语，闪耀着永久的智慧光辉：“轻履者行远。”

所以，下次你告诉别人犯错误时，别忘了苏格拉底的这一有效的法则。

记住，让对方一开口就说“是”。

6

多给他人表现的机会

智慧语录

如果你要树立敌人,就胜过你的朋友;如果你要得到朋友,就让你的朋友胜过你。

很多人为了让别人同意自己的意见,往往采用了错误策略:过多的说话,想证明自己。其实,不如让对方畅所欲言,每个人对自己的事和与己有关的问题知道得一定比你多。忍耐一下,用一颗开放之心去聆听别人,或许会有意想不到的效果。

如果你不同意别人的意见,不要打断别人,那样做不会有效果的。因为一个人有很多话要说的时候,他是不会注意听你的,要耐心地以一颗开放之心去对待别人,诚恳地鼓励对方多说话。

数年前,美国最大的一家汽车工厂正在采购一年所需的座垫布。三家有名的工厂都做好了样品,并通过了公司高级职员的检验。最后,汽车公司发出通知,让每个厂的代表作最后的一次竞争。

有一厂家的代表 R 先生来到了汽车公司,当时他正患着严重的咽炎,嗓子哑得厉害,差不多不能发出声音。即使是努力说话,也只能发出尖锐的声音。

大家都围桌坐下后,他只好在本子上写了几个字:对不起,各位,我嗓子哑了,无法说话。

“我替你说吧。”汽车公司总经理说。随后,他陈列出 R 先生带来的样品,介绍它的优点,引起了在座其他人的热烈讨论。讨论过程中,R 先生只是微笑或作出少量手势,一直是总经理在替他说话。

结果,R 先生得到了那笔订单。而且是他得到的最大的一笔。

也许，如果不是他实在无法说话，他很可能会失去那笔合同，因为他对整个过程的考虑有的是错误的。

有时让对方来讲话，可以取得更好的效果。

费城电气公司的范勃，也有同感。

一次他在宾夕法尼亚州一个富庶的荷兰农区视察访问。经过一户整洁的农家时，他问该区的代表："这些人为什么不爱用电？"

那代表烦恼地说："他们都是些守财奴，你绝不可能卖给他们任何东西。而且他们对电气公司很讨厌，我已经谈过多次，毫无希望。"

范勃相信区代表所讲是实话，可是他愿意再尝试一次。他轻敲这位农户的门——门开了个小缝，年迈的罗根保太太探头出来看。

"她一看到是电气公司代表，很快地把门关上。"范勃先生说，"我又上前敲门，她再度把门打开，这次她告诉我们对我们公司的看法。"

我对她说："我很抱歉打扰了你，罗根保太太。我不是来向你推销电气的，我只是想买些鸡蛋。"

她把门开得大了些，探头出来怀疑地望着我们。

我说："我看你养的都是多敏尼克鸡，我想买一打新鲜的鸡蛋。"

她把门又拉开了些，说："你怎么知道我养的是多敏尼克鸡？"她似乎很好奇。

我说："我自己也养鸡，可是从没有见过比这更好的多敏尼克鸡。"

这位罗根保太太，怀疑地问："那么你为什么不用你自己的鸡蛋？"

我回答她说："因为我养的是来亨鸡，下的是白蛋——你是会烹调的，自然知道做蛋糕时，白鸡蛋不如棕色的好。我太太对她做蛋糕的技术，总感到很自豪。"

这时，罗根保太太才放胆走了出来，态度也温和了许多。这时我看到院子里有座很好的牛奶棚。

我接着说："罗根保太太，我可以打赌，你养鸡赚来的钱，比你丈夫那座牛奶棚赚的钱多。"

她听后高兴极了，当然是她赚得多！她很高兴地说，可是她那个顽固的丈夫从来不肯承认这个事实。

她请我们去参观她的鸡房，参观过程中我真诚地称赞她养鸡的技术，还向她请教了很多问题，我们交换了很多经验。

这位老太太，突然又谈到另外一件事。她说她的几位邻居在鸡房里都装置了电灯，据说效果很好。她问我如果她用电的话，是不是会好些。

两星期后，罗根保老太太的鸡房里，多敏尼克鸡在电灯的照耀下，跳着叫着。我做成这笔交易，她得到更多的鸡蛋，我们各自获利，皆大欢喜。

但他若不投其所好，永远也无法将电器卖给这位荷兰农妇。

最近，考伯斯先生注意到了一则巨幅的招聘广告，广告想招聘一位有能力有经验的男士。他决定应聘。

几天之后，来函要求他去面试。面试之前，他花了很多时间去寻找与那个创业者有关的事情。面试过程中，他说："能和一个有着您这样经历的人的团体联系在一起，我备感荣幸。我知道，您 28 年前是凭借一间办公室和一位速记员起家的，是真的吗？"

每个成功的人都会对他早期的奋斗津津乐道。这个人也不例外，他花了很长的时间谈他是怎样以 450 美元和原创性的思想开始创业。告诉考伯斯他怎样战胜失败，战胜嘲讽，如何在假期和周末每天工作 12 到 16 小时，以至最终他赢得了成功机会，现在华尔街上的一些大人物也向他咨询。他对自己的这段经历非常自豪，花了大量时间去谈论它。

最后，他简短地问了考伯斯先生的经历，接着便叫进他的一位副经理，说："我想这个人就是我们要找的。"

考伯斯先生花了大量时间去了解雇主以往的成就，他对雇主显示了浓厚的兴趣，并鼓励他尽量去谈他自己，报以真诚的赞赏。他成功了。

的确，即便是我们最好的朋友，也更乐意谈论他自己的成就而不是听你去炫耀自己。法国的哲学家罗西考说："如果你要树立敌人，就胜过你的朋友；如果你要得到朋友，那就让你的朋友胜过你。"为什么？因为当我们的朋友胜过我们时，他们获得了一种自重感；但当我们胜过他们时，他们会产生一种自卑感，并导致猜忌与嫉妒。

德国有句老俗语："一直幸运的人总算倒了霉了，这真让人乐呵。"是的，最高兴的事莫过于从别人的困难中得到的快乐。或许，你工作不顺心会让周围的人更舒服些，而你一直春风得意，就会有人不高兴了。所以不要总是向他人夸大自己的成就，要谦逊，这样永远会让人喜欢。

考伯斯深知其中奥妙，一次在法庭上，证人席上的一位律师问他："听说你是全美闻名的大作家，是吧，先生？"

考伯斯说："其实我是浪得虚名。"

其实，我们都很平凡，没什么好骄傲的。在这个世界上，多年之后你我都将被人遗忘。人生苦短，不要总是吹嘘自己，学着多倾听别人，替别人着想。

倾听别人，谦逊待己。

7 让别人觉得那是他们自己的主意

智慧语录

人人都喜欢按照自己的意见行事，没有人喜欢被命令或是强迫。若想与他人合作，一定要了解别人的想法，不要让他觉得是被迫在做某件事。

试想一下，如果一个想法是你自己思考的结果，而不是别人强加给你的，你是不是更有信心去实现它呢？所以，提出一些建议，启发别人自己去得出结论，这不是一个更聪明的办法吗？

费城的赛尔兹先生召开了一次推销员会议，鼓励他的员工们告诉他，希望从他身上得到些什么；并把员工提出的意见，都写在了黑板上。然后他说：

“我尽力按你们希望的那样做，可是请你们告诉我，你们会以什么品质来回报我呢?”他很快有了满意的答案，那是忠心、诚实、乐观、进取、合作，每天八小时的热忱工作。甚至有人愿意每天工作十四小时。结果，这次会议给公司带来了新的气象。后来，赛尔兹先生说：“我和他们做的是一次精神上的交易。我遵守诺言，他们也尽职尽责。让他们说出自己的需要，那是他们极愿意接受的。”

没有人喜欢被迫买一样东西，或是做一件事。我们都喜欢随自己的心意。若有人愿意听我们的想法愿望，我们很乐意。

威尔逊是一家服装图样设计公司的推销员，他几乎每星期都去找纽约某位著名的设计家，这样持续了三年。威尔逊说：“他从没有拒绝接见我，可是也从没有买过我的图样，他每次都用心地看我的图，然后说：不，先生，让我再考虑考虑，今天我们还不能合作。”

经过了一百五十次的失败后，威尔逊决定用一种新方法。他拿了几张那些设计家们尚未完成的图样，走进那位买主的办公室，对买主说：

“我想请你帮我一点忙……这里有几张尚未设计完成的图样，请你告诉我，如何完成，才能适合你的需要？”

这位买主将图样看了一会，没有任何表示，顿了顿才说：“你把图样先放在这里，过几天再来找我。”

一天后，威尔逊又去他那里，听了建议后，把图样拿回去，按照那位买主的意思续完。这笔交易结果如何？不用说这位买主完全接受了。

威尔逊说：“现在我才知道过去失败的原因……我总是强迫他买我认为他需要的画。可是现在我请他提出他自己的意见，使他觉得那些图样是他自己设计的。现在不用我要求他，他自己也会来向我买。”

长岛有一位汽车商，用了同样的方法，把一辆旧汽车，卖给了一对苏格兰夫妇。

过去这位汽车商，把汽车一辆又一辆地给那苏格兰人看，他们总是认为有毛病，不是嫌这辆不合适，就是说那辆有什么地方不好，再不就是价钱太高。当时这位汽车商，正在我讲习班上听讲，他向我请教。我建议他，别强迫那种犹豫不决的人买你的汽车，要让他自己来决定，你不必告诉他买哪一种牌子的汽车。总之，要让他觉得这是他自己的意思。

他决定试试看。

几天后，一位顾客想把他的旧汽车换一辆新的，那汽车商就想到了那个苏格兰人，也许他喜欢这旧式的汽车。他打了个电话，给那个苏格兰人，说有个问题想请教他。

那苏格兰人接到他的电话就来了。汽车商说：“我知道你买东西很内行，你看这部旧汽车可以值多少钱，你告诉我后，我可以在交换新车时，有个准确的判断。”

那苏格兰人听到这些话后，笑容满面——终于有人向他请教，有人看得起他了。他坐进车内，驾着这部车子兜了一圈，回来后说：这部车子，如果你以三百元买进，就算捡到便宜了。”

汽车商问他：“如果我以你说的数目买进这部车子，再转手卖给你如何？”三百元？当然，这是他的估价，这笔生意立刻就成交了。

这个技巧同样适用于从政的人。

当罗斯福做纽约州长的时候，他完成了一项特殊的事业。他不但和政党重要人物相处得很好，还在他们反对的情况下，实施了自己的改革。他是如何做的？

当有某个重要职位需要补缺时，他就请那些政党要人推荐。罗斯福说：“开始他们推荐的，是党内并不受欢迎的人。我就说，任用的人要有满意的政治表现，你们推荐这个人并不适合，同时也会招人反对。

“后来他们又推选出一个人，那人看来虽然并没有可批评的地方，但只是个平庸的老好人。我就告诉他们，任用这样的人，有负公众的期望，所以请他们再推选出一个更适合这职位的人。

“他们第三次推荐的人，看来是差不多了，可是还不十分理想。

“于是，我对他们表示感谢，让他们再试一次。第四次他们所推荐的，正是我所需要的人，我再次表示感激之后，就任用了这个人。而且，我还使他们享有任命此人的名义。……趁此机会，我对他们说，我接受了他们的建议，他们也应该接受我的意见，做几件事了。”

就这样，他的特别税法和文职法案都通过了。

威尔逊在白宫时，郝斯上校在内政和外交上都有很大的影响。威尔逊总统非常信赖郝斯上校，所有重要的事都跟他商量。

郝斯上校是用什么方法影响威尔逊总统的？在一次偶然的机会中，郝斯曾对史密斯透露过，他说：

“我认识了总统以后，渐渐发现，让他改变某种想法的最好办法，就是不经意地将这种想法灌输到他的心里，让他感兴趣，并且促使他自己去思索。得出这个结论很偶然。一次，我去白宫拜访他，劝他采取一项政策，但他似乎并不十分赞同。数天后，在一次聚会中，我惊讶地发现威尔逊总统把我的想法当自己的意见提了出来。”

郝斯上校是否立即打断总统的话，指明那是他提的意见？不，郝斯上校绝不会那样做，他并不想居功，只求结果。所以他继续让总统觉得，那是他的意见，而且还公开赞叹总统的睿智。

我们要记住，我们明天所要接触的人，也许就像威尔逊总统那样，有自己人性的弱点。所以我们要用郝斯上校的方法。

数年前，有个加拿大人用这个方法，得到了我的光顾。那时，我计划去新勃伦斯维克钓鱼划船。便写信给旅行社打听那里的情况。显然，我的姓名住址，已被列入一份公开的名单中，因此我立刻就接到很多该地野营向导写给我的回信、小册子等。那时我不知道该选择哪一家才好。后来，有一位聪明的野营主任寄给我一封信，装着几个他曾经招待过的、住在纽约的人士的姓名和电话。他请我打电话给他们去调查他们的服务。

我很惊讶地发现这当中有我认识的一个人，我打了个电话给他。了解之后，我立即又打电话给那位野营主任，告诉了他我的行程日期。

2500 年前中国的圣人孔子曾说：“江海所以能为百谷之王，以其善下之，故能为百谷之王。是以欲上民，必以言下之；欲先民，必以身后之。”

让别人认为是他自己做出的决定。

8

从对方的角度去想

智慧语录

永远从对方的角度去着想,从对方的立场去看事,如同从你自己的角度一样,这或许会成为影响你终身事业的一个关键因素。

生活中有时会碰到这种情况:对方或许完全错了,但他却不承认。这时,不要去指责他人,只有蠢人才会这样做。

对方为什么那样做,其中自有原因。探寻出隐藏其中的原因,你就得到了了解他人行为或人格的钥匙。而要找到这把钥匙,你必须设身处地从他的角度出发。

问一下自己:“如果我处在他的角度,我会有什么样的感觉和反应?”一旦明白,就会理解,这样你就会省去很多烦恼,而且还可以大大改善你的人际关系。

《怎样让人变成黄金》一书这样写道:“停下一分钟,把你对你自己的事的关心程度,和对他人的淡漠冷静地作一个比较,你就会知道,世界上其他的人也是如此。然后,你可以和林肯、罗斯福一样,拥有了做任何事业的稳固基础。也就是说,你和别人相处得是否成功,很大程度上取决于你对别人观点的同情和了解。”

道格拉斯经常抱怨他的太太把过多的时间用在剪草坪上。他太太每周至少两次给自家的草坪除草、施肥、修剪。但他认为他们家的草坪并不比四年前好了多少。他把这个想法告诉了他的太太,自然就破坏了家庭的和谐。

后来道格拉斯参加了我的培训班,改变了他的想法。以前他从没考虑过太太喜欢修草坪,是因为她乐在其中,她也想因此而有人感激她。

一次吃过晚饭后,他太太请他和她一起去修理草坪,开始他准备拒绝,后来,他决定和她一起去。他们认真地做了一个小时,并且不断愉快地交谈着。他太太也因此而十分高兴。

自此后,他常常帮太太修理草坪,并且赞赏她说草坪比以前好看多了。而他们夫妻的关系也变得更加融洽了。

吉拉德在《如何进入别人内心世界》中说:“把别人的想法与自己的想法置于同等的地位,并去实践它,就会让谈话的气氛变得很融洽。一开始,就让对方表明他的观点,你在听别人谈话时,参照别人的观点准备你所说的,这样,你理解并认同了他的观点,他自然也会认同你的。”

多年来,我总是到离家不远的公园中散步。我很喜欢公园里的橡树,每当我看见一些小树及灌木被人为地烧掉时,就很痛心。这些火通常是到园中野炊的孩子们引起的。

公园边上有一块布告牌,写着:凡引火者将受罚款及拘禁。由于它立在较偏的地方,很少有小孩会看见它。有一位警察却不负责。一次,我急匆匆跑去告诉他一场火在园中蔓延,要他通知消防队,他却冷淡地说那不在他的管辖区内!我急了,就主动担当起保护义务。每次我看见起火就很不痛快,总是上前警告他们,阻止他们,命令他们将火扑灭。还恐吓说把他们交给警察。

结果,那些孩子带着反抗的情绪遵从了。可我一走开,他们又开始生火,恨不得烧掉公园。

如果我当时换一种方式,从他们的角度出发呢?

我可以这样说:孩子们,我也喜欢生火。但你们知道在公园中生火很危险的。尽管你们不是故意的,但别的小孩见你们生了火会照着做,回家时火没有扑灭,以致火在树叶中蔓延烧毁了树木。如果我们再不小心,我们将失去这片树林。我喜欢看到你们如此快乐,但请你们将树叶离火远些,在你们走之前,将火盖起来,那样就不会有危险了。孩子们,祝你们快乐!

没有强制,没有恐吓,这样做产生的效果将会有很大的区别。因为,我处理时,兼顾到了他们的感受。

以后当你请求别人把火灭掉,或让他买你的东西时,为什么不先停下来,闭上眼睛,试着从对方角度出发来想一想!然后问自己:“他为什么要如此做?”是的,这样既麻烦又费时。可是,它会让你获得更多的友谊,减少不必要的磨擦和一些不愉快。

哈佛大学商学院院长曾说:“在我与一个人会谈前,我愿意在他办公室外面的走廊上来回走上两小时,以便把我要说的及他可能会如何作答想得更清楚些,否则,我不会贸然闯进他的办公室。”

总是从对方的角度看事情,这或许会成为影响你事业成功的一个关键因素。

诚恳地从他人角度出发看问题。

9

同情对方的意愿

智慧语录

有这么一句奇妙的话，它可以阻止人们辩论，消除人们产生的厌恶感，并给别人留下一个良好的印象。这句话就是："你有这种想法，我一点也不奇怪。如果我是你，也会与你一样的。"

有这么一句奇妙的话，它可以阻止人们辩论，消除人们产生的厌恶感，并给别人留下一个良好的印象。

这句话就是："你有这种想法，我一点也不奇怪。如果我是你，也会与你一样的。"

就这样一句简单的话，世界上最狡猾、最固执的人，也会软化下来。你必须是极真诚地说出那些话来，假如你是对方，你也会和他有同样的感觉。

以亚尔为例，如果你拥有他的身体、个性、思想，和他有着相同的经历和生活环境，你也会成为他那种人的。同样的道理，你不是一条响尾蛇，唯一的原因是，你的父母不是响尾蛇。你不会跟牛接吻，不认为蛇神明，唯一的原因是，你不是生在勃拉乌拨河岸的一个印度家庭中。

你之所以成为现在这样的人，并没有什么了不起。而那些烦躁、固执、蛮不讲理的人，之所以会成为那个样子，也并不全是他们的错。要对他们表示惋惜、怜悯、同情。约翰高的话你要牢记在心，当他看到街上一个摇摇晃晃的醉汉时，他常说："感谢上帝的恩惠，要不然我也会走上他的道路。"

在你所遇到的人中，大部分都渴望同情。同情他们吧，你将会得到他们的爱。

有一次，我在播音演讲中提到《小妇人》作者亚尔各德女士。自然，我知道她生长在马萨诸塞州的康考德，及她著述的不朽名作。但一不留神，我说我曾到亚布罕的康考德拜访过她的老家。假如我只说了一次亚布罕，也许可以原谅，可是我接连说了两次。随后许多人来信质问并指责我，有的几乎是侮辱，就像一群野蜂围绕在我不能抵抗的头上。其中有位生长在康考德的老太太，当时她住在费城，对我发泄了她炽烈的怒火。我看到她那封信时，对自己说："感谢上帝，幸亏我没有娶那样的女人。"我打算写封信告诉她，虽然我弄错了地名，可是她却连一点礼仪也不懂。然后我还会撩起衣袖告诉她，我对她的印象是多么的恶劣。可是，我并没有那样做，我尽量克制自己。我知道只有蠢人才会那样做。

我不想同愚蠢的人一般见识，所以我决定要把她的仇视变成友善，我对自己说："如果我是她，可能也会有同样的感觉。"所以，我决定对她表示同情。后来我去费城的时候，打了个电话给这位老太太，当时谈话内容，大概是这样的：

"夫人，几个星期前，你写了一封信给我，我对你表示感谢！"

"很抱歉，你是哪一位？"（声音柔和文雅）

"我是一个你不认识的陌生人，叫戴尔·卡耐基。数星期前，你曾指出我无法宽恕的错误。——弄错了《小妇人》的作者亚尔各德女士出生地，真是愚蠢。我向你道歉，同时感谢你花费时间指正我的错误。"

"很抱歉，卡耐基先生，我在信中显得很粗鲁，请你包涵。"

"不，不，不该由你道歉，该道歉的是我——就是个小学生，也不会弄出像我那样的错误。第二个星期，我已在电台更正过了！现在我亲自向你道歉。"

"我生长在康考德，200 年来，我的家庭在那里一直很有声望，我以我的家乡为荣。当我听你说亚尔各德女士是亚布罕州的人时，实在使我难过。可是那封信使我感到愧歉不安。"

"真心地说，你的难过不及我的十分之一。我的错误，对那地方并没有损伤，但却伤害了你。像你这样一位有身份地位的人，是很难得给电台播音员写信的。以后在我的演讲中，如果再发现错误，希望你再写信给我。"

"你接受批评的态度，让人愿意接近你。我相信你是一个好人，我很愿意认识你，接近你。"

我同情她的观点，得到了她的道歉。我对自己能控制住激动的脾气感到很满意。以友善回报了对方所给的侮辱，这一点也使我得到更多的快乐。

凡入主白宫的人，差不多每天都要处理一些令人烦闷的人际关系问题。塔夫特总统也不例外，他深刻体会到了同情对消除反感的价值。

华盛顿有一位妇人，她的丈夫在政界颇有影响。她到塔夫特总统那里周旋了六个多星期,要求总统给她儿子安排一个职位,很多参议员同意她。然而她要求的这一职位技术要求很高,且该部部长已举荐了合适人选。

后来,总统接到了这位母亲的来信,说他忘恩负义,因为他拒绝使她成为一位快乐的母亲,尽管这件事对他来说易如反掌。

得到这样一封信,你也许会马上回信,但你也可以把回信放进抽屉锁起来,过两天再拿出来,你就不会把它发出来。这正是总统的做法。过了一段日子,塔夫特尽力给她写了一封最客气的信,告诉她他明白每位母亲在这种情形下都会感到失望。但那种委任由不得我们个人的好恶,它要一个有技术资格的人,所以只能用部长推荐的人选。并且说希望她儿子在他的位置上能做出他的成就。

那封信平息了她的怒火,她写了一封信对总统表示抱歉。

又过了一段时间,总统收到一封自称是她丈夫写的信,其实那两封信的笔迹是一样的。信中说,由于她在这件事上受到打击,她得了神经衰弱,甚至成了胃癌。问总统能否重新考虑任命她的儿子,让她的病好起来。总统回信对她的病情表示同情,并希望对她的诊断是错误的。但他没法改变他的决策。

随后几天,他在白宫举行音乐会,结果在音乐会上,最先向总统表示问候的居然是那位"几乎病得要死"的夫人。

伍勒先生可以说是美国第一位音乐经理人。他与世界上一些著名的艺术家打了22年交道,在与那些性情无常的艺术家交往时,他最大的经验就是同情。

三年时间里,他都作为却利亚宾的音乐会的经纪人——却利亚宾是一位最能惊动首都大戏院高贵听众的最伟大的低音歌唱家。但他却像一个被宠坏了的孩子,性情无常。

比如,他会在演唱的前一天中午打电话给伍勒说:"我觉得很不舒服,我的喉咙不好了,今晚我不能歌唱了。"伍勒先生同他争辩了吗?他知道艺术经理人不能那样处理,所以他会到却利亚宾的旅馆,表示同情:"多么不幸,我的朋友,当然,你不能唱了。我将立即取消约定。那只费你两三千元,但与你的名誉相比,那算不了什么。"然后,却利亚宾说:"也许你最好下午再来,五点钟来,看那时我觉得如何。"

到了五点多钟,伍勒先生再到他的旅馆,表示同情。他再坚持取消约定,却利亚宾却叹息说:"好吧,你再晚一点来看我,我到那时或许会好一点。"

到七点半,这位伟大的低音歌唱家答应唱了,惟有一个条件,就是伍勒先生先到戏台报告说,他的嗓子不好,患了重感冒。伍勒先生说谎说他会这样做的。他知道这是能使这位歌唱家出台的惟一办法。

其实正如盖兹博士在《教育心理学》中所说:“人类普遍地寻求同情。小孩子总是迫切地让别人看他的伤口,甚至故意割伤或将伤口弄大,就是想获得更多的同情。成人也常常会展示他们的伤痕,倾诉他们的意外、病痛。他们常常为真实的或想像的不幸而自怜,这差不多是人类一种共性。”

所以,如果你想使人信服,那你就:

同情对方的意念或欲望。

10

激发一种高尚的动机

智慧语录

如果我们要想改变他人,就要诉诸一种高尚的动机。

我的故乡是密苏里州的一个小乡镇,附近有个"基尔尼",就是当年美国大盗杰西·詹姆斯的故乡,我曾经去过那里,他的儿子还住在那里。

杰西儿子的太太告诉了一起有关他的事。当年他抢劫银行、火车,然后把抢来的钱,送给贫穷的邻居,让他们去赎回抵押的田地。

杰西·詹姆斯可能自以为他是劫富济贫的理想主义者——就像"双枪"克劳雷及卡邦一样。的确,凡你所见到的人——甚至你照镜子时所看到的那个人——都会把自己看得很高尚,都会认为自己是一个善良而不自私的人。

银行家摩根,在他一篇文稿中说:"人们做事无外乎两种动机:一种是听起来很好,一种是真的很好。"

我们每个人内心都会将自己理想化,都喜欢给自己的行为赋予一种高尚的动机。因此,如果我们想改变他人,就应该诉诸一种高尚的动机。

法瑞先生有个房客很挑剔,扬言要搬家。但离他的租期还差四个月,他却不管。

这些人整个冬天都住在那里,这是一年当中消费最多的季节。而要在秋天之前将房屋租出去很难。可以想像他到手的钞票就要飞了。

以前,他肯定会把那个人痛骂一通,把租约重申一次,指出若他现在搬走,必须先交清所有的租金。

但他并没有这样做。他只是说:"先生,听说您要搬家,但我还是不相信您真的会这么做。多年的租房经验让我多少了解一点人性。我相信您不至于出尔反尔。事实上,我敢打赌您一定不会这样做的。建议您不妨多住几天,若一个月后,您还是坚持要走,我绝对尊重您的意见。决定在您自己。"

到了下一个月,这位房客亲自来找他,并付了房租。他决定和他的太太住下来,至少到期满为止。

诺斯克瑞夫爵士发现报上登了一幅他不想公开发表的照片,便写信给报纸编辑。但是他并没有这么写:"请别再刊登那张照片,因为我不喜欢。"而是激发对方一种高尚动机,就是人人都敬爱母性的观念。他的信是这样写的:"请别再刊登那些照片,因为我的母亲不喜欢。"

小洛克菲勒也深谙此道。他很不喜欢摄影记者拍摄他子女的照片,便激发人人都不愿伤害儿童的高尚动机。他对记者说:"你们也是有孩子的人,一定了解我的感受,你们也知道,过分的招摇,对小孩子并不好。"

当然有些人会怀疑说:"对诺斯克瑞夫或小洛克菲勒这样的人物,这个方法可能管用。但若把这个方法用在那些粗野的欠账人身上,我看你怎么做。"

也许,他们是对的,没有一个放之四海而皆准的有效法则,任何事情都会有例外。如果你已有比较适用的好办法,就不需要试了,如果没有,何妨一试?

无论如何,我想你对下面这个故事可能会感兴趣的。

有家汽车公司的六位顾客在维修工作结束后拒绝付款。他们说有些项目收费不合理。而这六位顾客都在维修单上签了字,所以公司认为自己没什么不对。他们是这样催款的:

1.他们亲自拜访六位顾客,并且说明来意是收款。

2.他们坚持说公司没错,也就是说,顾客绝对是错的。

3.他们宣称公司对汽车的了解要比顾客多,所以没有什么可商讨的。

结果,他们争论不已。发展到后来,他们几乎要大拼一场。幸好公司的总经理发现这六位顾客一向是信誉很好的,一定是有什么地方做错了,这位总经理叫托马斯去催讨欠款。托马斯先生是这样做的:

1.他个别拜访了那些顾客,表面上是去催欠款,但是,他并没有提到这一点,他说明自己是来调查公司做了什么,或做错了什么。

2.他说他想听顾客的意见,自己不会发表意见,并且说,公司并没有宣称自己绝对无误。

3.他告诉顾客,他最关心汽车,而全世界只有顾客对自己的汽车最明确,这一点毫无疑问。他让顾客自己说话,并怀着关注和同情去听。

最后,等顾客恢复冷静后,他便以公平的态度对事情作了处理。"首先，我要让您知道，我也觉得这件事处理不当，以致打扰了您让您生气，给您的生活带来了不便，这是我们的失误，我向您深表歉意。听了您的叙述，我感到您是一个正直的人，这是您的账单，我知道有权更正它，但我还是把它留给您处理，无论您的决定是什么。”

结果，两年之内，他们卖了六辆车给这六位顾客！

经验告诉我们，如果您愿意相信顾客是诚实、正直、光明磊落的，大部分人还是会作出善良的反应。

所以，如果要使人信服你：

诉诸一种高尚的动机。

11

艺术性地表现出自己的意图

智慧语录

这是一个充满戏剧性的时代，只靠一点语言的叙述是不够的，必须用更生动、更有趣、更戏剧化的手法来表现。

数年前，《费城晚报》受到读者恶意攻击，有人说这份报纸刊载的广告太多，新闻太少，失去了对读者的吸引力。

报社必须马上处理这一问题，谣言必须尽快消除，怎么办？

报社将普通版每日刊载的各种阅读材料剪下来，分类整理成一册册的书出版，书名为《一日》，共307页，和一本二美元的书一样厚，晚报将这些内容每天印出发行，售价仅二美分，而不是二美元。

这本书的发行，就是向公众证明了这份晚报刊载了大量有趣的内容。这种做法比报社一大堆详尽的数据及空谈更有趣、更深刻、更有说服力。

这是一个充满戏剧性的时代，只靠一点语言的叙述是不够的，必须用更生动、更有趣、更戏剧化的手法来表现。电影是这样做的，电视也是这样做的，如果你想吸引别人的注意力，你也要这样做。

那些布置橱窗的专门人才，他们最懂戏剧化的惊人力量。有一家鼠药制造商，替零售商布置了一个橱窗，里面放了两只活老鼠，以证实他那种鼠药的功效。果然，在这星期内所销售出的鼠药，比平时增加了五倍。

在电视广告里，用这种手法促销的例子就更多了。晚上看电视时，你不妨注意一下。你会看到一种中和剂怎样把试管中的酸的颜色改变了，而另一种却没有效果；某种肥皂或洗衣粉是怎样把衣服洗得干干净净，而另一种还会留下污渍;许多人对着某种商品满意地微笑,等等。

在家庭生活中,这个办法也很管用。过去,男人向情人求婚时,不只说说情话,还要在情人面前下跪,以示诚意。现在求婚不用下跪,但很多人在此前也会营造一些浪漫气氛。

这个原则在工作中也适用。

伍尔夫小姐,想和老板谈谈她工作上遇到的一些问题。结果老板说他很忙,要她先和他的秘书预约,他会尽量抽时间和她谈。

结果,她等了整整一个星期,也没有接到秘书的通知。她觉得必须和老板谈,就自己想办法,让老板与她面谈。

她写了一封信给老板。信中说,她知道他很忙,所以在信里面她放了一张表格和一个写上自己名字的信封,他只要自己或是让秘书填好表格,然后将信封交给她,就可以了。她的信是这样写的:

我将在×年×月×日×点抽出×分钟和你面谈。

结果,只过了半天,她就看到了回信,老板说当天就可以和她面谈10分钟。

《美国周刊》的记者普顿先生要作一个长篇市场报告,他为一家最著名的护肤品牌做研究,但业主却是一个很难缠的人。他第一次失败了。

第一次进去,他觉得自己走错了路,又进入了无用的讨论和调查方式上面了。业主辩论,他也辩论。业主说他错了,他则尽力证明他是对的。最后他胜利了,满意了,但时间也到了,结果,他仍然一无所获。

第二次,他不再费力去注重数字及资料表格,他去找这个人,向他演示。当他进入业主办公室时,他正在接电话,等他打完电话,普顿取出一只皮箱,打开,拿出32瓶冷膏的竞争产品,在每只瓶上,贴有一个标签,上面写着商业调查的结果。每个标签都简明扼要地表演着它的故事。

结果,那个业主不再辩论,他捡起一瓶又一瓶的冷膏来阅读,这是个新鲜的不同的玩意。然后一个友好的谈话展开了,他非常感兴趣地又问了一些问题,本来他只给普顿10分钟时间,但现在,10分钟、20分钟、40分钟,快到一个小时了,他们还在交谈。

其实他们陈述的是同样的一个事实,只是这次他采取了戏剧化的表达方式,你瞧,它产生的区别!

戏剧化地表现你的意图。

12

提出一个挑战

智慧语录

提出一个挑战，那是任何一个成功者都喜爱的一种竞技，一种表现自己的机会；那是证明自身价值的机会。

每个人都有害怕的时候，但是胆大的人会把它们抛到一边去，迎接挑战。结果有的输了，但总是会赢的。这是古希腊人信奉的口头禅。圣巨恩山上的英雄现在到哪儿去了？

斯瓦帕说："要做好事的办法，是激起竞争，不是勾心斗角的竞争，而是相互取胜的竞争。"

他手下有一位厂长，厂里的工人总是不能达到生产指标。

"怎么回事，像你这样能干的人，为什么完不成指标呢？"斯瓦帕问道。

"不知道，我强迫他们，诱使他们，责骂他们，甚至是恐吓他们，但都无济于事，他们就是不愿干。"厂长说。

这时正好是太阳落山的时候，值夜班的工人到了厂里。

斯瓦帕转向最近的一个工人，向他要了一支粉笔："你们今天这班做了几个单位？"

"六个。"

于是斯瓦帕在地板上写了一个大大的"6"，一言不发地出去了。

当夜班工人进来时，看见这个字都问日班工人这是什么意思。日班工人说："公司老总今天问我们做了几个单位，就把它写下来了。"

次日早晨斯瓦帕又走进来，夜班已将"6"字抹去，换上一个大大的"7"。下一天早上日班工人看见那个字，以为夜班工人比他们做得好，于是他们加紧工作，下班前，很得意地写了个“10”字。

情形一天天好起来，这个一度生产落后的工厂比其他工厂产量都高。

提出一个挑战，那是任何一个成功者都喜爱的一种竞技，一种表现自己的机会，那是证明自身价值的机会。如果没有这一种“挑战”，罗斯福不会进白宫坐上总统的宝座。这位勇敢的骑士，刚从古巴回来，便被推举为纽约州州长候选人。可是他的反对党发现罗斯福没有纽约州合法的居民身份，这时罗斯福禁不住打起了退堂鼓。

就在这时，普拉特用了激励法，他转身向罗斯福大声地说：“难道圣巨恩山的英雄，现在竟是这样一个弱者？”

就这样一句话，罗斯福才接受了挑战，挺身与反对党对抗——后来种种的演变，历史上都有详细的记载。

这一个挑战，不只改变了罗斯福自己的一生，也影响了美国的历史进程。

斯瓦帕知道挑战有极大的力量，普拉特知道，史密斯也知道。

鬼岛西端，有一座恶名远扬的星星监狱。这座监狱没有狱长，里面犯人极度凶狠随时可能发生危险。史密斯需要一位坚毅勇敢的人去治理星星监狱。可是谁能胜任呢？他把劳斯召来了。

当劳斯站在他面前时，他愉快地说：“去照顾‘星星’如何？那里需要一个有经验的人！”

劳斯觉得很窘迫，他知道星星监狱的情形，以及那里的危险，那里随时会受到政治变化的影响。去那里的狱长一再更换，从来没有一个能够做满三个星期的。他要考虑自己的终生事业，那值得冒险吗？

史密斯见他犹疑不决的样子，微笑着说：“年轻人，我不怪你害怕。是的，那确实不是一个太平的地方，那里需要一个有才干的大人物。只有你才有这份魄力去做。”

史密斯是不是提出这样一个挑战？劳斯的心中涌起了一种想去尝试的意念。于是他去了，而且他在那里干了很久。结果，他成为最著名的星星监狱长。劳斯曾完成一部《星星二年里》的作品，很快畅销全国，还上了电台广播。他在狱中生活的故事被拍成好多部电影。他对罪犯人性化的管理带来了许多监狱改革的奇迹。

菲斯顿橡皮公司创办人曾说：“别以为用高额的薪金，就可以吸引人才替我工作。只有竞争，才能激发他们的潜能。”

那是任何一个成功的人，都喜爱的竞技！因为那是表现自己的好机会——证明他的能力、价值胜过别人。因此有了那些离奇古怪的竞技比赛，像:竞走、唤猪、吃馒头等等。而这些都能满足他们争强好胜的欲望,让他们觉得自己的重要。

取胜的欲望,挑战,激发他人产生一种向上的精神——的确是一种行之有效的方法。

提出一个挑战。

四　怎样去说服他人

说服他人 <<<

如果你想说服他人,请从真诚的赞美与欣赏开始。

1

替人修面时,先涂上一层肥皂

智慧语录

如果你想说服他人,应该从称赞与真诚的欣赏开始。

柯立芝总统执政时,我的一个朋友应邀到白宫过周末。当他走进总统私人办公室时,正好听到柯立芝在对他的一位女秘书说:“你今天的衣服很漂亮,你是一位年轻漂亮的女孩子。”

沉默寡言的柯立芝总统,平常很少赞美过别人。这次却对他的女秘书说出那种赞扬的话,真的太不平常了。那位女秘书顿时脸红了,有点受宠若惊。总统接着说:“别难为情,我刚才的话,只是为了让你高兴一些。从现在起,我希望你对公文的标点要稍微注意一点。”

他对那位女秘书的方法,虽然太明显了些,但他用了一种巧妙心理学——当我们听到别人对我们的优点加以称赞后,再听到其他不愉快的话,就比较容易接受了。

正如理发师替人修面时,先涂上一层肥皂水;医生给人拔牙时,先用麻药麻醉,这样就会让人更容易接受,减轻了别人的痛苦。

一般情况下,我们先听别人夸奖我们的长处,再去听对我们缺点的批评,心里会容易接受些。

麦金利在1856年竞选总统时,运用了这样的原理:

共和党一位重要党员,绞尽脑汁,写了一篇演讲稿,他觉得自己写得非常成功。他很高兴地在麦金利面前,先把这篇演讲稿朗诵了一遍——他认为这是他的不朽之作。这篇演讲稿虽然有可取之处,但并不恰当。麦金利听后感到不合适，如果发表出去，可能会引起一场批评的风波。麦金利不愿辜负他的一番热忱，但他又不能不说。

麦金利这样说："这真是一篇少见的精彩绝伦的演讲稿，我相信再也不会有人写得比你好。可是，如果在某种特殊的场合，它是不是很适用呢？也许从你的角度，它很合适；可是我必须从政党的立场，来考虑这份演讲稿发表后会产生的影响。现在你回家去，按照我所特别提出的那几点，再写一篇给我。"

他果然那样做了。麦金利将第二次草稿加以修改，结果那位党员在那次竞选活动中，成了他最有力的支持者。

林肯一生中写过两封著名的信，以下便是第二封。第一封是写给毕克斯夫人的，哀悼她在战争中失去五个儿子。这封信他大约用了五分钟，但1926年公开拍卖时，它卖了1.2万美元，比林肯50多年的积蓄还要多。

当时正处在内战最黑暗时期。18个月来，林肯所带领的联军屡屡惨败。很多士兵都逃走了，一些共和党的议员也开始叛乱，想强迫林肯退出白宫。林肯说："我处在崩溃的边缘，好像上帝都在与我作对。看不到一丝希望。"正是在这种黑暗、忧虑的时候他写了这封信。

这也许是他写得最严厉的一封信。但在信中，他先是称赞了胡格将军，然后才指出他严重的错误。的确，那是些严重的错误，但林肯没有这么说，而是用委婉的外交手段，他写道："有些地方我对你不是很满意。"

他的信是这样写的：

我已经将你放在军队的首位。当然，我这样做有充足的理由，但我想，对于有些事我的确对你不是十分满意。

我相信你是一位有勇有谋的将军，那也是我欣赏你的地方。我也相信你不会将政治与你的职务混淆，你做得很对。你很自信，那也是一种有价值的、不可调和的性格。

你有志气，这在一定范围是有益无害的。但我想你让伯恩斯将军带领军队的时候，你出于个人意气，竭力阻挠，这对国家、对一位战功显赫的长官来说，都是一个大错。

我曾听说，你最近宣扬军队和政府都要有一位独裁者。当然，不是因为这个，我给了你统治权。

只有得到胜利的将领，才能成为独裁者。我现在请求于你的是军事胜利，我可以将独裁权冒险给你。

政府要尽力帮助你，同以往及今后对于所有将领所做的帮助一样，不多不少。我担心你灌输给军队一种批评将领及不信任的精神，我要尽力帮助你消除这种倾向。

当这种精神在军队中蔓延时,无论是你,还是拿破仑,都不能从军队中得到什么好处。现在,要小心,不要着急,要坚持不懈努力前行,使得我们胜利。

当那位将军捧读了此信,怎能不为之动容?怎能不因衷心感激而誓死效忠呢?这正是林肯的过人之处。

也许你不是麦金利或林肯,但你应相信,这个原则在你的日常生活中也很管用。

格夫先生是一位很平常的人。他曾经有过一次很成功的谈判经历。

华克公司在费城承包了一幢办公大厦的建筑工程,要在一个规定日期前完工。就在一切进展顺利、快要完工的时候,负责外部装饰材料的供应商突然说他无法按期供货。这样,务必会使整个工程受到影响,损失惨重。

电话交谈没有用,于是格夫先生被派前往处理这件事。

"你知道你的姓名在布鲁克林是独一无二的吗?"格夫先生进入这位经理的办公室时问道,这位经理很惊异:"不,我不知道。"

"当我今早下火车后,我查电话簿找你的地址,布鲁克林电话簿中只有一个叫你这姓名的。"

"我从不知道,那不是很平常的姓名。"经理边说边很有兴致地查着电话簿。"我的家族差不多是200年前由荷兰迁到纽约来的。"接着他自豪地谈及他的家庭和祖先数分钟,当他说完了,格夫先生又恭维他的工厂:"这是我所见过的一家最清洁的铜器工厂。"

"我费了一生经营这项事业,我很自豪,你想参观一下我的工厂吗?"经理说。在参观过程中,格夫先生又不失时机称赞了他的设备系统,他的产品如何优良,从头到尾,他没有提到他来访的真正意图。

午餐后,经理说:"言归正传,我知道你来的目的,我意想不到的是我们的聚会会这样愉快,你可以带着我的应许回费城去。你们的材料随后我马上送来。"

格夫并没有提出任何要求,可是他的目的都很顺利达成了。那些材料,全部如期运到,而那座建筑也没有受到任何的影响,如期完成。如果他当时用了激烈争论的方法,会不会有这样满意的结果?

所以,要想改变一个人而不引起伤害,你要:

从赞扬和感激开始。

2

委婉指出他人的错误

智慧语录

间接指出别人的错误，要比直接说出口温和得多，而且不会引起别人强烈的反感。

夏勃经过他的一家工厂，撞见几个雇员正在抽烟，虽然他们的头顶上悬着“请勿吸烟”的牌子。他没有过去指着牌子说：“难道你们不识字吗？”而是走过去，递给每人一支烟，然后说：“老兄，如果你们到外面去抽，我会很感谢你们。”员工便知道自己破坏了规定。

瓦纳梅科每天都要到自己的店里去一下。一次，一个顾客等在柜台前，没有人理会她。店员呢？他们正聚在另一个角落里聊天嬉笑。瓦纳梅科没有说一句话，静静走到柜台后，自己动手接待了那位女士，把东西交给店员包装后，便走开了。

有很多公司或机构的官员通常难以接见民众。他们的确很忙，但有时是他们的下属给拦住了，他们不愿增加上司的负担。卡尔·兰福曾在奥兰多当了多年的市长，他常吩咐他的下属不要挡着要来见他的人。这就是他的开门政策，但市民还是经常被下属或秘书挡在门外。

后来，他想了一个办法。他让人卸掉了办公室大门，他的下属无计可施了，只好放人进来。

有许多人在真诚的赞美之后，喜欢加上“但是”两个字，接着开始一连串的批评。

比如有人想改变孩子漫不经心的学习态度，很可能会这样说：“杰克，这次你的成绩进步了，我们都很高兴。但是，如果你代数学得更好一点，那会更

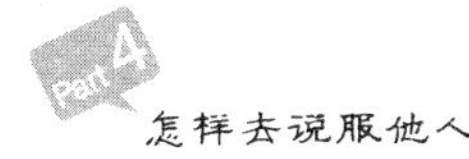

好的。”

原本受到鼓舞的杰克，在听到“但是”两个字后，很可能会怀疑原来的赞扬之辞的真实性。对他来说，赞扬通常只是批评的前奏，这样赞美的真实性就会大打折扣，对他的学习态度也不会有什么帮助。

我们只要改两个字，情形就大不一样。“杰克，你这次成绩进步了，我们很高兴，如果你在代数方面继续努力，下次一定会和其他科目一样好。”

没有转折，也间接提醒了他应当改进的事项，杰克这次一定会接受这番赞美。他懂得应该如何做以达到我们的期望。

对那些敏感的人，用巧妙的暗示让他们改正自己的错误，会有奇效。下面是贾可布太太在我的课程中讲述的。她怎样让懒散的建筑工人改掉坏习惯而帮她清理后院的故事。

贾可布太太请了几个建筑工人加盖房间。开始几天，每次她回家时，总发现院子里很乱，到处是木头屑。这几个工人的技术较好，贾可布太太不想让他们反感，便想了一个解决办法。她等工人们离开后，自己和孩子们把木屑清理干净，堆到院子的角落里。第二天早上，她把领工叫到一边，对他说：“我很感谢你们昨天将院子清理得那么干净，没惹得邻居们说话。”从那以后，工人们每天完工之后，都把木屑堆到院子角落，领工也每天检查前院有没有维持清洁。

1887 年 3 月 8 日，阿尔伯特受邀要在美国伟大牧师贝尔奇的追悼会上发表演讲，他特别想表现得好一点，因此不断地修改稿子，并读给他的妻子听。

稿子写得有些不合时宜，如果他的妻子不会说话，她就会说：“你写得可真糟糕，这样听起来像读一部百科全书，简直让人犯困。看在上帝的分上，你为什么不像一般人那样说，为什么不写得自然一些？你若真的拿这当演讲稿，估计会成为别人的笑柄。”

但她并没有这样说，她告诉丈夫，如果这篇稿子用在《北美评论》上，一定很棒，但在那种场合，显得有些不合时宜。她的丈夫接受了这个建议，在正式演讲时连稿子都没有准备。

她称赞了这篇稿子，但同时巧妙地暗示，这篇稿子不适于演讲。她的丈夫当然也明白了她的意思。

预备军人和正规训练者之间最大的不同就是发型，预备军人认为他们仍然是普通老百姓，所以不想剪短发。哈里是美国陆军的士官长，在他奉命要训练一批后备军官时，他决定解决这个问题。一般军人的做法是强制，或是恫吓命令，但他不想这样做。

他说：“各位，你们都是未来的领导。如果现在就以身作则，将来会取得好的效果。各位都知道军队中关于发型的纪律，虽然我的头发比各位要短得多，但今天我还准备去理发。你们可以照一下镜子，看看你们符合标准吗？若觉得有必要，就去理发部理发。”

结果，很多人照了镜子，并按规定理好了发。

记住永远避开正面的批评是必需的。如果非得批评，我们不妨旁敲侧击暗示对方。正面的批评，会伤害了他的自重，剥夺了他的自尊。如果你旁敲侧击，对方知道你用心良苦，他不但会接受，而且还会感激你。

巧妙的暗示指出别人的错误，会收到奇妙的效果。

委婉指出他人的错误。

3

先想想自己的错

智慧语录

听别人数说我们的错误很难接受,但如果对方谦卑地承认他们自己也会出错,我们就比较容易接受了。

三年前,我的侄女约瑟芬到纽约来做我的秘书。当时她只有 19 岁,高中刚毕业,没有做事的经验。而今,她已是一位十分干练的秘书了。刚开始时,她很敏感脆弱。有天我准备指责她,却又立即对自己说:“等一下,戴尔·卡耐基,等等。你大她两倍的年纪,经验比她丰富得多,怎么可能要她和你有一样的想法、判断和自发主动的精神呢?再说,你自己也并不出色,你 19 岁时是什么样?记得自己像蠢驴一样犯下的错误吗?记得你做过的一些事吗?”

想到这里,我不得不承认,约瑟芬比我 19 岁时强多了,实在是有愧,我反而从没有称赞过她。

于是,一碰到约瑟芬犯错时,我总是这样说:“约瑟芬,你犯了错了,但是,天知道,我以前也经常这样。判断力不是与生俱来的,那得靠自己的经验,我在你这个年纪时还不如你呢。其实我没有资格批评你,但根据我的经验,如果你这样做的话,不是更好吗?”

听别人数说我们的错误很难接受,但如果对方谦卑地承认他们自己也并不完美,我们就比较容易接受了。

加拿大有位工程师迪斯尼通发现他的秘书经常拼错字,几乎每页都要错上二三个。他是如何解决这个问题的呢?

像许多工程师一样,我的英文拼写得也不好。最近几年,我一直用一个黑色笔记本记我不会写的词。慢慢地,我有了一些进步。我虽然常常指出秘书的错误,但一点改进也没有。我决定改变方式,等她又有了拼写错误时,我坐到打字机旁,对她说:

"这个字看来似乎不对,我也常常写错它。幸好我随身带了一个记错本。(我打开本子,翻到要找的那页)哦,就在这儿。我现在对拼写很注意,因为常常有人指出我的错误,他们会根据拼写正确与否,判断我的职业水平。"

我不知道她后来有没有采纳我的方法,但自那次后,她的拼写错误明显减少了。

1909年,德皇威廉二世在位,他目空一切,高傲自大,并建设陆、海军,欲与全世界为敌。

德皇还说了一些令人难以置信的话,震撼了整个欧洲,甚至影响到世界各地。最糟的是,就在他作客英国时,他把这些可笑、自傲、荒谬的言论,当着英国人民发表出来。他还允许《每日电讯》照原意在报上发表出来。例如,他说他是惟一对英国友善的德国人,还表示,只有他一个人的力量,才能使英国不致屈服于法、俄两国的威胁之下。

一百多年的和平时期里,欧洲没有一位国王,会说出这样惊人的话来。结果欧洲各国哗然骚动。英国非常愤怒,德国的那些政治家,更是为之震惊。

在这阵惊慌期中,德皇也渐渐感到事态严重,有些慌张了。他向布洛亲王暗示,要他代为受过,宣称那一切都是他的责任。

布洛亲王却说:"但是陛下,恐怕德国人或是英国人,都不相信我会建议陛下说那些话的。"

话一出口,他立刻发觉自己犯了一个严重的错误。果然,他激起德皇的愤怒。

他咆哮着说:"你认为我是一个傻瓜,连你都不至于犯的错误,我却做了出来?"

布洛亲王知道应该先称赞他些什么,然后再指出他的错误。他这样做了,结果,立刻出现奇迹。

布洛亲王恭敬地说:"陛下,我绝没那种意思,陛下在许多方面都远胜于我,当然不只是在海军知识上,尤其是在自然科学方面。陛下每次谈到风雨表、无线电报等科学时,我总替自己感到羞耻,感觉自己知道的太少了……我很惭愧,对于各门自然科学都不懂,化学、物理更是一窍不通,连极普通的自然现象,我也不能解释。我只是对政治和历史了解一些。"

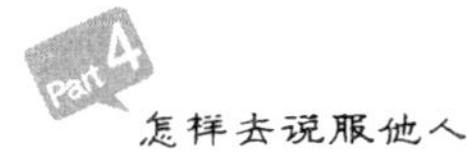

结果德皇脸上露出了笑容，那是因为布洛亲王称赞了他。布洛抬高了他，贬低了自己。德皇原谅了他。德皇热忱地说："我不是常跟你这样讲过，你和我以彼此能相辅相成而著名……我们需要赤诚的合作，而且我们愿意这样做。"

那天下午，他紧紧握着布洛的手说："如果有人向我说布洛不好，我就会揍扁他。"

布洛亲王及时救了他自己！他虽然是个手腕灵活的外交家，可他还是做错了一件事。他开始应该谈自己的短处，再指出德皇的长处。他不能暗示德皇是个智力不足、需要别人保护的人。

是啊，谦恭地赞扬对方一下，就能让一位傲慢的德国皇帝转怒为喜。

试想一下，谦逊和称赞，在我们日常生活中会对我们产生多大的效果？在人际关系的处理上，如果我们用得恰当，真能产生不可思议的奇迹。

先谈自己的错误。

4

用建议代替命令

智慧语录

无礼的命令只会引起他人怨恨，即使这个命令可以用来改正他人明显的错误。

最近我荣幸地同美国名传记作家塔贝尔女士一起用餐。当我告诉她，我正在写这本书的时候，我们开始讨论与人相处的重要问题。她告诉我，当她撰写欧文杨的传记时，曾访问一位与欧文杨在同一间办公室工作过三年的人。

那人说，在这三年的时间里，他从没有听到欧文杨向任何一个人说出一句直接命令的话。欧文杨的措辞，始终是建议，而不是命令。比如他会说"你可以考虑这样"或是"你觉得那样做行吗"？而不是"你去干这个，干那个"。他常常在口授一封信后说："你认为这样如何？"接过助手写的信后，他说："也许这样会好些。"他不叫助手做什么，而是要他们自主地去做。他从不批评或干涉他们，而是让他们自己从偶尔犯的错误中学习。

这种方法就容易让一个人改正错误，保持个人的尊严，给他一种自重感，这样他就会接受你，并与你合作。无礼的命令只会引起怨恨，即使这个命令可以让人改正他明显的错。

即使是长者，如果态度粗暴，也会引起对方的愤怒，不管他的动机是如何的好。

桑德雷曾讲过这样一件事：

有个学生把车子停在了不该停的地方，挡住了别人的去路。有个老师很不客气地冲进去问："是谁的车子挡住了通道？"车子主人回答之后，这位教师严厉地说："马上把车子移走，否则我叫人把车拖走了。"

很显然,这个学生错了,车子不能停在那里,但是,从那天起,不只是那个学生对老师不满,别的学生也常常借故捣乱,那位老师的日子不好过了。如果当时他换种方式问:“谁的车挡了通道?”然后建议将车移走,以便别人进出,相信这个学生会配合的,也不会引起其他学生的公愤。

一张看来不可能完成的订单,有人敢接吗?它是怎样做到的呢?

迈克是南部约翰内斯堡一家小工厂的经理,他们工厂专造精密零件。一次,他收到了一笔非常大的订单,但要保证交货日期。他觉得按工厂进度安排,要在短时间内赶出来,几乎是不可能的。

他没有催工人赶工,而是把大家叫到一起,把情况如实对他们说了。并说了完成这个订单对他们的意义。他向工人问了一些问题,是这样的:

“我们要怎么做才能完成这张订单?”

“你们有其它的办法吗?”

“可不可以调整一下工作时间和进度,以加快生产?”

员工们都提出了许多建议,他们觉得这是他们自己的事,闭幕式用“我们可以做到”的积极态度及时完成了这张订单。

要改变他人,而不伤和气:

用建议代替命令。

5

保全他人的面子

智慧语录

即使别人犯了错，我们是对的，若没有为别人保留面子，就会毁了一个人。

数年前，美国通用电气公司遭遇到一件很棘手的事，即如何免去斯坦梅兹的某部门主管职务。在电学学识方面，斯坦梅兹算得上是一级人才。但他担任了会计部的部长后，却发现他无法胜任。由于他是个不可多得的人才，而且个性敏感，公司不想伤及他的自尊。于是，公司特别给他一个新头衔，请他担任通用公司顾问工程师，而派他人担任他原来的部长职位。

斯坦梅兹很高兴！通用公司的主管人员也很满意。由于他们在平和的气氛中成功地调动了一位有怪癖的高级职员，而且没有引起什么风波，因为他们让斯坦梅兹保全了面子。

保全他人的面子，这是何等重要。而我们却经常忽略了这点。我们常喜欢摆架子，我行我素，挑剔，威吓，在众人面前指责孩子或是雇员，却不去多考虑几分钟，说几句关心的话，考虑别人的自尊是否受到伤害，如果我们这样做了，就可以缓和许多不愉快的场合。

其实，我们只需要花几分钟的时间想一想，再说一两句体恤的话，谅解到对方的观点，就可以解除很多刺痛。

下面看如果我们需要辞退佣人或是雇员时，应当怎样做。

由于业务具有季节性，会计师葛朗杰经常要解聘别人。虽然这并不有趣，被人解雇更是没有意思。但一到所得税申报热潮退了之后，他们就得解聘许多人，因此他们有句行话："没有人喜欢挥动斧子。"

时间长了,大家都变得麻木不仁,每当这个时候,大家只希望事情快点过去。通常,例行谈话是:“请坐,史密斯先生。旺季已过,我们已没有什么工作提供给你了,你也知道我们只是在旺季时雇用你,所以……”

这样的谈话会让当事人失望,有损他们的尊严。所以,不到万不得已,他绝不会轻言解雇别人。后来他换了一种婉转的方式:“史密斯先生,你的工作做得很好,你知道,我们公司引以为荣,也非常相信你的能力,无论你走到哪里,都会闪光的。希望你记得这些对你充满信心的话。”

结果,被解雇的人感觉好多了,没有那种被一脚踢开的感觉,他们觉得,假如有工作的话,公司还是会继续让他们做的。而等公司又需要他们的时候,他们还是很乐意再回来。

在我的培训班上,有两个学员讨论了保全面子这个问题。

宾夕法尼亚州的克拉克谈到了他们公司的一件事。

有一次公司开生产会议时,一位副董事就生产问题严厉质问生产总监,气势汹汹,言语刻薄。为了不当众出丑,生产总监支支吾吾避而不答,这样一来,那位副董事更恼火了,骂生产总监是个骗子。自此后,那位总监觉得自尊心受到伤害,无心工作,后来离开了公司。其实,他以前干得挺不错的,但任何良好的关系都会因这种处理方式而破坏。

安娜·玛森也讲了她的一件事:

她是一家食品包装公司的市场调查员。她刚接下来一份差事,为一项新产品做市场调查。当结果出来的时候,她几乎崩溃了,由于工作计划中的一系列错误,整个结果也全错了,必须从头再来。糟糕的是,报告会议就要开始。

当让她作报告时,她吓得发抖,太情绪化了,但她尽量让自己不要哭,以免大家嘲笑。最后,她只得简短地说明了一下情况,并表示想重新再做。坐下后,她等待着老板大发雷霆。

出人意料的是,老板首先感谢她工作勤奋,并说新计划难免都会出错,他相信新的调查一定会准确无误,对公司有很大的帮助。

他在众人面前肯定了她,相信她尽了力,并说她缺少的是经验不是能力。

每个仲裁者都懂得保全他人的面子。

世界上真正伟大的人物,不会向被他打败的对手炫耀自己的胜利。有这样一个事实:

经过数百年的敌对仇视,土耳其人在1922年,决定要把希腊人驱逐出境。

土耳其总统凯末尔沉痛地向士兵说:“打到地中海去。”就是这样一句话,引发了一项近代史上最激烈的战争。结果,土耳其获胜,当希腊的两位将军向凯末尔投降时,沿途受到土耳其民众的辱骂。

可是,凯末尔并没有以胜利者自居,显出一副趾高气扬的样子来。

他握着他们的手说:“两位请坐,你们一定感到疲倦了!”凯末尔谈过投降的细节后,为了减少他们心理上的痛苦,说:“战争就像一场竞技比赛,有时候高手也会遭遇到失败。”

保全他人的面子。

6

激发出他人的潜能

智慧语录

与我们本来应有的成就相比,我们只是半醒着。我们仅仅发挥了自身潜能的一小部分。

我很早就认识巴洛,他对狗马的性情很了解,终生都随马戏团到处表演。我喜欢看他训练狗的做法。我注意到,在狗稍有进步时,巴洛便会拍拍它,称赞它,还给它肉吃。

那不是什么新鲜的事。几世纪以来,训练动物的人,都用这样的技巧。我很奇怪,当我们想改变一个人时,为什么不用训练狗那样的技巧呢?为什么不用肉来替代皮鞭呢?也就是说,为什么不用称赞来替代责备呢?即使只有微小的进步,我们也要称赞,这样可以鼓励别人继续进步。

劳斯狱长发觉,即使对星星监狱里的最凶狠的犯人,赞赏其最微小的进步也是有效的。我写这本书的时候,接到劳斯狱长的一封信,信上说:"我发觉,对犯人们的付出加以适当的夸奖,要比严厉的惩罚责备更能赢得他们的合作,促进他们的人格恢复。"

我从来没在星星监狱坐过牢——至少目前还没有,但回想过去的生活中,曾有一些方面因几句赞美的话,而深深改变了我整个未来。你这一生中,是否也有过同样的情形?历史上有关称赞给人神奇力量的例证,真是不胜枚举。

多少年来,驯兽师都是这样做的。我们为什么不将同样的办法用在人身上呢?心理学家瑞恩说:"赞扬就像阳光温暖着人们的心灵。在没有它的环境中我们无法进步成长,可大部分人,总是喜欢对别人讽刺、挖苦,却很少赞扬。"

我们为什么不用称赞代替指责?即使是最微小的进步,我们也要称赞,激励他人继续进步。

50年前，一个10岁的孩子在那不勒斯的一家工厂做工，他极希望能成为一名歌唱家，但他的第一位教师给了他一个重大打击，“你不能唱，你完全没有一副好嗓子，它听起来像是破锣。”

但他的母亲，一个贫苦的农家妇女，抱着他并告诉他，她知道他能唱，她已经看出他的进步。平时，她赤着脚，为了省钱给孩子付音乐费。

那位母亲的称赞与鼓励改变了孩子的一生，他的名字叫卡罗索。

1992年，有一位住在加利福尼亚的青年，非常穷困，难以供养他的妻子。他周末就在教会唱诗班唱歌。他在葡萄园中租了间破屋子，租金每月只12美元，就是这样低的租金，他还是付不起，已经欠了10个月的租金了，所以不得不在葡萄园中摘葡萄，以代付房租。有时除了葡萄外，他简直找不到别的东西可吃。他失望极了，几乎想放弃歌唱，这时，一位牧师称赞了他。牧师对他说：“你的嗓音天赋极好，你应到纽约去深造。”

正是这点称赞和轻微的鼓励成了他事业成功的关键，他借了2500美元走上了去纽约的路。他就是席贝德。

许多年前，伦敦有个年轻人，他渴望能成为一位作家。可是他所有的遭遇，都事与愿违，好像处处都跟他作对似的。他受学校教育不到4年，父亲因为还不起债而入狱，他也饱尝了饥饿的滋味。最后，他找到一份工作，是在一间老鼠满地跑的货仓里，粘贴墨水瓶上的签条。

夜晚，他跟另外两个来自伦敦贫民窟的男童住在楼顶的一间小暗房里。他对自己的作品没有一点信心，当他完成第一篇稿子后，为避免他人讥笑，只得在夜间悄悄地把稿子投入邮箱里。他不断写稿、投稿，但他所寄出的那些稿子，接二连三地被退了回来。

终于他的一篇稿子被录用了。他连一先令的稿费也没得到，但录用他那篇稿子的编辑，赞许了他的作品，使他高兴得流了泪，激动地在街上漫无目的地走着。

那个编辑的称赞和鼓励，改变了他的命运。若不是那次鼓励，这年轻人可能一辈子在那满是老鼠的货仓里工作。那年轻人的名字，或许你知道，他就是英国大文学家狄更斯。

50年前，有一个年轻人在一家店铺里工作，他每天早晨五点钟就要起来打扫店铺，一天做14个小时。两年后，年轻人实在忍受不下去了。一天早晨，他来不及吃早餐，一口气走了15里路，去找他的母亲商谈。

他发疯似的向他母亲哭着哀求，他赌咒再也不回那家店铺工作了。如果他再留在那店中，他就要自杀。他写了一封很长而悲惨的信，给他的老校长。

说他心已破碎,不想再活下去了。他的老校长给了他一些赞美和鼓励,说他是个聪明的年轻人,应该找一份更适合他做的工作,然后给了他一个教员的职位。

那个赞许,改变了那年轻人的未来,并在英国文学史上留下了光辉的一页。他写了77部书,用他的笔赚进了100多万美元。或许你知道他是谁了,他就是英国的史学家韦尔斯。

伟大的心理学家施金纳主张多用赞扬而不是批评。他通过对人和动物的实验得出一个结论:用鼓励赞扬代替责备批评,会让人事半功倍,相反则事倍功半。

同样,在许多家庭里,父母经常训斥孩子,这样会让父母和孩子的关系越来越糟。换一种方法呢?如果我们发现他们做得不好,不用批评,而是找出他们值得表扬的地方,这样他们以前经常做得不好的地方,反而会慢慢减少。赞扬一点点的进步,也要好过对他们错误的训斥。

林杰波夫先生就用这个方法来对待他的孩子。他说:"我决定尽量多用赞扬,少用批评。当他们表现不好时还要赞扬确实比较难做。于是我尽量寻找他们值得赞扬的地方,慢慢地,他们以前做得不好的地方就减少了。他们按照我赞扬的方向去努力,真是让人难以置信。当然,他们偶尔还会犯些错误,但比以前进步多了。这就是赞扬的魔力,哪怕赞扬他们一点点的进步,也远远好于对他们错误的指责。"

人人都渴望被赞扬,被欣赏,而且会为之努力,但没有人需要那些虚伪的赞扬。

我要强调的是,赞扬必须源自内心的真诚,才有用。我不是在告诉人们怎样玩花样。

说到改变人,如果我们激励我们认识的人来发挥他们内在的潜能,那么我们就能彻底改造他了。

美国杰出的心理学家詹姆斯说:"与我们内在的潜能相比,我们只是半醒着。我们现在只利用了我们身心资源的一小部分。人远远没有发挥他的极限,人自身有着各种能力,但大部分没有被开发利用。

激励才是开发人们自身潜能的最好办法。

诚于赞赏,宽于嘉许。

7

给他一个好名，看结果如何！

智慧语录

给他一个好名，即使他当不起，也会让他按照这个名声去做。

岑德夫人雇了一个女仆，准备让她下周一上工。之前，她打了电话到那个仆人以前的女主人那里，知道她有很多不好的地方。当女仆来上工的时候，岑德夫人说："拉莉，那天我打电话给你以前做事的女主人，她说你为人诚实，很会做菜，会照顾小孩，就是有些不爱整洁，不将屋子收拾干净。现在看来，她在说谎，你穿得很整洁，我敢保证你收拾屋子一定也一样。我们会相处得很好的。"

果真如此。拉莉要顾全名誉，她真这样做了，她宁愿多花一个小时，将屋子收拾得亮堂堂的，也不想让岑德夫人对她失望。

一位经理说："一个平常的人，如果得到你的尊重和某方面的认可，他很容易就受到你的引导。"

总而言之，如果你要在某方面改变一个人，就要做得好像那种特点是他已具备的特征之一。莎士比亚说："假定一种美德，如果你没有。给他一个好名，他便会尽力那样去做，而不愿让你失望。"

雷布克在《与马依特林的生活》一书中讲到过一位女仆惊人的变化。

一个叫玛莉的女仆，开始她的职业是一个厨师的助手，斜眼，弯腿，显得很可怜，缺乏生机。

有一天，当她用她的红手托着一盘面送给瑞布兰克夫人时，她爽快地对女仆说："玛莉，你不知道你身上隐藏着什么宝藏。"

几分钟之后，玛莉依然控制着她的情绪，惟恐惹祸。她将盘子放在桌上，叹了口气："夫人，以前我从不敢相信的。"然后她重复着她的话，回到了厨房。从那天起，卑微的玛莉身上发生了奇怪的变化，她相信她身上有一种看不见的宝藏，她开始小心地注意她的面部及身体，并将她的平凡之处遮掩起来，她枯干的青春好像开了花，显示出了少女的光华。

两个月后，在瑞布兰克夫人要离开时，玛莉宣布她将要和厨师的侄子结婚，她向瑞布兰克夫人致谢，因为她的一句话改变了她的一生。

瑞布兰克只是给了洗盘子的玛莉一顶"美丽的帽子"，正是这顶"美丽的帽子"改变了她的人生。

再看看一位推销员是怎么做的。

派克是佛罗里达州一家食品公司的推销员，公司推出了一系列的新产品让他很兴奋，但不幸的是，一家大食品商场的经理取消了他们产品在那里的展销柜台，派克非常郁闷。他仔细考虑了一天后，找到了那家商场。

他对商场经理说："杰克，我想我还没有让你清楚了解我们的产品，若你方便，我很乐意为你介绍我的疏忽之处。对于你既乐意与人交谈又非常宽容这一点，我很佩服。此外，我了解到你总是根据实际情况调整你的决定。"

面对他送来的赞誉，杰克却之不恭，他最终同意了他的请求。

霍普丝金是布鲁克林的一位教师。开学第一天，她看到她们班的学生名单中有全校出了名的捣蛋鬼汤姆。这让她有些担忧。汤姆以前的教师曾不断向校长和同事抱怨，汤姆是如何和男生打架，调戏女生，目无师长，上课捣乱。尽管这样，因为他的小聪明，他的成绩一直还挺好的。

她决定处理好这个问题。她第一次在班上点名的时候，说了这样的一些话："露丝，你的衣服真漂亮；爱丽丝，听说你的画画得很棒。"点到汤姆时，说："汤姆，我想你有领导才能，这个学期我希望你能带领我们班成为全年级最好的。"

她以后经常这样激励汤姆，而他的表现也越来越好，后来真的像她说的那样去做了。

当利士纳要影响在法国的美国士兵的行为时，也用了同样的方法。哈巴德将军——一位最受人欢迎的美国将军，曾经告诉利士纳说，在他看来，在法国的200万美国兵，是他所接触过最合乎理想、最整洁的队伍。

这是不是过分的赞许？或许是的。可是我们看利士纳如何应用它！

利士纳说："我从未忘记把哈巴德将军所说的话，告诉士兵们，我并没有怀疑这话的真实性，即使并不真实，那些士兵们知道哈巴德将军的意见后，他们会努力达到那个水准。"

有这样一句古语:“给狗一个恶名,不如把他勒死算了。”

差不多每一个人,富人,穷人,乞丐,盗贼,都会珍惜赐给他的诚实的名誉。

星星监狱的狱长说:“如果要应付盗贼,只有一个可能的方法可以制止他——对他就像对一个很体面的君子,假设他是规矩的,这样他就会有所反应,并以别人的信任为豪。”

那句话太重要,太好了!我们不妨再说一遍。

所以,如果你要影响一个人的行为,而不引起他的反感,记住那是:

送人一个好名,他会努力做到名符其实。

8

用信任去造就他人

智慧语录

宽容他人，鼓励他人，使事情显得容易去做，使对方知道你相信他有能力去做，他还有尚未发掘的才能，他就会努力做得更好。

我有一个朋友R先生，40多岁了才订婚。他的未婚妻要他去学跳舞。其实，他真的要学，因为他跳得还和20年前一个样。

他请的第一个老师，也许她说的都是实话，她说R先生跳的不对，要他将从前的都忘掉，重新开始，这话让R先生很灰心。他找不到动力，于是便把她给辞了。

第二个教员或许在说谎，但R先生喜欢她。她说他的姿势有点过时，但基本功还不错，而且让他相信他很快就会学会几种新的舞步。她肯定地对他说："你有很自然的韵律感。"并不断称赞他做得对的事。

第一个老师看到的是他的错误而使他灰心，第二个老师却正好相反。在内心里，R先生知道自己是一个末等跳舞者，但他仍相信那是她的真意。正是这点，给了他希望，并使他不断进步。

如果你对你的孩子、爱人或是部下说他们在某方面没有天赋、太愚蠢，你就犯了一个大错误。这样会损害他们的自尊心。如果你鼓励并相信他们能做好，他们有潜力去做好，他们就会加倍努力，不断进步。

汤姆生是一位人际关系专家，他也用了这个原理。他懂得如何给人勇气和信心。

一次我同汤姆生夫妇共度周末，他们约我一起玩桥牌。桥牌，我简直是一窍不通,它对于我就像谜一样。“不,不,我不会!”我不得不这样说。

汤姆生说:“戴尔这并不需要什么技巧,只要用点记忆和判断就行。你曾写过一篇关于记忆方面的文章,所以桥牌对你来说是很容易学会的游戏。”

这是我有生以来,第一次玩桥牌。那是由于汤姆生说我有玩桥牌的天赋,它让我找到了信心,觉得这种游戏并不难。于是我不知不觉地坐在了桌前。

谈到桥牌,使我想起库伯逊来。凡玩桥牌的场所,没有人不知道这个名字的。他著有关于桥牌的书籍,已经译成十二种语言,销售发行的数量,不下一百万册。他曾经说,若不是有一个年轻少妇告诉他有玩桥牌的天赋,他一定不会以此为职业。

1922年他来到美国,打算找一个教哲学或是社会学的职业,可是没有结果。

后来,他替人家推销煤,失败了。

最后,他替人家推销咖啡,也一无所成。

那时候,他从未想过去教人玩桥牌游戏。他不但是个不精于玩牌的人,而且很固执;玩的时候,他会提出很多疑问,所以谁也不愿意跟他一起玩牌。

后来他遇到一位美丽的桥牌老师迪伦女士,他爱上她,并结婚了。当时,迪伦发现他总是十分用心分析自己手里的牌,于是说他对桥牌有潜能。就是由于这句话的鼓励,使他后来成为职业的玩桥牌专家。

在俄亥俄州的辛辛那提,我的一个学员琼斯,讲了他怎样用这个原理来改变他儿子的事。他说:

> 1970年我儿子戴维15岁时,到辛辛那提与我一起生活。他的童年很不幸,1958年的一次车祸伤到了他的头部,给他的额头上留了一个永久的伤疤。1960年我和他母亲离婚后,他被妈妈带到了德州的达拉斯。15岁前,他在那里上学,由于他头上的伤,校方认为他大脑有问题,他学习有些迟钝,留了两次级,现在才上七年级,还不会背乘法口诀。
>
> 唯一值得庆幸的是他对无线电很着迷,他想成为一个修理技师。我竭力支持他,并鼓励他学好数学。我决定帮他,给他买了四则运算的彩色卡片,和他一起学,让他将正确答案放到空白栏中,如果他错了,我会指出来,继续练习。我费了很大的努力终于帮他放对了。以后,我每天都让他重复一次,并对他说,如果他能8分钟里把所有卡片放到正确的位置,他就不必天天练习了。这对他来说,是非常困难的。第一次他用了52分钟,第二次48分钟,接下来45分钟,40分钟,每次他有一点进步,我都会鼓励。后来,他能在40分钟内完成。到了月底,奇迹出现了,他可以在8分

钟之内做到了。我一直鼓励他,终于,学习对他不再是一件难事了,相反充满了乐趣。

于是,他的数学成绩不断进步。不久,他得到 B 成绩单。在其他方面他也有了很大进步,阅读和绘图能力也提高了。学期末,他参加了一个展览比赛,这需要综合绘画、动手,数学、物理等各方面的知识,结果他取得了第一名。后来又取得了全市第三名。

鼓励让一个一度留级的孩子创造了一个小小的奇迹。上高中时,他被选为全国荣誉协会的成员。

如果想让人有大的进步:

鼓励他,让他觉得你让他做的事并不难解决。

9

学会给他人授权

智慧语录

获得权威,这是人类的一种天性。

若想让他乐意照你的意思行事,你就得向他表明,无论是对你本人,还是对这件事,他都是重要的。这个原则会让你处理好大大小小的事情。

1915年,第一次世界大战期间,欧洲各国彼此残杀,威尔逊很想派遣一位私人和平特使,同欧洲军方进行磋商。

主张和平的国务卿勃拉姆恩很想获得这次机会,他知道这是让他名垂青史的一个好机会。但威尔逊却派了另一个人——他的好友赫斯上校。赫斯备感荣幸,但他还得将这个消息告诉勃拉姆恩并不激怒他。

勃拉姆恩知道这一消息时,显得很失望,他自己想做这件事。

赫斯回答说:"总统认为任何人正式地去做这件事都不合适,而派你去会引起注意,人们会觉得奇怪,你为什么会到那里去……"

赫斯的话无异于暗示勃拉姆恩:"你太重要了,不适合做这一工作。"这样让勃拉姆恩很满意。

威尔逊请麦克阿瑟进入他们内阁时,也用了这个原则。威尔逊用了邀请的方式,让麦克阿瑟受宠若惊。他说:"威尔逊告诉我,如果我愿意担任他新组内阁的财政部长,他将备感荣幸。他这样做,让我觉得,如果我接受了这份职务,等于是帮了他的忙。这让我感觉很好。"

不幸的是,威尔逊总统没有永远运用那一种手腕,如果他运用了的话,历史的进程或许因此而改变。

比如:对于美国加入国际联盟,议院和共和党并不赞同。威尔逊总统拒绝带洛德、休斯或其他著名的共和党人随行参加和平会议,反而带了两个党内并没有名望的人。他冷落了共和党,好像暗示不要他们插手。威尔逊粗率的处置,摧毁了自己的事业,损害了他的健康,甚至是寿命,使美国最终未能加入国际联盟,并且改变了世界以后的历史。

一个著名的出版商,永远遵守这项规则:“让人们乐意去做你所建议的事。”他们一直在履行这个规则。名作家亨利说,那家出版社有时拒绝出版他的某一部书,但做得非常谦和得体,不会让人产生不愉快的感觉。所以即使被拒,也比别家接受出版他的书还要高兴。

我认识一个人,有许多人请他去演说,因此他不得不拒绝很多人。来邀请他的都是他的朋友或是与他交情甚深的人。然而,他婉拒得非常巧妙,对方虽然遭到拒绝,也不会不满意。

他是如何做的?是告诉他的朋友,他太忙抽不出时间?或是其他什么原因。不,不是的。他表示感激对方的邀请,同时感到非常抱歉,接着他建议一位能代替他演说的人。也就是说,他不会使人感到不愉快。

他会作出这样的建议:“你为什么不请我的朋友某某某……替你们演讲?你有没有想到那位伊科克先生,他曾在巴黎住了十五年,他在欧洲做过通讯员,相信会有许多传奇的故事可说。还有那位朗法洛先生,他有很多在印度打猎的影片。”

瓦特是纽约一家印刷公司的经理,他想改变一位技术师的态度和要求,而不引起他的反感。这位技术师负责管理若干台打字机,和其他日夜不停运转的机器。他总是抱怨工作时间太长,工作太多,他需要一个助手。

可是那位瓦特先生,没有缩短他的工作时间,没有替他添任何一个助手,却使这位技师高兴起来。这是什么原因?他想出的主意很简单,他给那位技师一间私人办公室。办公室外面挂上一块牌子,上面写着他的名字和头衔——服务部主任。

这么一来,他不再是任何人可以随便命令使唤的修理匠了。他是一个部门的主任,有了自尊、自重的感觉。这位服务部主任现在很高兴,已不再抱怨了。

当拿破仑创立荣誉队时,共颁发了1500枚十字勋章给他的士兵,提升了18位将军为“法国大将”,称他的部队为“大军”,有人嘲笑他孩子气。

有人批评他给老练的精兵一些“玩物”,拿破仑却说:“人类本来就受着玩物统治。”他就是这样善于给人授衔和权威。

岑德夫人为孩子在她的草地里乱跑,踏坏了青草很烦恼,她曾批评过、利诱过,都没有效果,后来,她想到了一个绝妙的办法,她试着给孩子中最坏的一个人授予了一个头衔,让他获得一种权威,叫他“侦探”,让他来管理草地。结果问题就这样解决了。

获得权威,是人类的天性。

10

制造奇迹的信函

智慧语录

我们每个人都渴望别人欣赏与承认，为了达到这个目的，几乎做什么都行。

我敢和你打赌，当你看到这个题目时，会说："制造奇迹的信函？"不可能吧，又在自吹自擂了。

如果你真那样想，也不奇怪。如果我在15年前看到这本书，我可能也会这样想。你是怀疑论者吗？我喜欢这样的人。20岁前，我一直住在密苏里州，那里的人凡事都想探寻究竟。也正是那些喜欢怀疑、发问、勇于挑战、喜欢探索的人才推动了人类社会的前进。

我们需要诚实。"制造奇迹的信函"这个说法正确吗？

坦率地讲，这个题目并不正确，因为在这一章所转载的一些信件，它们所产生的效果比奇迹更让人惊讶。

我们来看看创造这种奇迹的人戴克，他是美国最著名的一位推销员，目前任全美广告联合会主席。他说，以前他寄给经销商的市场调查表通常只能回收5%~8%，如果能达到15%，就很不错了，达到了20%，简直就是奇迹。但这一次，他得到了42.5%的回信。原因就在于他所寄出的信，后面将会提到。并且他这封信的成功不只是偶然或侥幸，他还有十几封信也取得了相同的效果。

他是怎么做的呢？他自己是这样解释的：

我参加了卡耐基先生的"怎样提高演讲技巧和人际关系"的课程后，我的信件效力也倍增。我意识到以前的写信方式是不对的，我开始采用我学到的新原则，结果我的信件调查回收率提高了5到8倍。

下面就是他写的信，括号内是我自己对信的注释。

亲爱的先生：

我现在遇到了一个难题，请求您能给予帮助。

（我们可以从整体上考虑一下，如果是亚利桑那州的一个木材商收到一封来自梅尔维公司一位高级职员的信，并且信的第一句，这位高级职员在请求他们帮助，可以想像，那位木材商看后会有怎样的反应。他也许会说："好的，如果这个纽约人真的遇到什么困难，他就找对人了。我就是一个乐于助人的人，让我看看他有什么困难。"）

去年，我建议为了提高本公司经销商的装修材料销售业绩，我们在年底最好直接进行信函调查，调查费用由本公司负责。公司采纳了我的建议。

（这位亚利桑纳的经销商可能会说："他们当然应该承担这笔费用。其实他们赚了大头，有好几百万，而我只得到了一点零头，连付房租都不够……让我看看这位朋友的困难吧。"）

最近，我向1600位经销商寄出了这种调查信函，得到了好几百份回复，这表明他们接受这种合作方式，这对他们是有利的。

由此，我提了我刚才提到的直接函寄新计划，我想您一定会喜欢的。然而今天早上我们经理和我讨论我去年这个计划实施的情况，他问我有多少营业额值得让这个计划推行。因此，我必须向你求助，以便回复我们的经理。

（这句话说得很妙："我必须向你求助，以便回复我们的经理。"他说的倒是实话，他向经销商坦承了自己的困难。注意，他没有浪费时间吹嘘自己的公司是如何重要，反而直接向对方示弱。戴克承认，如果没有经销商的帮忙，他无法向公司经理汇报工作。当然，出于人类的天性，那位经销商喜欢这种讲话方式。）

我期望你能帮我做的是：

1.请在附上的明信片中告诉我，去年的直接函寄计划帮您获得了多少房屋装修生意。

2.请给我这些业务销售总额，越确切越好。

如果您能帮我，给我回寄这两份资料，我不胜感激。

推销经理　戴克谨上

（注意，他最后一段非常谦虚地称我，却强调了您，还有他的称赞是多么真诚宽厚！）

这封信很简单吧？它不过是请对方帮一个小忙，但产生了神奇的效果。因为让对方给予帮助，会让对方觉得自己是一个重要人物。

不论你是出售装修材料，还是去欧洲旅行，如果运用这种心理，一定会有效的。

有一次，我和克利欧乘汽车在法国境内旅行时迷失了方向。我们停下那辆老式福特车向一群农民问路。没料到，我们的这一问产生了神奇的效力。这些全都穿着木鞋的乡下人以为美国人都很有钱，汽车那时在当地也是稀有之物。而美国人竟然乘汽车在法国旅行！于是他们认定我们百万富翁，或至少是“汽车大王”福特的兄弟。尽管这样，可我们仍然有求于他们，我们摘下帽子毕恭毕敬地向他们问路。这给了他们一种自重感，所有的人都抢着回答。其中一个人怕别人抢了他的机会，总是不让别人有机会说话，似乎要独享这种指路的快感。

下次，你也可以试试。当你到一个陌生地方时，走到一个经济和社会地位都低于你的人面前，对他说：“你愿意帮我一个忙吗？请问到某个地方怎么走？”

富兰克林曾用这个方法，将一个仇人变成了他的终生朋友。青年时期，他将自己所有的积蓄投到一个小印刷厂，又设法做了费城议会秘书，因为这样可以帮他接到更多印刷业务。他很看重这个职位，它可以帮他获利，不久他们前途出现了危机——议会中最有权有钱的一个人很不喜欢他，而且还在各种公开场合诋毁他。这对富兰克林来说，太不利了，所以决定改变这个人对他的看法。

他怎么做的呢？难道去乞求？不，那样会遭到对方的怀疑或轻视。富兰克林很聪明，也不惧困难，他采取了与常道相以的方式，他请仇人帮他一个忙。

他没有让对方借钱给他。绝没有！他只是请对方做了一件他自己喜欢的事，这个请求满足了他的虚荣心，让对方受到尊重，而且又巧妙地表明了富兰克林对他的钦佩。

事情是这样的：

听说他的书房里有一本珍稀而独特的书。于是我给他写了一封信，表达了我想借书的愿望，并请求他帮忙能借给我几天。

他很快叫人把书送来了。大约过了一周，我把那本书还给了他，并写了一封短信，表达了我真诚热烈的谢意。

下一次当我们见面时，他居然主动同我打招呼，与我交谈，且很客气。

自此之后,他表示随时愿意帮我的忙。最后,我们成了终生的好朋友。

现在,富兰克林去世已有150年了,但他所掌握的心理学知识对我们一直都有借鉴意义。

我有一个学生爱莫森就运用这种心理获得了成功。

爱莫森在一家材料公司做推销员,他一直想把布鲁克林的一位客户的生意做下来,因为这个人业务很多,而且信用奇好。

刚开始爱莫森遇到障碍。这位商人是一个没什么文化的人,他总是置别人于尴尬的境地当中。当时他坐在办公桌后面,嘴里含着一根粗大的雪茄,当爱莫森推门而入时,他立刻大声吼道:“今天我什么也不想要!别耽误我的时间了,走开!”

后来,爱莫森用了一新方法,让他既做成了生意,又交了一个长期的合作伙伴。当时,他们公司正准备在长岛的一个地方开设分店,而那位商人对这一带情况很了解。所以当爱莫森再次拜访他时,他说:“先生,今天我不是来推销的。我只是想请您帮个忙,若您愿意,能抽出一点时间吗?”

“嗯,好吧。”那个商人摆弄着他手里的雪茄,说“有什么话,就快说吧。”

“我们公司在一个新地方开一家分店,你对那地方很了解,因此我特地就此向您请救,不知您能否赐教?”

情况马上出现了转机。多年来,这位商人总是以怒吼的方式对待推销员以显示他的权威。现在,竟然有一个推销员来向他求教,是的,一个大公司的员工来向他请教。

“坐下吧。”说着,他拉过一张椅子。接下来一个多小时里,他热情地向爱莫森介绍了当地的一些情况。他不但赞成公司地点的选择,还帮爱莫森就房屋购买、货物存储、业务开展等问题作了一个计划,由此他获得了一种重要感。接着他们把话题转到了个人问题,他变得和善起来,并把自家的一些困难和纠纷告诉了爱莫森。

爱莫森说:“那天晚上离开时,我不但得到一大笔订单,还建立了一个牢固的友谊基础。现在,我经常和他一起打高尔夫。他的态度转变是从我给他一种重要感开始的。”

要记住,我们每个人都渴望别人欣赏与承认,为了达到这个目的,几乎做什么都行。但是,这种赞美一定要出于真诚。

让我再重复一次,这书里提到的各种原则,要想收到实效,都要发自内心。我并不是在教你骗人伎俩,只是在讲一种处事方式。

五　营造幸福快乐的家庭

家庭幸福 ‹‹‹

成功的婚姻不仅仅是找到一个合适自己的对象，而且是让自己成为一个适合的对象。

1

切勿喋喋不休

智慧语录

在所有一切烈火中,地狱魔鬼发明的最能毁灭爱情的计划是喋喋不休。它像毒蛇的汁一样,永远侵蚀着人的生命。

拿破仑·彭纳德是拿破仑三世的侄子,他与世界美女郁金妮·德帕相爱成婚。他的顾问们认为,她只是一个不重要的西班牙伯爵的女儿。但拿破仑回答说:“那又如何?”她的优雅,她的青春,她的诱惑,她的美貌,使他像神仙一样幸福。“我喜欢的是一位我所敬爱的女人,她是我了解的女人。”

拿破仑和他的新婚妻子拥有健康、财富、权势和信仰——一切幸福所具备的条件。但是,他们的婚姻从未发出过光亮的炽热。拿破仑可以让郁金妮成为皇后,他可以倾尽美丽的法国的所有,或献出他爱情的全部力量,甚至他皇位的势力,但他无法做到一点:无法让她停止喋喋不休。

出于嫉妒和多疑,郁金妮轻视他的命令,甚至不让他有秘密的表示。正当他从事国政的时候,她闯入他的办公室,阻挠他最重要的讨论。她拒绝让他独处,永远怕他与别的女人交往。她常到她姐姐家抱怨她的丈夫。抱怨、哭泣、喋喋不休,甚至威吓,并强行进入他的书房,向他发作、谩骂。

郁金妮如此做法造成的后果是什么?“以后拿破仑常在夜里,从一侧门偷偷出去,戴一顶软帽,将眼睛遮起来,由一亲信跟从,真的前往等待他的情人那里去,或像古人一样游在这个大城中,观赏城市的夜景,呼吸些自由的空气。”

这一切都是喋喋不休的郁金妮造成的。她坐在皇后的位子上又是世界上最美丽的妇人,但在喋喋不休的气氛中,皇位与美貌都不能留住爱情。这是她自找的,可怜的人。

在所有一切烈火中,地狱魔鬼发明的最能毁灭爱情的计划是喋喋不休。它像毒蛇的汁一样,永远侵蚀着人的生命。

托尔斯泰伯爵夫人也知道了这一点,但是她知道得太迟了。在她去世以前,她对她的女儿们说:“你们父亲的死,是因为我的原因。”她的女儿们痛哭了。她们知道母亲说的是实话,知道她用不停的抱怨、永久的批评、不休的唠叨将父亲折磨死了。

他的人生是一个悲剧,原因就是他的婚姻。他的妻子喜欢奢侈,但他追求简朴;她渴求名誉与社会称赞,他却觉得没有意义;她追求金钱财产,他却视它们是一种罪恶。多年以来,她常常辱骂他,因为托尔斯泰放弃他的版税,而她要那些书能产生钱。当他反对,她就发狂地躺在地上,并以自杀相威胁。

在他们的人生中,有一件事是历史上最悲惨的一幕。在他们最初结婚的日子里,他们非常快乐,但 48 年以后,他无法忍受与她见面,有天晚上这位年老伤心的妻子,出于求情,跪在他面前,求他读他几十年前在日记中所写的关于她的爱情之句。当读到那些他们已永远失去的快乐时光时,他们都泣不成声。生活的现实与他们好久以前所做的爱情之梦相差是何等悬殊。只是,一切都无法重来了。

最后,1910 年 10 月,82 岁的他再不能经受家庭不幸,在一个雪夜中,他从妻子那里逃了出去,在寒夜里漫无目的地走着,11 天后,他病死在一个车站上,临死前他请求不要让她来见他。

林肯一生最大的悲剧也是他的婚姻。不是被刺,而是他的婚姻。

她永远抱怨,永远批评她的丈夫,她对林肯的一切都看不惯。抱怨他步伐没有活力,动作一点也不斯文,甚至做出那副模样来嘲笑他,让他改变走路的样子。

他们在各方面比如教养、环境、性情、志趣都是相反的,他们时常彼此激怒、敌视。

林肯传记专家写道:“林肯夫人那尖锐刺耳的声音,左邻右舍隔着一条街都可以听到。她的暴戾真的很难用言语来形容。”

林肯夫妇结婚后不久,租住欧莉夫人的房子。她是春田镇上一个医生的寡妇,或许为了贴补家里一份收入,不得不将房屋出租。

一天早晨,他们两人正在吃早餐时,不知为了什么,林肯激起他妻子的暴怒,她盛怒下,端起一杯热咖啡泼在林肯的脸上。林肯一言不发,忍着气坐在那里。这时欧莉夫人进来,将他脸上和衣衫上的咖啡拭去。

这种吵闹、责骂、喋喋不休,改变了林肯吗?是的,那确实改变了林肯对她的态度，让他十分后悔这桩失败的婚姻。

春田镇的其他律师们，都希望周末回家和家人欢聚。可是林肯不愿意回，他就怕回家，春季三个月，秋季三个月，他宁愿留在外地，也不愿意走近春田。他宁愿单独住在小旅馆里，而不想回家去听他太太的喋喋不休。

贝丝在家事法庭任职了 11 年，经手了很多男人抛弃妻子的案件，她说男人离家的一个主要原因就是因为他们的妻子喋喋不休，她说："许多做妻子的，正在用她们的唠叨一点一点地挖掘她们自己婚姻的坟墓。"

不要喋喋不休。

2

不要试图改造对方

智慧语录

与人交往,第一件应学的事情就是不要干涉他们自己快乐的特殊方式,如果那些方式不会严重影响我们的话。

英国政治家狄斯累利说:“我一生或许会犯许多错误,但我永远打算为爱情而结婚。”

他在35岁以前真的没结婚。后来,他向一个有钱的、头发花白且比他大15岁的寡妇求婚。也许我们会问,他们之间存在爱情吗?她想知道他是否为金钱而娶她。所以她请他等一年,给她一个机会研究他的品格。一年快到了,她与他结了婚。

这故事听来有些好笑,但狄斯累利的婚姻,是在所有的婚姻史中最充满生气的一个。他所选择的有钱寡妇既不年轻,也不美丽,更不聪明。她说话时常有文字或历史错误,让人发笑,例如,她永远不知道希腊人和罗马人哪个在先。她对服装的兴趣怪异,她对房子装饰的品位也很奇异,但她是一个天才,一个确实的天才——在婚姻中最重要的事情——处置男人的艺术上。

她没有用她的智力与狄斯累利对抗。当他一整天与机智的公爵夫人们谈得筋疲力尽回家后,恩玛利的轻松闲谈让他快乐,成为他获得心神安宁,并沐浴温存的地方。这些与他的年长夫人在家中度过的时间,是他一生最快乐的时间。

30年来,恩玛利为他而生活,她尊重自己的财产,因为那能让他的生活更加安逸。反过来说她是他的女英雄,在她死后他才成为伯爵;但在他还是一个平民时,他就让维多利亚女王使恩玛利成为贵族,在1868年,她被封为女爵。

无论她在公众场所显得如何没有思想,他永不批评她,他从不说出一句责备的话;而且,如果有人嘲笑她,他立即忠诚地护卫她。她不是完美的,但30年来,她从不厌倦谈论她的丈夫,称赞他。

"谢谢他的爱,"恩玛利总是这样告诉他与她的朋友们,"我的一生简直是一幕很长的快乐。"在他俩之间有一句笑话:"你知道的,无论如何,我只是为了你的钱才同你结婚。"她笑着回答:"但如果你再选择一次,你就要为爱情而与我结婚了,是不是?"他承认她是对的。

正如詹姆斯说:"与人交往,第一件事就是不要干涉他们自己的快乐的特殊方式,如果那些方式不会严重影响我们的话。"

伍特在《在家庭中一起成长》中说:"成功的婚姻不仅仅是找到一个适合自己的对象,而且是让自己成为一个适合的对象。"

给对方自由。

3

不要过分指责对方

智慧语录

使许多浪漫的梦撞击离婚礁石的一个原因，就是因为批评——无用的、令人心碎的批评。

狄斯累利在公众生活中最激烈的对手是格莱斯通，但有一点他们是相同的，即他们的私人生活都无比快乐。

格莱斯通夫妇共同生活了59年。这位英国最尊贵的首相喜欢握着他妻子的手，围着炉壁前的地毯跳舞，唱着他们心中的歌。格莱斯通在公众面前是一个令人敬畏的形象，而在家中从不批评任何人。当他早上下楼时，看见家人还在睡觉，他就用一种温柔的方式表示责备。他提高嗓门让屋里充满了神秘的声音，提醒别人，英国最忙的人独自在楼下等候他一个早上。他既体贴人，又有外交手段，尽力避免家中的批评。

凯瑟琳也这样做，她曾统治世界上最大的帝国，她对数百万人的国家有生杀之权。在政治上，她是一个暴君，发动非正义战争，将她的数十个仇人判了死刑，并用射击队杀戮。但如果厨子将肉烤焦，她什么也不说，而是微笑着吃下去。

有研究婚姻的专家认为，在所有婚姻中，有一半以上是失败的；使许多浪漫的梦撞击离婚礁石的一个原因，就是因为批评，无用的、令人心碎的批评。

如果你要批评你的孩子，你以为我会劝阻你？不，不是那回事。我只是想告诉你，在你批评他们之前，不妨先把那篇《一位父亲的告白》看一下。这篇文章是在一本家庭杂志评论栏上刊登出来的。我们获得原著者的同意，特地转载在这里。

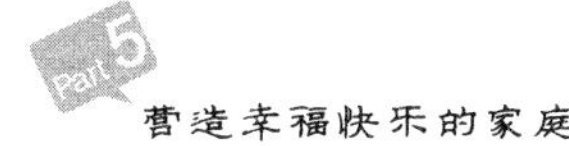

《一位父亲的告白》是一篇短篇文章，却引起无数读者的共鸣，也成了谁都可以翻印的读物。前些年，那篇文章第一次刊登出来后，就像本文作者劳莱德所说的：

“它被全国数百种杂志报刊转载，同时也译成了很多种外国文字。我曾答应很多人在学校、教会、讲台及不计其数的广播中读它。”

让人吃惊的是，这篇文章无论什么样的杂志都刊用。有时一篇短文，会产生奇异的效果，它就是这样的。

一位父亲的告白

劳莱德

听着，孩子，我有一些话想要对你说。此时你睡得正熟，一只小手压在脸下，你的额头微湿，卷曲的金发贴在上面。我偷偷溜进你的房间，带着愧疚的心情。

我想了很多，孩子。我常常对你乱发脾气：早上你穿好衣服准备上学，胡乱地用毛巾抹脸，我责怪你；你没将鞋子擦干净，我责怪你；你乱扔东西，我更是生气怒吼。

早餐时也一样，你打翻东西，狼吞虎咽，两肘撑在桌上，奶油涂得太多，我骂你；你离开餐桌，我准备出门，你转身挥着小手叫：“再见，爸爸！”我还皱着眉说：“身体站正！”

晚上，情况还是一样。我走在路上，偷偷地观察你，见你跪在地上玩玻璃球，长袜都磨破了，我吼着你说，长袜很贵，你要爱惜一些！我不顾你的面子，叫你回去！想想，孩子，这些居然出自父亲的口。

你还记得吧，刚才，我在书房里看报，你站在门口，怯怯地，满脸惶恐。我从报纸上方望过去，不耐烦地叫道：“你要干什么？”

你一言不发，很快地跑过来，抱住我的脖子亲吻，吻过就走了，欢快地跑上楼。你搂着我的手显示出的那份情爱，任何淡漠都无法让它凋谢！那是上帝种在你的心灵里的。

宝贝，就是那时，报纸从我手中滑落，我突然感觉恐惧。我怎么有这样的一个坏习惯啊——挑剔、指责的习惯，这就是我对一个小男孩的方法吗？宝贝，不是我不爱你，只是我对你怀着过高的期望，无意中用自己的标准去衡量你了。

其实，你的本性是多么纯美。你小小的心灵像刚刚升起的太阳，耀眼明亮！这就是你那天真自然、不计一切过来吻我的动作显示出来的。宝贝，今晚，其他的都不重要，我在暗夜里跪在你身边，深深自责。

这是一种苍白的告白。我知道你不一定会懂我说的一切。可是，就是从明天起，我要认真地做一个父亲，成为你的好朋友，痛苦着你的痛苦，欢乐着你的欢乐。我每天都会提醒自己："他只不过是个男孩，一个小男孩！"

我真的不应把你看成大人，宝贝，就像现在的你，困倦地躺在床上，还是一副婴儿的样子。昨天你还依偎在妈妈怀里，靠在妈妈肩上。我要求于你的，实在太多了。

不要苛求对方。

4

真诚地欣赏对方

智慧语录

男性对于女性追求美观及着装的努力应表示欣赏。所有的男人都忘了,如果他们曾有过察觉的话,将知道女性是如何注重自己的衣着。

多数男子寻求自己的伴侣时,他们不是在寻找一个有经验、有才干的人,而是寻求一个对自己具有诱惑力,并情愿奉承他们的虚荣心,使他们感到优越的人。如果一位女办公室主任应邀吃一次中餐,她总是将大学时代的那些哲学思想作为谈话的内容,甚至坚持自己埋单,那最后的结果只能是,自此以后她得独自进餐了。

反之,即使一个打字员,没进过大学,应邀吃中餐时,她能温情地注视着她的男同事,并说再给我讲些有关你的事。最后的结果可能是,他会对别人说:“她不是十分美丽,但我从没遇见过比她更会说话的人。”

男性对于女性追求美观及着装的努力应表示欣赏。所有的男人都忘了,如果他们曾有过察觉的话,将知道女性是如何注重自己的衣着。比如,如果有一个男人同一个女子在街上遇见另一个男人同一个女子时,这女子很少看那男人,她会不时地留意着另一个女子穿的衣服如何。

我的祖母活到98岁,她去世前不久,我们给她看一张她自己在30多年前所拍的相片。她的老花眼已看不清相片,但她问的惟一问题是:“那时我穿的什么衣服?”试想想,一位在生命最后12个月的老太太,虽然年事已高,卧床不起,记忆力衰退得几乎无法辨认自己的女儿了,还注意自己30多年前穿的什么衣服!她问这问题时,我在她床边,这事在我心中有着难以磨灭的印象。

对很多男人来讲，他们自己也许想不起自己5年前穿的什么衣服，什么衬衫，他们也丝毫没有心思去记住它们，但女人们不同。法国上等社会的男子都要接受训练，对女人的衣帽表示赞赏，而且一晚不止一次。5000万法国人不会都错的。

在我的剪报中有一段故事，我知道不是真的，但它证明了一种真理，所以我要再说一次：

有一位家庭妇女，经过一天的劳作之后，在她的男人面前放了一大堆草，当他愤怒地问她是否发疯了时，她说："我怎么知道你注意了？我已为你们男人做了20年的饭，在那么长的时间里，我从没听见过一句使我知道你们吃的不是草。"

为什么不同样体贴一下你的妻子？下次她做的饭很香，你就告诉她，让她知道你欣赏她的手艺，你不只是在吃草。或像格恩说的："好好地捧捧这位小妇人。"因为她们都喜欢被人赞赏。

当你正要作出这样的表示时，不要怕她知道，她对你的快乐是如此重要。

有一天，我翻看杂志时，看到一份有关好莱坞一位著名电影明星埃迪康特的访问记。从中我们知道了狄斯累利从不羞于让全世界都知道他对"他的小妇人"的感激之情。狄斯累利曾说："我得益于我夫人的多于世上其他任何人。在儿童时期，她是我最好的朋友，她帮助我勇往直前。在我们结婚后，她节省每一镑钱，然后进行再投资，她为我储存了一个家当，我们有五个可爱的孩子。她一直为我建造一个美丽的家庭。如果我有成就应归功于她。"

在好莱坞，婚姻是一件冒险的事。甚至于伦敦的劳兹保险公司，也不愿意打这个赌。在少数几对著名的美满婚姻中，巴克斯特夫妇就是其中的一对。巴克斯特夫人过去的名字叫蓓瑞逊，她放弃了极有前途的舞台事业去结婚。可是她的牺牲，并没有减少他们的快乐。

巴克斯特这样说：

"她虽然失去了舞台上无数的掌声和赞美。可是现在，我随时随地在她的身旁，她随时可以听到我那由衷的赞美。如果一个女人想要从她丈夫那里得到快乐，她必须从他的欣赏和挚爱中寻求。如果，那种欣赏和挚爱是真诚的，那也是他的快乐所在。"

现在你明白了，要保持家庭生活快乐，就要：

欣赏你的伴侣。

5

注重生活中的细节

智慧语录

在很多婚姻破裂的事件中,并非所有的家庭都是因为一些重大的事件而过不去,相反,大多数人往往是由于一些小事。

自古以来,鲜花被认为是爱情的语言,它们不费你许多钱,特别是在盛开的季节。但仔细想,丈夫带一束水仙花回家的很少。你或许认为它们都是贵如兰花,或盛开在阿尔卑斯山云端之上,为什么等到你夫人进了医院才送她几朵花?为什么不明晚就给她带回几朵玫瑰花?

百老汇的忙人高恩习惯给他母亲每天打两次电话,直到她去世。你以为他每次都有一些新闻讲给她听吗?不,其实没有。这种小小的关注只是传递了一种信息:你想念她,你要让她高兴;她的快乐及幸福,对你而言是极宝贵密切的。

女人对生日及纪念日很重视,究竟为什么?这永远是一种女性的神秘。很多男人可以糊涂一生,不记得许多日期,但有几个日期不可不记:妻子的生日,结婚的年份及日子。如果记不住,切不可忘掉最后一个!其实,在很多婚姻破裂的事件中,并非所有的家庭都是因为一些重大的事件而过不去,相反,大多数人往往是由于一些小事。芝加哥一个法官调解过 2000 对夫妇,他说:"细琐的事情是多数婚姻不幸的根源。一件简单的事,如妻子在丈夫早上去工作时向丈夫招手说再会,就能避免许多离婚。"

勃朗宁与夫人的生活是记载中可歌的一页。他从未忙得忘记了对夫人用小小的恭维及注意来保持爱情的活力。他对生病的妻子极体贴,她有一次写信给她的妹妹说:"现在我自然而然地开始奇怪,到底我是否可以成为一个现实生活中的天使了。"

太多男人轻视这些细小的应该每天注意的小事的价值。如麦道克斯在一篇文章中说:"美国的家庭真要些新的习惯,例如,在床上吃早点是一种温和放荡的行为,许多女人想在床上吃早点,正像私人俱乐部对男人的诱惑一样。"

婚姻就是一串琐事,忽视这一事实将造成家庭生活的灾难。在伦诺,法庭每星期有六天要审理离婚案件,几乎每10分钟一宗。你以为那些婚姻有多少是在真正悲剧的礁石上撞破的?极少。如果你能终日坐在那里听那些不快乐的夫妻们的陈述,就知道爱情是"毁于小小的事"。

婚姻本身就是由一系列的小事和细节构成的。忽视细节,婚姻就会出现问题。文森特有一首诗是这样写的:

爱情消失了,
从一个个小小的细节中慢慢消失了

现在,用你的剪子将下面这段话剪下,贴在镜子上,以使你每天早上修面时能看见:

我从这里只经过一次,所以,我所能做的任何好事,我能对任何人表示的任何仁慈,让我现在就做吧。让我不要拖延,不要忽略,因为我将不会再从这里经过了。

所以让你家庭幸福的原则是:

不要忽略了生活中的细节。

6

家庭内部也应有礼

智慧语录

惟一真实地对我们说出刻薄、侮辱、伤感情的话的人，都是我们自家的人。

山姆与勃勒的女儿结婚了，勃勒是美国的一位有名的演说家，曾一度成为总统候选人。多年前，他们在苏格兰卡耐基的家里认识了，他们夫妇就一直过着令人羡慕的快乐生活。那么他们幸福的秘诀是什么？

“除了慎重选择自己的伴侣外，我以为结婚后的礼貌是重要的。年轻的妻子们对她们的丈夫应该像对刚见面的人一样有礼！否则无论是哪一个男人都要逃避一个泼妇的。”

无礼，这是侵蚀爱情的祸水。也许我们每个人都知道这一点，而且我们又都会感觉到这一点。我们对陌生人比自家人或亲属要更加客气有礼。我们绝不会想到要阻止陌生人说：“哎呀，你又要讲那旧故事了吗？”我们不会未经许可而拆朋友的信，或窥探他们的私人秘密。而只有家中的人，我们最亲近的人，我们才敢因为他们的小错而侮辱他们。

让我们看看狄克斯说的一句话：“那是一件惊人的事，但惟一真实地对我们说出刻薄、侮辱、伤感情的话的人，都是我们自家的人。”

克雷也说过礼貌对于婚姻和家庭的重要性，他认为“礼貌是婚姻的润滑剂”。

哈姆斯在《早饭独裁者》一书中，描写了可能存在于每个家庭中的一些情景。事实上，他自己的家庭并不是这样，他处处为家里人着想，从不让家里人看他的脸色，即使他很难受，他也尽量一个人承受。而一般人总是把工作中遇到的麻烦带回家里,对家人发火。

荷兰人有个习惯,进屋前先在外面脱鞋。这一点值得我们学习,因为它表示:不能把工作中的烦恼带回家里。

詹姆士有一次曾写过一篇文章说:"本文所要讨论的人类的盲目,是我们人人都患有的关于我们与不同的动物及人的感情的盲目。"

"人人都患有盲目性。"许多男性绝对不会对顾客、对他们工作中的伙伴说出尖刻难听的话,却会不假思索地对他们的妻子吼叫。而从他们的个人快乐角度来看,婚姻比他们的工作更加重要,关系更加密切。

婚姻幸福的普通人,比独居的天才快乐得多。俄国著名作家屠格涅夫说:"如果什么地方有个女人关心我回家吃饭,我情愿放弃我所有的天才及我所有的书籍。"

婚姻幸福的机会究竟如何?我们说过,狄克斯相信一半以上的婚姻是失败的,但鲍勃博士却不同意,他说:

一个男人在婚姻上成功的机会,比在其他任何事业上都多。所有进入杂货业的男人,70%的会失败。进入婚姻的男女,70%的成功。

与婚姻相比,出生不过是一生的一个片断,死亡不过是一件小小的意外,女人永远不明白,男人为什么不将同样的努力,用在他们的家庭上,如同经营他的职业一样……虽然对男人而言,一位满意的妻子和一个幸福的家庭比挣100万更重要,可99%的男人都不会慎重地、真诚地对待。他们把主要的精力都给了事业,就像赌博一样,奔波劳碌,挣钱赔钱。为什么他们不抽出一点精力来爱护他们的妻子呢?这让做妻子的弄不明白。

大凡男人都知道,他可以让妻子快乐然后让她做任何事,并且不要任何报酬。他知道如果他给她几句好的恭维,她就会节省每一分钱了。每个男人都知道,如果他告诉他的妻子,她穿去年的衣服是如何美丽,她就不会再买新的进口货了。每个男人都知道,他可将妻子的眼睛吻得闭起来,直到她盲如蝙蝠,他只在她唇上热烈一吻,就可让她哑如牡蛎。

而且每个妻子都知道,她的丈夫都知道自己需要什么,因为她已经完全对他表白过。她又永远不知道,是要对他发怒,还是讨厌他,因为他情愿与她争吵,情愿浪费他的钱为她买新衣、汽车、珠宝,而不愿为一点小事而去讨好她,按她所迫切要求的那样来待她。这让她很难明白,他是不是真的爱她。

家庭内部也应讲礼。

7

与女性相处的艺术

智慧语录

婚姻是否美满，要看双方的心理是否成熟。也就是说，他们是否了解自己，了解自己与对方的关系，并且愿意彼此分担责任，以增进对方的快乐与幸福。

培根曾写道："妻子和儿女是随时可以丧失的财富。"培根认为结婚很蠢，为了一个家庭，他们不惜伸出自己的脖子，让财富把自己的头砍掉。但至少他也认为，这些结婚的人们十分勇敢。在一般人看来，单身汉似乎都是横冲直撞、无所顾忌的典型；而结了婚的男子则十分谨慎、庸俗。这些观念似乎要加以修正了。

其实许多单身汉比结了婚的男子要更严肃、认真。在金钱上斤斤计较，也更懂得为自己打算。他们不会冒险去结婚登记。许多未婚的女子们认为，他们十分小心、狡猾，难以捉摸。他们宁可在安全的海滩上游玩，也不愿一头栽进婚姻的大海。他们偶尔会把脚伸进水里戏耍，但只要一见到大浪涌来，便会立刻跑回安全的地方。

结了婚的男子至少应具有杰西·詹姆士的勇气和赌徒样的豪情。他把自己的生命、未来及所有财富作为赌注，以博得一名女子的欢心，并愿意让她幸福。

因此，我们要向做丈夫的欢呼，并希望每个家庭都能拥有他。我们不能对一家之主的男人过于苛求，既然他已有结婚的勇气，相信也一定会愿意接受某些建议，以巩固自己幸福的婚姻。

康奈尔大学的校长克里尔曾提到有关美满婚姻的蓝图。他说："今日的婚姻是否美满，要看双方的心理是否成熟。也就是说，他们是否了解自己，了解自己与对方的关系，并且愿意彼此分担责任，以增进对方的快乐与幸福。”克里尔又进一步提到了家庭关系的维持，是“凭借内在价值的满足，如感情、友谊、价值观等，不能用强求的方式取得”。

以下七点建议，是如何在结婚后与妻子相处的技巧，我们不妨称之为“妻子的真相”。

1.感谢她，称赞她。

假如你有时要节衣缩食，千万别短了太太的配粮。为此，她会心甘情愿为你卖命。在你失去工作时，她会很乐意与你同甘共苦，甚至于不会怨天尤人地天天穿着那件仅有的旧外衣，只要你不忘记时时称赞她，感谢她。有很多聪明的男人就是不明白这点对女人的重要性，真是让人不解。他们总以为，只是娶她为妻这个理由，就足以证明自己是如何爱她，足够让她受用一辈子。但是，太太们却偏不如此，她们喜欢有人不时肯定她们的行为。通常，男士们比较容易知道自己的位置，假如他们工作表现不好，上司就会很快提醒他，假如他们做成了一大笔生意，很快就会提升、加薪或受到同事的表扬。

但女人们就不同了，她们在自己的家里，不知道自己的成绩，除非她生命中的另一半告诉她，肯定她。因此，他的感谢和赞美是她惟一的奖励。要想赢得女人的心，并让她愿意永远不辞辛苦地取悦自己，最好、最有用的方法，是时时全心全意地感谢她，赞美她。

2.要慷慨，关心。

有很多男士认为，所谓慷慨，就是大方地付清所有账单，毫无牢骚，或是给她额外的钱等等。许多女人需要的慷慨，其实是不花一文的。比如，你可以说“好啊，你可以请妈妈过来住一阵子，我们一定好好招待”这一类体贴的话。假如你能在别人面前特别注意她的需要，时时表示你对她的关心，这才是真正受到感谢的慷慨。

记得有一次我参加一个招待会，男主人是个相当有名的人，对每个人都极周到有礼，惟独对自己的太太例外。无论是他的眼神或举止，似乎都没有显示他重视太太的存在。他的太太在陌生人群中显得很不自在，而她的丈夫则如鱼得水，在人群当中显得容光焕发，十分得意。其实，在这种公共场所当中，分一点关注给自己的太太并不会影响他的公众关系。后来，听说他们的婚姻果然濒于离婚边缘。

3.不要不修边幅。

一般人认为注重打扮或保持吸引力是女人的事。因此，许多女人费尽心机要保持年轻苗条，我想主要原因是害怕一旦失却青春，便也会同时失去丈夫。

但是,男士们又如何呢?他们每天早上 8 点出门,直到晚上才回家吃饭,也许,他们上班时是西装革履,但在家里却像未整理过的床铺一样,目不忍睹。周末是难得的放松时刻,他们常常跷着二郎腿,目中无人地只顾看报,或是穿着破拖鞋,走来走去,不洗脸,不刮胡子,还自我陶醉地认为自己是多潇洒。

这个男人大概没想到,太太们也希望自己的另一半清洁干净。一名真正的男子当然不是靠外貌,但外表却是他人见到你时对你的印象。

4.了解她的工作。

现在,很多妇女都有自力更生的观念,因此,许多人在婚前或婚后,都有工作的经验,也多少了解什么是工作要求和环境压力。

但也有很多女人在婚后,因种种缘故要留在家里,这时,男士们就应该要了解另一半的工作环境。她的工作分量和忙碌情形,绝不亚于在外工作的丈夫。而她惟一的代价和酬劳,就是家人的肯定和感谢。

5.要做她的后盾。

有个朋友告诉我,她最近遇到了一件危机。她有个极好的姑妈第一次前去她家拜访,刚到不久,她的孩子忽然得了气管炎,让她所有的计划都落空了。她实在不知道如何是好,幸好她的丈夫替她安排好了一切。他要她在家里照顾小孩,然后由他负责招待姑妈。他每隔一天都会带她的姑妈外出,让她玩得很高兴,到了周末,又带她到处观光,使姑妈非常尽兴,也解除了她心理上的负担。

当麻烦事来临时,丈夫应该让太太知道,他这个人是坚强的后盾,不是碰到大事才偶尔为之,就是日常生活中的小事也这样。

教育孩子时也这样。她要知道他永远站在她一边,不论是遇到小的危险还是大变故。

6.分享她的嗜好。

美满的婚姻生活,主要由双方所具有的分享和合作的能力而定。在处理任何家庭事件时,你和我的心态必须改成我们。如我们在哪里度假?我们的客厅要不要买新的椅子垫?等等,如果夫妻能彼此了解对方在生活中所扮演的角色,那么,在决定这些事项时,态度便能更加合理,更加友善。

有些男性可能认为对女人家的事务表示关心,会损及大男人的尊严,如穿着、烹饪、料理家务等。但是,假如他想让整个家庭充满情爱和欢愉的气氛,最好能在研究股市行情之外,另外分出一些时间来与家人同处。想想看,当你告诉太太一些公司的趣事时,她的神情是多么高兴。因此,为什么不在太太告诉你一些家务事时,也表现一点兴趣呢?

7.爱你的妻子。

“被爱的女性,永远不会失败。被爱是女性成功的重要因素。因此,丈夫在此所扮演的角色十分重要。结婚,并不只是把一枚戒指戴在她的手上,而是在以后的每一个日子里都让她明白,你是多么高兴与她生活在一起。”作家鲍姆说。

但是,许多丈夫却对开口说“我爱你”,觉得十分难为情,尤其是过了蜜月后,关于这点,男士们大可放心。你不用像欧式的情人那么会谈情说爱,太太们并不迟钝,她们会从各种无言的暗示中体会出你的心意来。如在人群中与她的眼光相接触,看电影时轻握她的手,出乎意料的拥抱,温柔的体贴等。

有许多太太都有这种感觉:婚前那么热情求取欢心的丈夫,婚后却判若两人,不再有什么情爱的表示。住在加拿大的杜门先生,说他如何用心选择了一个理想中的妻子,聪明美丽,可说是完美女性的化身。但是,结了婚后,杜门先生便开始把精力集中在事业上,而把维持婚姻的责任完全丢给太太。

这自然是行不通的。因此,前五年的婚姻生活过得极不愉快。有一天,他又和太太争吵,之后,才四岁的儿子问他:“爸爸,你不喜欢妈妈吗?我觉得她很好啊!”此时,杜门觉得自己好像是儿子眼中的大坏蛋。他忽然体会到一个“妈妈”的分量,而他一直也是爱她的。

爱上一名女子并不只是感情或情绪的问题,这同时还包含了一个人的所有品质。比如:知性、感性、礼节及对人是否敬重,等等。许多男性把自己在这方面的诸多弱点,归咎于女性。其实,现代女性并不是什么怪物,让人无法理解,在我们当中,还是有许多男性了解女性,也了解他们的妻子。

男性也许会急于解释,他必须担负起大部分的家庭经济负担,因此他们必须把大部分精力用来改进自己的工作能力,而不是如何做丈夫这类问题。但是,婚姻不能只靠面包来维持,经济能力只是男性责任的开始,而不是终结,更不是全部。

家庭并不仅是一个提供吃喝、睡觉或喂养小孩子的地方。除了这些外,家庭还提供许多其他东西,因而使得家庭变得更重要,更有价值。这些东西有:温情,彼此关爱,喜怒哀乐的分享,等等。一个女性很难单独提供所有这些东西,必须由男女双方来共同负责。

“婚姻是我们是否成熟的试金石,你若不想关心别人,最好是自己独处,但你若想与另一个人极亲密地生活在一起,便必须具有关爱别人的能力……这才是成熟的表现。”

做一个殷勤的男人。

8

与男性相处的艺术

智慧语录

男性在寻找另一半时,最注意的是对方是否具有好脾气。男人宁愿在欢愉的气氛中吃罐头,也不愿和一个唠叨、烦躁、牢骚满腹的女性一道吃牛排。

男性最希望女性在他们面前表现出的品质是什么?在这份清单中排名第一的是“舒适”。在男人心目中,“舒适”指的是什么呢?是令你眼睛、耳朵及神经都觉得舒服的人?是惠斯勒的母亲?是玛丽莲·梦露?

以下几个是行之有效的重点:

1.要脾气好,善解人意。

男性在寻找另一半时,最注意的是对方是否具有好脾气。男人宁愿在欢愉的气氛中吃罐头,也不愿和一个唠叨、烦躁、牢骚满腹的女性一道吃牛排。

有一位单身汉曾坦言,假如要他在两种女人之中选择其中一个做太太,一位是活泼、好脾气、明朗却不忠实的女人;一个则是贞洁的悍妇,他会毫不迟疑地选择前者!

好几年前,我用了一个速记员,她的工作能力实在不怎么样,常常拼错字,速度慢,记录不准确。但是,她一直工作到结了婚才停止,因为她有一种欢愉的气质,可以承受各种怒气、抱怨和批评。她像阳光一样照亮整个房间,光是这一点,便值得付给她薪水。

2.当个好伴侣。

美国高尔夫公开赛的冠军得主费协雷克,曾写过一篇文章讲他如何接受两个高尔夫球场的承让权。那时,他要同时照顾这两个球场,又要准备自己的比赛,工作很辛苦。后来,他与琳结婚,情况便好多了,琳让他全心准备球赛,自己则全力担负起照顾球场事业的工作。

3.当名好听众。

许多男性都把女性形容得唠叨不止,认为她们话讲得过多。他们真正的意思是:根本找不到机会可以让自己发表一些长篇大论。许多女性在这方面做得不好,是因为不了解听的艺术。总以为倾听意味着坐着一动不动,必须耐心地保持安静,而让对方尽兴地讲。聆听并不是指保持沉默,你可以从旁加进几句鼓舞的话,这才是善于聆听的人。

要当名好听众,首先要注意听。眼睛不要四处张望,或显得烦躁不安。也不要心里挂着明天的购物单,或想你一直要买的那件衣服。假如你能专心听讲,一定可以从对方的谈话中学到或知道一些新东西,在你听讲时,要心情放松,保持自然的神态,以免让讲话的人觉得好像遇见木偶一样,不敢多说一句。

做一个好听众还要懂得合作。聪明的男性知道什么样的女性真的在听他说,或什么样的女性只是敷衍了事,讨他欢心。如果要赢得男士的心,就要做一名有头脑的听众。在他讲话时,时而插几句,如此可显示你是在倾听,并且希望进一步了解。这样才不会让谈话变成独角戏,而是两人经验交流的直接沟通。

4.要能适应各种状况。

女性很难接受男性偶尔的突发兴致,除非是她们自己想买顶帽子。其实,女性的心灵虽然比较注重秩序,但与其说"好的,但是……"为什么不干脆说:"好啊,让我们……"偶尔为之,又有什么损失呢?

在我年轻时,女孩若是在最后一刻接受男孩的邀请,那是很没面子的事,因为,那等于承认,自己在最后一刻还没有人邀请。但是,为了维持这种体面,女孩往往失去许多乐趣。反过来想,男孩为什么到最后一刻才请你呢?是不是在此之前也请过其他的女孩呢?这正好给你一个机会证明:他的第二个选择才是更好的。这就是适应性。你若能顺应男性的心情,便能赢得他的心。

5.不要过分能干。

一个女学员告诉大家她是如何因为过分能干而失去了一位意中人。这个女孩子白天在一家公司上班,有一份相当经理级的职位,负责整个办公室的计划和运作。她工作很认真,常常因公忘私。多次在约会途中赶回去工作,常指使男朋友做这做那。他也很少有机会对她献殷勤,比如帮她脱外衣之类的,因为她早就养成自己动手的习惯了。由于能干得过了头,使他没有机会,结果失去了他。

一向被娇惯了的男人,他们不但要吃蛋糕,还要讲求营养品质,也就是说,他们不但要女孩具有女孩气质，长得漂亮，而且还要有头脑，最好还要有一份收入！但不要让他觉得和你在一起有压力，把你的能干放在工作上，只让上司知道你勤劳奋发，但下了班后，最好让你的男伴觉得他是与一个女人约会，而不是一个大脑。

6.保持自我的本来面目。

在许多可悲的景象中，有一类打扮过火的妇女，她们拒绝成熟，由于她们相信女性的迷人之处，在于年轻貌美，因此不顾一切想尽办法要每天维持29岁。看见这些女性频送秋波的媚态，真的让你的胃部难受好久。

因为这些都违反了成熟的重要原则：保持自己的本来面目。认为“改变个性”可以抓住男人的心，或是改变装扮，穿件漂亮新衣或是梳个迷人发型，这都是不成熟的想法。男人绝不会因此而被催眠，完全忘记你原来的真面目。

7.要乐于做个女人。

不知是谁发明了“两性战争”这个词，想必一定遇到过极大的麻烦。两性之间为什么一定要战争呢？这个世间还有许多其他的事才真正值得我们去战斗呢！

为了与男性建立起较合理、和谐的关系，女性必须喜欢自己。她要接受先天的赋予，在人类生存中扮演特定的角色，并担负起女性的基本功能。

一个人是否愉快地接受自己的性别，与她的心理态度和情绪状况有关。一个人如果不能接受自己的性别角色，则两性之间的幸福很难达成，反而会把一生当中最重要的时间，用来争斗不已。

做一个令人舒适的女人。

9

别做婚姻的文盲

智慧语录

快乐的婚姻很少是机会的产物，她们如同建筑物一样，必须用理智的心去设计。

戴维斯博士是美国社会卫生机构的秘书长。一次她对1000位已婚女性的比较私密的问题做了一个调查，调查结果令人吃惊：那是一般美国成年人的性生活都不快乐。

根据这个调查，她郑重地发表了她的见解，她认为很多美国人离婚都源于“性”问题。

汉弥尔顿博士的研究结果，也证实了这个事实。他费了4年的时间，调查了100个男人和100个女人。通过对400多个婚姻问题答卷的认真研究，他写了一本书《婚姻问题出在哪里》。

婚姻的症结是什么？汉弥尔顿博士说：

“唯有很多偏见的很不谨慎的精神的治疗家，才能说多数婚姻的冲突，不是由于性生活的不和谐。无论如何，由于别种困难所引起的冲突，如果性的关系本身是满意的，许多时候可以化解。”

鲍比诺博士是洛杉矶家庭关系研究所主任，他曾研究过数千人的婚姻情况，他也是美国一位研究家庭生活的权威。他认为婚姻的失败，通常是由4种原因引起的。这4种情形是：

一、性的不和谐。

二、志趣不投，缺乏共同的爱好和生活方式。

三、经济威胁。

四、身体和心理的反常。

以上四点，是按照其重要性先后列举的，而“性”居第一位，“经济困难”只居第二位。

班德费尔牧师做了18年牧师后，放弃了他的传教事业，去当了家庭辅导。他为青年们举行的婚礼大概比谁都多，他说：

“据我早年做牧师的经验，我发现，虽然有恋爱及善意，许多到结婚台前来的男女都是婚姻的文盲。”

他接着说：“当我们将婚姻调解的困难大部分交给机会时，我们的离婚率只有16%，这是一件惊人的事。而处在这个惊人数目中的夫妇实际上并没有真正的结婚，只不过是没离婚而已：他们几乎过着地狱般的生活。”

快乐的婚姻很少是机会的产物，它们如同建筑物一样，必须用理智的心去设计。性，不过是婚姻生活中的多种满意中的一种，但除非这种关系适当，否则没有别的事会适当的。

多年以来，为了让当事人知道这一点，布特菲在主持每一个婚礼时，都会让男女双方谈他们对未来的构想。从这些新人们的讲述中，他认为很多结婚的新人并不了解婚姻。

他说：“性虽然只是婚姻的一部分，但只有先把这点处理好，才谈得上其他。”

如何使之适当呢？必须代之以客观的能力，没有比从一本认识合理、情趣良好的书籍中得到这方面的知识更好的方法了。

要让你家庭生活幸福，适当了解“性”知识。

附：

一篇关于婚姻问题的文章

1933年6月的一本杂志上，有克洛兹的一篇文章，题目是《为什么婚姻会出问题》。

下面是从那篇文章中摘录下来的几个问题——你或许会觉得这些问题值得一答。每个问题肯定的答案，你可以得10分。

给做丈夫的问题：

1.你现在还像过去一样体贴、温柔，还会特意给她送一束鲜花吗？每逢她生日，或是你们结婚纪念日，会送她一份礼物吗？或时常带给她一份意外的甜蜜柔情？

2.你是不是极为小心的，从来不在别人面前批评她？

3.除了家庭费用外,你是不是给她一些她自由支配的零用钱?

4.你是不是尽量体贴她?——当她在特殊的生理期,或过度的疲惫中,或容易发怒的时候?

5.你有一半的娱乐时间,是与她共处吗?

6.在赞扬她的同时,你是否能巧妙地避免将她烹调的技术及理家能力跟你母亲或是朋友的妻子相比?

7.你对她的思想、社交、她所读的书,是否感兴趣?

8.你能让她跟别的男士共舞,同时接受他们殷勤的友谊,而并不嫉妒吗?

9.你会灵活地寻找机会称赞她,表示你对她的钦佩吗?

10.她替你做了些像缝纽扣、补袜子类的琐碎小事时,你有没有对她说一声谢谢?

给做妻子的问题:

1.你是不是给他充分的自由让他做自己喜欢的事?同时,尽量不去议论他的交际和选用女秘书那一类的事?

2.你尽力地使你的家庭充满着欢愉、甜蜜的气氛吗?

3.你是不是经常更换家里的菜谱,让他坐在饭桌前时,并不确定将要吃些什么东西?

4.你是不是对他的事业有一定了解,经常跟他讨论,必要时会提出你的见解来?

5.你会勇敢轻松地处理你们的经济的困难吗?你不批评他的过错,更不会拿别的有钱的朋友来跟他比较?

6.你是不是努力地与丈夫的母亲或其他亲戚和睦相处?

7.你所穿着的衣衫,在颜色、款式上,是不是在意你丈夫的喜好?

8.当你和他产生冲突时,你是不是为了和睦而尽量容忍?

9.你有没有努力学习他所喜爱的运动和娱乐,和他共同享受这份娱乐?

10.你有没有关注时事,以便与他进行有趣的交流?

六　走出孤独，战胜忧虑

克服忧虑 <<<

我们若不想忧虑,就必须远离自怜的阴影,勇敢走入充满光亮的人群里。

1

克服现代人的孤寂感

智慧语录

一个人要想得到他人的欢迎,或被人接纳,一定要付出许多努力和代价。他们必须了解:幸福并不是靠别人来施舍,而是要自己去赢取别人对你的需求和喜爱。

我们的社会有一种疾病愈来愈普遍,那就是孤独感。

20世纪最流行的疾病是孤独。用大卫·里斯曼的话来说,“我们都是‘寂寞的一群’。由于人口愈来愈增加,人性已汇集成一片汪洋大海,根本分不清谁是谁了……居住在这样一个‘不拘一格’的世界里,再加上政府和各种企业经营的模式,人们必须经常由一个地方换到另一个地方工作——于是,人们的友谊无法持久,时代就像进入另一个冰河时期一样,使人的内心觉得冰冷不已。”

5年前,我的一位朋友失去了自己的丈夫,她悲痛欲绝,自那以后,她便和成千上万的人一样,陷入了一种孤独与痛苦之中。“我该做些什么呢?”在她丈夫离开她近一个月之后的一个晚上她跑来向我求助,“我将住到何处?我还有幸福的日子吗?”

我极力向她解释,她的焦虑是因为自己身处不幸的遭遇之中,才50多岁便失去了自己生活的伴侣,自然令人悲痛异常。但时间一久,这些伤痛和忧虑便会慢慢减缓消失,她也会开始新的生活——在痛苦的灰烬之中建立起自己新的幸福。

“不!”她绝望地说道,“我不相信自己还会有什么幸福的日子。我已不再年轻,孩子也都长大成人,成家立业。我还有什么地方可去呢?"可怜的妇人是得了严重的自怜症,而且不知道该如何治疗这种疾病。好几年过去了,我发现朋友的心情一直都没有好转。

有一次,我忍不住对她说:"我想,你并不是要特别引起别人的同情或怜悯。无论如何,你可以重新建立自己的新生活,结交新的朋友,培养新的兴趣,千万不要沉溺在旧的回忆里。"她没有把我的话听进去,因为她还在为自己的命运自怨自艾。后来,她觉得孩子们应该为她的幸福负责,因此便搬去与一个结了婚的女儿同住。

但事情的结果并不如意,她和女儿都面临一种痛苦的经历,甚至恶化到大家翻脸成仇。这个妇人后来又搬去与儿子同住,但也好不到哪里去。后来,孩子们共同买了一间公寓让她独住,这更不是真正解决问题的方法。

有一天她对我哭诉道,所有家人都弃她而去,没有人要她这个老妈妈了。这位妇人的确一直都没有再享有快乐的生活,因为她认为全世界都亏欠她。她实在是既可怜,又自私,虽然现今已 61 岁了,但情绪还是像小孩一样没有成熟。

许多寂寞孤独的人之所以会如此,是因为他们不了解爱和友谊并非是从天而降的礼物。一个人要想得到他人的欢迎,或被人接纳,一定要付出许多努力和代价。要想让别人接纳喜欢我们,我们需要花费一点心力。爱情、友谊、快乐都不是一张契约就能规定的。我们要沉着面对现实,无论是死了丈夫,妻子,活着的人必须快乐地活下去。但他必须明白,幸福不能依靠别人的施舍,而需要自己努力争取。

让我们再看一个故事。

一艘正在地中海蓝色的水面上航行的游轮,上面有许多正在度假中的已婚夫妇,也有不少单身的未婚男女穿梭其间,个个兴高采烈,随着乐队的拍子起舞。其中,有位明朗、和悦的单身女性,大约 60 来岁,也随着音乐陶然自乐。这位上了年纪的单身妇人,也和我的那位朋友一样,曾遭丧夫之痛,但她能把自己的哀伤抛开,毅然开始自己的新生活,重新开始生命的第二个春天,这是经过深思之后所做的决定。

丈夫曾是她生活的重心,也是她最为关爱的人,但这一切全都过去了。幸好她一直有个嗜好,便是画画。她十分喜欢水彩画,现在更成了她精神的寄托。她忙着作画,哀伤的情绪逐渐平息。而且由于努力作画,她开创了自己的事业,使自己的经济能完全独立。

有一段时间,她很难和人们打成一片,或把自己的想法和感觉说出来。因为长久以来,丈夫一直是她生活的重心,是她的伴侣和力量。她知道自己长得并不出色，又没有万贯家财，因此在那段近乎绝望的日子里，她一再自问：如何才能使别人接纳她，需要她。

她后来找到了自己的答案——她得让自己成为被人接纳的对象。她得把自己奉献给别人，而不是等着别人来给她什么。想清了这一点，她擦干眼泪，换上笑容，开始忙着画画。她也抽时间拜访亲朋好友，尽量制造欢乐的气氛，却绝不久留。不多久，她开始成为大家欢迎的对象，不但有朋友邀请她吃晚餐，或参加各式各样的聚会。她还在社区的会所里举办画展，处处给人留下美好的印象。

后来，她参加了这艘游轮的"地中海之旅"。在整个旅程当中，她一直是大家最喜欢接近的人。她对每一个人都十分友善，但绝不紧缠着人不放。在旅程结束的前一个晚上，她的舱房是全船最热闹的地方。她那自然而不造作的风格，给每个人留下了深刻印象，并让人愿意与之为友。

从那时起，这位妇人又参加了许多类似这样的旅游。她知道自己必须勇敢地走进生命之流，并把自己贡献给需要她的人。她所到之处都留下友善的气氛，人人都乐意与她接近。

那些能克服孤寂的人，一定是生活在怀特博士所说的"勇气的氛围"里。无论我们走到哪里，一定要培养出与人们亲密的情谊关系。就好像燃烧的煤油灯一样，火焰虽小，却仍能产生出光亮和温暖来。

我们若想克服孤寂，就必须远离自怜的阴影，勇敢走入充满光亮的人群里。我们要去认识人，去结交新的朋友。无论到什么地方，都要兴高采烈，把自己的欢乐尽量与别人分享。据统计，大部分再婚女性，都比先生活得长一些。但是，一旦死去丈夫，这些妇女很难开始新的生活。而男性由于工作原因，都不得不让自己继续下去。因为一般家庭里，男性比太太更有进取心，要承担家庭更多责任。女人则以家庭为中心。但当她要独自面对生活或开始新的人生时，她们一般没有什么心理准备。假如你决心迈向成熟的话，应该是可以做得到的。

几年前，有个刚从学校拿到证书的毕业生，只身来到纽约，准备大展宏图，为这城市带来一点光彩。这位青年长得英俊潇洒，受过良好的教育，也颇有阅历，自己也很为自身的条件感到骄傲。安顿妥当之后的第一天，他在白日参加了一个销售会议，到了夜晚，他忽然感到孤单起来。他不喜欢独自一人吃饭，不想一个人去看电影，也不认为应该去打扰一些在城市里的已婚朋友。或许，我们还可以再多添一个理由——他也不想让女孩缠上自己。

当然，他是希望能碰到一个好女孩，但那绝不是从酒吧或什么单身俱乐部一类的场所去随便挑一个来。结果，他只好在那个准备大展宏图的城市里，独自度过了寂寞凄凉的夜晚。

我能了解大都会的生活，有时比小镇更会让人有孤寂感；我也了解，要在大都市里生活，有时更得花点心神去结交朋友，并让这些朋友接纳你、需要你。在去一个大都市之前，要先想好以后的日子——尤其是下班后的时间——要如何打发。你当然需要有些兴趣相同的人在一起，但你得先伸出友谊之手。

初到一个陌生的城市，其实有很多事情可做：你可以上教堂或参加俱乐部——这些都可以增加认识人的机会；你也可以选修成人教育课程——不但可以自我求进步，更可以得到同伴和友谊。但是，假如你只是默默一人在餐馆里吃饭，或在酒吧独自喝闷酒，那就得不到什么情谊了。你一定得去安排或做些什么事。我们都知道纽约的地铁是全世界最大的地下交通网，但假如你不愿意先投下一个硬币，走进那个旋转门，整个地下铁路系统对你就没有什么用处。

好几年前，我认识了两个女孩，她们在纽约东区共租了一间公寓同住。两个女孩都长得十分迷人，也都有一份待遇不错的工作，都希望自己有朝一日能出人头地。让我惊奇的是，其中一位女孩，以她的年纪来说，是相当具有智慧的。她认为居住在大都会的女孩——尤其是单身女孩——一定要仔细安排自己的生活，并计划自己的未来。她到一间教会去，积极参加各种活动。她还加入一个研讨会，甚至选修一门改进个性的课程。她把自己的薪水尽量用来与人交往，并开创出多彩多姿的生活内容。

她有适度而愉快的休闲活动，但对于社交关系则相当谨慎，尤其尽量避免暧昧不清的男女关系。

她初到纽约的时候，当然也感到寂寞。哪一个女孩不会有这种感觉呢？但是，她不是像某些男性一样，在海底潜游了半天，却只寻得一块海绵。她知道，自己一定要有计划。如今，她已成了我的好朋友，我也时常去探访她。她与一位聪明的年轻律师结了婚，婚后生活十分愉快。这便是她强调“要达到目标”的结果——她得到幸福快乐的人生。

至于另外的那个女孩呢？她当初也很孤单寂寞，却没有细心安排自己的生活。她四处到一些游乐场所或酒吧寻找朋友，最后只是加入了一个俱乐部——协助酗酒者的“戒酒俱乐部”！

幸福并不是靠别人来施舍，而是要自己去赢取别人对你的需求和喜爱。

克服忧虑的真实故事

绝大多数的烦恼不会发生

C.I.布莱克德伍德

1943年夏天，几乎世界上所有的烦恼都降临到我的头上。

40多年来，我一直过着很平静的生活，平常也只一些身为人夫、为人父以及生意上的一些小问题。我通常都能顺利地解决，但突然间，接二连三的打击同时向我袭来。我为这些事忧虑满怀，辗转反侧，难以入睡。

一、我创办的商业学校濒临破产。因为男孩子都从军去了，而在军工厂工作的女孩子虽未受过商业培训，拿的薪水也比从我校毕业的学生的要高。

二、我的儿子也正在服役，像天下的父母一样，我为他而担心牵挂。

三、俄克拉荷马正在征地建造机场，而我从父亲那里继承来的房子就处在这块地上。我们可能只能得到原房价十分之一的赔偿，更惨的是，我因城内的房子不足，我无家可归了，我怀疑自己能不能找到另一栋房子来供一家人住。我们可能要住在帐篷里，我担心我自己连这个也买不起了。

四、因为附近正在挖一条运河，我农场的水井也快干枯了。再挖个井要600美元，而附近的房子也被征收，我这样做没有什么意义。接着两个月，我每天早上都要运水喂牲口，说不定会半辈子都得这样了。

五、我的家离商业学校有10英里远，战时的规定让我无法买新轮胎，我担心我的那辆老福特车会不会在荒野爆胎。

六、大女儿提前一年高中毕业，想上大学，我却无力承担，她一定会伤心的。

一天，我正坐在办公室里为这些事发愁。我下决心把这些写出来。我想只要有机会，我会努力来解决这些问题，只是现在，它们似乎超过了我的能力范围。看着这些问题，我真是无能为力。我用打字机把这些困难都打了出来收起来，过了一段时间，我几乎忘了。一年以后，一次我整理东西时忽然发现了这张字条，上面列着几乎让我崩溃的六大问题，而如今，几乎一件事情也没有发生过，我觉得太有意思了。

一、我担心商业学校破产是没有意义的，因为政府拨款补助这类学校，代为训练退伍军人。学校很快又招满了学生，生机勃勃。

二、我对参军儿子的担心也是没有必要的。他历经枪林弹雨，毫发无损地回来了。

三、我发现担心土地被征也是多余的，因为附近发现了油田，机场的计划也告吹了。

四、我担心没水喂牲口也没有必要，因为当我得知土地不会被征后就打了新井，水源很好。

五、我担心车子在半路爆胎是多余的，我小心地保养它，结果车胎没坏。

六、我担心女儿的教育经费也是不必要的，开学前六天，我奇迹般地得到了一份查账工作，赚的钱足以让我送她上大学。

常听人说，我们担心的事有99%都不会发生。我一直不以为然，一直到一年后我看到那张字条的时候，才完全明白。

对以前自己种种无谓的烦恼，我还是觉得很值，因为我学会了一个难以忘怀的经验，明白了一个深刻的道理：为了根本不会发生的事而备受煎熬，是多么愚蠢，多么可悲！

请记住，今天就是你昨天所担心的明天。问问自己，我怎么知道我所担心的事明天真的会发生呢？

2

忧虑是健康的敌人

智慧语录

焦虑和烦躁不安的人，大都不能适应现实的世界，以至于和周围的人与环境隔断了所有的关系，缩到了自己的梦想世界，以此来消除他所有的忧虑。

很多年前的一个晚上，有一个邻居来按我家门铃，通知我及家人去接种牛痘。他是整个纽约几位志愿者当中的一人。很多人吓坏了，都去排长队等着接种。所有医院、消防队、工厂、警察署都没有设接种站。大约2000名医生日夜为人们种痘。怎么会这样呢？因为纽约市800万人中有八个人染上了，死了两个。也就是说八百万分之二的人死于天花。

我在纽约市住了37年，从来没有人来按门铃警告我：目前生活在这个世界上的人中，每十个人中就有一个会精神崩溃，他们所造成的伤害比天花至少要大10000倍。而这些精神崩溃大部分都是因为忧虑和感情冲突引起的。所以我现在写本章，就等于给你按门铃向你发出警告。

曾获诺贝尔奖的医学博士卡瑞尔说："不知道抗拒忧虑的商人必定会短命。"

几年前，我度假时与格伯尔一起乘车经过得克萨斯和新墨西哥州。他是圣塔菲铁路联合医院的负责人，当我们谈到忧虑对人的影响时，他说：

在那些来看病的人当中，有七成人只要能克服忧虑和恐惧，他们的病自然就会好起来。因为他们内心自以为得了病，他们的病就像你有一颗蛀牙一样，有时比这还要严重100倍。这些病就像神经性消化不良、胃溃疡、失眠、心脏病、头疼等一样严重。这些病都是真的，因为我自己就患过12年的胃溃疡。

恐惧让人忧虑,忧虑让人紧张,并影响到你的胃部神经,让胃液分泌失常,结果就产生了胃溃疡。

梅奥诊所的阿尔法瑞斯说:“胃溃疡会随着你情绪的紧张而发作或消失。”他的结论通过对诊所1500个胃病患者的调查后得到证实。每五个人中,有四个并不是因为生理原因而患胃病,真正的原因是忧虑、憎恨、自私、无法面对现实。

我最近和梅奥诊所的哈罗·哈贝恩博士通过几次信。他在全美工业界工程师协会的年会上读过一篇论文,说他研究了176位平均年龄在44.3岁的工商界负责人。他报道说:大约有三分之一的人因为生活过度紧张而引起下列三种病症——心脏病、消化系统溃疡和高血压。

想想看,在工商界的负责人中,竟有三分之一的人都患有心脏病、溃疡或高血压,而他们还不到45岁,可见成功的代价是多么高啊!就这一点来说,他们甚至都不是在争取成功,你看有哪一个患胃溃疡和心脏病的人能够追求事业的成功呢?就算他能得到全世界,却损失了自己的健康,这对他个人来说,又有什么用呢?即使他拥有全世界,每次也只能睡在一张床上,每天也只能吃三顿饭。就是一个挖水沟的人,也能做到这一点,而且还可能比一个很有权力的公司负责人睡得更安稳,吃得更香。我情愿做一个在阿拉巴马州租田耕种的农夫,放一把五弦琴在膝盖上自娱自乐,也不愿意在自己45岁还不到的时候,就为了管理一个铁路公司,或一家香烟公司而毁了自己的健康。

说到香烟,一位世界最知名的香烟制造商,最近在加拿大森林里想轻松一下的时候,因为心脏病发作而死了。他拥有几百万美元的财产,却在61岁时就离世了。他这是用自己好几年的宝贵生命换取了所谓的“生意上的成功”。在我看来,这个有几百万美元财产的香烟大王其成功还不及我爸爸的一半。我爸爸是密苏里州的一个农夫,尽管他一文不名,却活到了89岁。

心脏病是美国的第一杀手。二战期间,大约有30几万美国人死于战场,但同时,心脏病却杀死了200万平民。而其中100万人的心脏病是由于忧虑紧张引起的。中国人和美国南方的黑人却很少患这种病,因为他们遇事沉着。

这是一件令人难以置信的事:每年死于自杀的人比死于各种传染病的人还要多。

忧虑还容易导致精神方面的病。我们有一半以上的神经性病人的胃就是在显微镜下观察,也与正常人的一样健康。他们的神经病并不是神经本身不正常,而是情绪上的悲观、烦躁、忧虑、恐惧、沮丧等。

柏拉图曾说:“医生所犯的最大错误是他们仅只治疗人的身体,却不管他们的精神。而二者是一体的,无法分开处置。”

医学界花了 2300 年才认识到这点。我们刚刚发展了一种新医学，叫“心理生理医学”，主要用来同时治疗精神和身体上疾病。现在正是运用的大好时机，医学上已经消除了大量可怕的疾病如天花、霍乱、黄热等种种置人于死地的传染病。但对那些不是由细菌引起的精神上的病，却还没有建树。这些病由种种情绪引起，它所带来的灾难也日益深广，传播速度也快得惊人。

医生们估计，现在活着的美国人中每二 20 人就有一人在一定时期得过精神病。二战时被应召入伍的美国年轻人每六人就有一人因精神失常而无法继续服役。

其原因何在？没有能完全弄明白，但大多数极可能是由于恐惧或忧虑。焦虑和烦躁的人，多半无法造就现实，与周围环境隔绝，退回到自己的梦幻世界中，想借此解忧。

我桌上目前就有这样一本书，是波多尔兹所写的《停止忧虑，恢复健康》，书中谈到了几个问题：

忧虑对心脏的影响；

忧虑导致高血压；

忧虑可能引起风湿；

忧虑导致胃病；

忧虑使人感冒；

忧虑和甲状腺；

忧虑与糖尿病患者。

忧虑甚至会使最强壮的人生病。在美国南北战争的最后几天中，格兰特将军发现了这一点。故事是这样的：

格兰特围攻里奇蒙德有九个月之久，李将军手下衣衫不整、饥饿不堪的部队被打败了。有一次，好几个兵团的人都开小差。其余的人在他们的帐篷里开会祈祷——叫着、哭着，看到了种种幻象。眼看战争就要结束了，李将军手下的人放火烧了里奇蒙德的棉花和烟草仓库，也烧了兵工厂，然后在烈焰升腾的黑夜里弃城而逃。格兰特乘胜追击，从左右两侧和后路夹击南部联军，骑兵从正面截击，拆毁铁路线，俘获了运送补给的车辆。

由于剧烈头痛，格兰特无法跟上队伍，就停在了一个农家。“我在那里过了一夜”，他在回忆录里写到，“把我的两脚泡在加了芥末的冷水里，还把芥末药膏贴在我的两个手腕和后颈上，希望第二天早上能复原。”

第二天清早，他果然复原了。可是使他复原的，不是芥末药膏，而是一个带回李将军降书的骑兵。

“当那个军官到我面前时，”格兰特写着，“我的头还痛得很厉害，可是一看到那封信的内容，我就好了。”

显然，格兰特是因为忧虑、紧张和情绪上的不安才生病的。一旦他在情绪上恢复了自信，想到他的成就和胜利，就马上好了。

罗斯福总统的财政部长亨利·摩根发现忧虑会使他病得头昏眼花。他在日记里记述说，为了提高小麦的价格，罗斯福总统在一天之内买了440万蒲式耳的小麦，使他感到非常忧虑。他在日记里说：“在这件事情没有结果之前，我觉得头昏眼花。我回到家里，在吃完中饭以后睡了两个小时。”

如果我想看看忧虑对人会有什么影响，我不必到图书馆或医院找例证，我只是从我现在坐着的家里望望窗外，就能够看到在不到一条街远的一栋房子里，有一个人因为忧虑而精神崩溃；另外一个房子里，有个人因为忧虑而得了糖尿病——由于股票下跌。

著名的法国哲学家蒙泰格被选为老家的市长时，他对市民们说：“我愿意用我的双手处理你们的事情，可是不想把它们带到我的肝里和肺里。”但我那个邻居却把股票市场带到他的血液里，差点送了他的老命。

忧虑容易导致关节炎和其他疾病。康奈尔大学医院的罗素·塞西尔博士是世界知名的治疗关节炎权威，他列举了四种最容易得关节炎的情况：

婚姻破裂；

财务上的不幸和难关；

寂寞和忧虑；

长期的愤怒。

忧虑甚至会使你蛀牙。威廉·麦克戈尼格博士在全美牙医协会的一次演讲中说：“由于焦虑、恐惧等产生的不快情绪，可能影响到一个人身体的钙质平衡，从而使牙齿容易被蛀。”麦克戈尼格博士提到，他的一个病人起先有一口很好的牙齿，后来他太太得了急病，他开始担心起来。就在她住院的三个礼拜里，他突然有了九颗蛀牙——这些都是由于焦虑引起的。

你看到过甲状腺反应过度的病人吧？他们颤抖、战栗，看起来像吓得半死的样子。事实就是这样，患有这种病后，一旦反常，心跳加速，身体亢奋，如果不手术就很可能死掉，可能把自己烧干。

不久前，我和一个朋友去费城，见一位主治这种病有38年之久的医学博士布拉莫，他的诊室上挂了一块木板，上面写有他给患者的忠告。题为《轻松和享受》。

最使你轻松愉快的是：

健康的信仰、睡眠、音乐和欢笑

对神要相信
要学着睡得安稳
欣赏美妙音乐
幽默地看待生活
那么，
你将健康和快乐

他问我朋友的第一个问题是:“你的情绪变化是否已影响到你的身体健康和心理平衡?”并告诉他,如果他继续忧虑下去,可能会得心脏、胃方面的并发病。这个医生说,这些病都是互相联系的,它们都是忧虑的近亲。

我去访问女明星奥伯恩时,她说她决不会让忧虑摧毁了她的主要资产——美貌。她说:

当我开始想进入影坛时,我既担心又害怕。我刚从印度过来,在伦敦没有一个熟人,我想在那里找到一份工作。我见过几个制片商,没有人愿意用我。我的钱也快用完了,整整两周,只靠饼干和水维持生活。我又忧虑又饥饿,甚至告诉自己:“你真是个笨蛋,也许你永远都不可能进入电影界。你没有经验,没演过戏,除了一张漂亮的脸,一无所有。”

我照了照镜子,惊讶地发现忧虑对我容貌的影响。那些皱纹,焦虑,我对自己说:“你一定要立即停止忧虑,否则你会把你惟一的资本毁了。”

再没有什么会比忧虑让一个女人老得更快,而摧毁了她的容貌。忧虑会使我们的表情难看,会使我们咬紧牙关,会使我们的脸上产生皱纹,会使我们总是愁眉苦脸,会使我们头发灰白,有时甚至会使头发脱落。忧虑会使你脸上的皮肤发生斑点、溃烂和粉刺。

当我还是密苏里州一个乡下孩子的时候,礼拜天听牧师形容地狱的烈火,吓得我半死。可是他从来没有提到,由忧虑所带来的生理痛苦的地狱烈火。比如,如果你长期忧虑下去的话,你有一天就很可能会得最痛苦的病症:狭心症。

这种病要是发作起来会让你痛得尖叫,跟你的尖叫比起来,但丁的《地狱篇》听来都像是“娃娃游玩具国”了。到时候,你就会跟你自己说:“噢,上帝啊!噢,上帝啊!要是我能好的话,我永远也不会再为任何事情忧虑——永远也不会了。”如果你认为我这话说得太夸张的话,不妨去问问你的家庭医生。

忧虑就像不停地往下滴、滴、滴的水,而那不停地往下滴、滴、滴的忧虑,通常会使人心神丧失而自杀。

古时候,一些残忍的将军要折磨他们的俘虏时,常常把俘虏的手脚绑起来,放在一个不停地往下滴水的袋子下面……水滴着……滴着……夜以继日,最后,这些不停滴落在头上的水,变得好像是用槌子敲击的声音使那些人精神失常。这种折磨人的方法以前西班牙宗教法庭和希特勒手下的德国集中营都曾经使用过。

你爱生命吗?你想健康长寿吗?下面就是你能做到的方法。我再引用一次亚历西斯·戈锐尔博士的话:"在纷繁复杂的现代城市中,只有能保持内心平静的人,才不会变成神经病。"

你是否可以在现代城市的混乱中保持内心世界的平静呢?如果你是一个正常人,答案应该是:"可以的。""绝对可以。"实际上我们大多数人都比我们所认为的要坚强得多。我们有很多也许从来没有发现的内在力量,就像梭罗在他不朽的名著《狱卒》里所说的:

"我不知道有什么比一个人下定决心改善他的生活能力更令人振奋了……要是一个人,能充满信心地朝他理想的方向去做,下定决心过他所想过的生活,他就一定会得到意外的成功。"

我相信,本书的很多读者也会有像奥尔嘉·詹妮的那种意志力和内在的力量。她住在爱达荷州,在最悲惨的情况之下,发现自己还能够停止忧虑。下面就是奥尔嘉的故事:

八年半以前,医生宣告我不久于人世,会很慢、很痛苦地死于癌症。国内最有名的医生——梅奥兄弟也证实了这个诊断。我无药可救,死亡很快就会走向我。我还很年轻,我不想死,绝望之余,我打电话找到了我的医生,告诉他我内心的绝望。他有点不耐烦地拦住我说:"怎么回事,奥尔嘉?难道你一点斗志也没有吗?你要是一直这样哭下去的话,毫无疑问,你一定会死。不错,你碰上了最坏的情况。好吧!要面对现实,不要忧虑,然后想点办法。"就在那一刹那,我发了一个誓,我的态度庄重,指甲都深深地掐进肉里,而且背上一阵发冷:"我不会再忧虑,不会再哭泣,如果还有什么需要我常常想的,就是我一定要赢!我一定要继续活下去!"

在不能用镭照射的情况之下,每天只有用X光照射10分半钟,连续照30天。但他们每天为我照了14分半钟的X光,照了49天。虽然我瘦得皮包骨,像是荒凉山边的岩石。虽然我的两脚重得像铁块,我却不忧虑,也没有哭过一次。我面带微笑,不错,我的的确确勉强自己微笑。

我不会傻得以为只要微笑就能治疗癌症。但我的确相信愉快的精神状态有助于抵抗身体的疾病。总之，我经历了一次治愈癌症的奇迹。在过去几年里，我再也没有像现在这么健康过，这都多亏了这句富有挑战性和战斗性的话："面对现实，不要忧虑，然后想点办法。"

卡瑞尔说："不知道怎样抗拒忧虑的人，必会付出短命的代价。"
卡瑞尔说的也许就是你，对吗？也许是！
消除心中的忧虑，面对事实，采取行动。

克服忧虑的真实故事

阿拉伯乐园生活

麦克脱伯

1918年,我告别了自己的家乡,前往非洲西北部的阿拉伯,与他们在撒哈拉的"阿拉伯乐园"里生活了七年。在那里,我学会了他们的语言,习惯了他们的生活方式,穿他们的服装,吃他们的食物。睡在他们的帐篷里。还仔细研究了他们的宗教,写了一本与此有关的书《先知》。

与这群牧羊人在一起生活的七年,是我一生中最平静最富足的时光。

我曾经有过丰富而多彩的人生。我的父母是英国人,但我出生在巴黎,并在那里度过了九年的童年,随后到英国著名的伊顿学院接受教育。此后,我以英国陆军军官的身份在印度工作了六年。那时,我还年轻,喜爱马球,打猎,登山探险。我参加过一战,战后,我做了巴黎和会的一名助理军官。在那里的所见所闻让我震惊而又失望,我目睹了那些很冷酷的政客在进行着怎样秘密的阴谋,竭力想促成二战,以便为自己争夺土地,制造仇恨。在四年前的从军战斗中,我一直坚信自己是为人类和平文明而战。

我厌倦了战争,军队,甚至是整个社会。我开始失眠了,为自己到底应该从事何种职业而忧虑。一个朋友建议我从政,当我正在考虑能否接受时,却碰到了一件事,它改变了我的人生规划。我和二战中最富浪漫传奇色彩的人物"阿拉伯的劳伦斯"进行了一次不足四分钟的谈话,这个长期住在阿拉伯的传奇英雄建议我走进沙漠。开始,我觉得他的话不可理喻,但为了离开军队,我必须尽快找到工作。更何况,在遍地都是求职者的和平时期,一般公司的老板是不愿意雇用一个正规军队的退伍军官的。我打算考虑劳伦斯的建议了。

我庆幸我作出了这样的决定,在那里我学会了怎样克服忧虑。与所有虔诚的教徒一样,阿拉伯人相信宿命,相信《可兰经》里上帝阿拉的每句箴言。他们虔诚地接受了这些观点并按这种观点平静地生活着,即使突遇变故也能泰然处之。他们认为,这一切都是命中注定的,除了上帝无人能够改变。

但这并不是说他们面对灾难消极无能。我给你讲一个在撒哈拉遇到暴风的经历吧。那阵暴风强劲剧烈，一连刮了三天三夜，似乎将撒哈拉的沙子都要吹到法国的隆河河谷里。在热风的包围中，我感觉到头发几乎全被烧焦，眼睛发热，嘴里是沙，就像站在玻璃厂的熔炉前，痛苦得要发狂。然而阿拉伯人却耸耸肩说："麦克脱伯！"而暴风过后，他们立即采取行动，他们杀死了所有的无法存活的小羊，以便挽救母羊。然后，赶着羊群去喝水……一切都进行得平平静静，没有半点的怨天尤人。部落酋长甚至说："我们可能会失去一切的，但感谢上帝，我们还剩下世纪初40%的羊群，一切可以从头再来。"

还有一件事：一次，我们横穿沙漠时，汽车抛锚了，司机又没带备用胎。我焦急万分，而那些阿拉伯人却说，急躁于事无补，只会火上加油。这是上帝的旨意，无法阻挡。我们只好将就三只轮胎前行，当汽油用光的时候，他们也没有暴跳如雷，而是唱着歌，一步步镇定地走向目的地。

这七年的生活让我相信，美国和欧洲普遍存在的精神错乱、狂暴，酗酒都是因为现代文明的匆忙、繁杂造成的。

而在撒哈拉，却可以免却烦恼。在那个阿拉伯乐园里，你能获得心灵上的满足安宁和身体上的健康，而这正是文明社会所缺失的。

很多人认为宿命论是可笑的，但有时，我们的确能够感觉到命运之神的存在。比如，如果不是1919年8月的一个下午和劳伦斯的一个四分钟交谈，我今后的生活将迥然相异。回头想想，仿佛生命中，我一直受到一种无法抗拒的力量的影响。这就是阿拉伯人所说的阿拉的旨意。离开撒哈拉17年后，我一直信奉着他们的哲学：坦然面对那些已经发生的事。它比服用镇静剂还要管用。

我相信我们都不会成为宿命论者，但当生活的狂暴热烈之风猛然来袭，而我们又无法躲避时，让我们坦然面对它，然后再积极地应对吧！

3

消除忧虑的奇妙公式

智慧语录

忧虑的最大坏处就是摧毁我们集中精神的能力。当我们忧虑的时候，我们的思想就会到处乱转，从而丧失作出决定的能力。

你是否想得到一个快速而有效的消除忧虑的灵丹妙药——那种你不必再往下看，就能马上应用并立即起效的方法？

那么让我告诉你维奇·卡瑞尔所发明的这个办法吧。这是他的故事：

年轻的时候，我在纽约州巴法罗城的巴法罗铸造公司工作。我必须到密苏里州水晶城的匹兹堡玻璃公司——这个工厂花了好几百万美元，去安装一架瓦斯清洁机，以清除瓦斯燃烧的杂质，使瓦斯燃烧时不至于烧到引擎。我到密苏里州水晶城工作的时候，很多事先没有想到的困难都发生了。但在那种情况下，我无法退缩，经过一番调试之后，机器可以使用了，可是效果并不像我们所保证的那样好。

一种失败感困扰着我，我觉得好像是有人在我头上重重地打了一拳。

后来我便想出一个不需要忧虑就可以解决问题的办法，结果非常有效。这个办法非常简单，任何人都可以使用，它共有三个步骤：

第一步，首先不要畏惧。认真地分析整个情况，然后找出万一失败后可能发生的最坏情况是什么。没有人会把我关起来，或者把我枪毙，这一点很清楚。不错，可能我会丢掉工作，也可能我的老板会把整个机器拆掉，使投下去的两万美元付诸东流。

第二步，找出可能发生的最坏情况之后，让自己在必要的时候能够接受它。我对自己说，这次失败，在我的人生记录上会是一个很大的污点，我可能会因此而丢掉工作。即使真的如此，我可以重新找到一份工作，事情也可能比这更糟。至于我的那些老板，他们也知道我们现在是在试验一种清除瓦斯的新方法，如果这种实验要花他们两万美元，他们还付得起。他们可以把这个账算在研究费上，因为这只是一种实验。

当我分析了可能发生的最坏情况，并让自己能够接受之后，有一件非常重要的事情发生了。我马上轻松下来，感受到几天以来从来没有经历过的一种平静。

第三步，从这以后，我就准备平静地接受可能发生的最坏的结果，把时间和精力用来改善我要面对的困难。

我努力找出一些办法，以减少我们目前面临的两万美元损失。我做了几次实验，最后发现，如果我们再多花5000美元，加装一些设备，我们的问题就可以解决了。我们照这个办法去做，公司不但不会损失两万美元，反而可以赚1.5万美元。我把这个想法告诉了老板，老板同意了。

事后，我想如果当时我一直担心下去的话，恐怕不可能做到这一点了。因为忧虑的最大坏处就是摧毁我集中精神的能力。当我们忧虑的时候，我们的思想就会到处乱转，从而丧失作出决定的能力。然而，当我们强迫自己面对最坏的情况，并且在精神上先接受它之后，我们就能够面对所有可能的情形，使我们可以集中精力解决问题。

为什么卡瑞尔的公式这么有价值又管用呢？从心理学上看，它能够帮我们从那巨大的灰暗云层中挣扎出来，让我们不再因忧虑而盲目。而我们也知道自己的确是站在地面上的，如果脚下没有坚实的土地，又怎么能想通所有的事呢？

应用心理学之父威廉·詹姆斯教授曾经告诉他的学生说：

“你们要愿意承担这种情况……能接受最坏的情况，是克服随之而来的任何不幸的首要步骤。”

一点儿没错。这样在心理上你就能发挥你的新能力。当我们接受了事情最坏的可能后，就不会再损失什么，也就是说，一切可以重新开始获得。就像卡瑞尔说的：“接受了最坏的情况后，我马上轻松下来了。感觉到几天以来从未有过的平静。然后，我又能重新思考了。”

他的话很有道理。可现实中仍有很多人，因为忧虑和愤怒而毁了他们的生活。因为他们拒不接受最坏的情况，不愿由此而改变现状，重新来过。不愿在空难之中尽可能救出点什么，结果，他们变成了精神颓废和忧虑的牺牲品。

这里还有一个人，他曾是我班上的一个学生，现在是纽约的一位石油商人，他曾用这个公式解决过问题：

我被勒索了，我简直难以相信这种事会发生在我身上，我以为只是电影中才能看到，可是这真的发生了，我真的被勒索了，事情是这样的：

我主管的那个石油公司有好多运油卡车及司机。那时，物价管理很严格，供给每个顾客的油量有限。事情的真相当初我并不明白，可是的确有一些司机减少了我们固定顾客的油量，然后把偷下来的卖给其他人。

一天一个自称是政府调查员的人来找我，跟我索要红包。他说他掌握了我们送油司机违法的证据，如果我不答应他的要求，他就将这些证据转交给地方检察官。直到此时，我才知道公司有违法行为，当时我非常震惊。

我知道我并不需要为自己担心什么，因为这事与我个人无关。但是我也知道，公司应该对自己的员工负责，如果我置之不理，闹到法院，肯定会损害我们公司名声，毁了我的生意。这是我引以为豪的生意，它是我父亲 24 年前打下的基础，如果毁在我的手中，我会终生痛苦的。

我开始忧虑。很快就病了，几天几夜吃睡不安。我一直陷在那件事当中，我是该付那个人 5000 美元，还是对他说：你爱怎么办就怎么办呢？我无法确定，每天像在做噩梦。

一个星期天的晚上，我偶尔看到《如何不忧虑》的一本小书，我开始阅读它，读到了卡瑞尔的故事，里面教我如何面对最坏的情况，于是我问自己：“如果我不肯付钱，他把证据交给地方检察官，可能发生的最坏情况是什么呢？”答案是：“毁了我的生意，这是最坏的情况。我不会被关起来，我只会被这件事情给毁了。”

于是我对自己说：“好了，如果生意毁了，我的心理能够承受这一点，接下去会如何？”

我的生意毁了以后，也许我得再另找一份工作。这也不是很难，我对石油业很了解，大公司会雇用我的。这样想我开始觉得好多了。三天三夜，我的忧虑开始减少了一点。我的情绪也开始稳定下来。而且，我居然能够开始思考了。

我清楚地想到第三步，扭转最坏的情况。就想到了一个全新局面：如果我把整个情况告诉我的律师，他可能帮我找到一条全新的路子。怎么一开始我没想到这点呢。当然，开始我根本没有好好思考，我一直在担心。于是我打定主意决定第二天清早去见我的律师。接着我上了床，我睡得很踏实。

事情的结果怎样？第二天一早，我的律师叫我去见地方检察官，把整个情况告诉了他。我照他的话做了，说出事件原委之后，我出乎意料地听到地方检察官说，这种勒索案子已接连发生了几起，那个自称是政府官员的人其实是骗子，是警方一直通缉的人。当时我为了是否把5000美元给这个罪犯而担心三天三夜，听到这话后，我松了一大口气。

这是一次让我永生难忘的经历。现在，每当我面临让我忧虑的难题时，我就会把卡瑞尔公式用上。

下面还有一个颇有代表性的故事，是艾尔·海利的。1948年11月17日，他告诉了我他的故事。

1929年，我常因忧虑而患上胃溃疡。一天晚上，我胃出血，被送往芝加哥西比大学医院治疗。我的体重从175磅急剧下降到90磅。医生说我连头也不能抬。这几个医生中有一个有名的专家，他说我无药可救了。当时我只能吃苏打粉，吃流食，早晚都要用一条橡皮管插到我的胃里，将里面的东西清洗出来，令人非常难受。

这样一连持续了几个月。最后，我对自己说："睡吧，如果你只想等死的话，还不如好好利用剩下的时间做你想做的事情。你不是一直想周游世界吗？何不现在就开始？"第二天，我告诉那几个医生我要周游世界，我自己给自己一天两次洗胃。他们听了很震惊，他们觉得那简直是不可能的。并警告我说，如果我这样做，就只有葬身大海了。我想我不会的，我已经对我的亲友说了，我要埋在尼布雷斯卡州我家乡的墓地中，所以我会随身带着我的棺材。

于是，我真的带它上了船，并和轮船公司约定好若有意外，将它送到老家。就这样我上路了，带着几分悲壮和浪漫。上船时，我心里很轻松，想到了凯恩的一首诗："啊，生命/即将凋零成泥/在此之前，我岂能辜负人生？/不奋力一搏/在黄泉之下/没有弦歌美酒，明天的希冀。"

事实上，这首诗伴随了我整个旅程。但奇迹出现了。当我上了亚当斯总统号船开始向东方航行时，我的病情悄然变化了。慢慢地我不再吃药，不再洗胃。不久可以吃任何东西了。包括一些据说让我丧命的东西。几周后，我还可以抽烟，喝几口酒。这么多年来，我从没像现在这样享受生活。我在海上遇到过台风，但这次冒险让我体验了从未有过的乐趣。

在船上我结交了一些新朋友，我们一起游戏、唱歌，聊天到深夜。到了中国和印度后，我发现我自己的一点事和东方的贫穷与饥饿相比，简直不值一提。这让我的内心产生了重大变化，抛去烦恼，觉得很愉快。回国后，我的体重恢复到175磅，胃病几乎全好了。我又回到了工作中，此后再也没生过病。

后来,我发现我的心理变化与卡瑞尔克服忧虑的办法是相合的。

首先,我问自己,可能发生的最坏的情况是什么?答案是死亡。

第二,我让自己做好接受的准备。我只能如此,因为所有医生都这么认为。

第三,我尽力改变这种情况。我开始享受我剩下的时间。如果上船后我还在忧虑,我想我一定躺在棺材里结束这次旅行。但我放松后,心理上的平静给了我新生的力量,让我战胜了我的肉体之病,挽救了自己。

所以,当你担忧时,就用卡瑞尔公式,试着做以下三件事:
问你自己:可能发生的最坏的情况是什么?
如果你必须接受,就做好准备。
镇定理智地想办法改善这种情况。
接受不可避免的事实。

克服忧虑的真实故事

我消除了自卑

爱尔默·托马斯

16岁时，我常常被恐惧、烦恼和自卑所困扰。比起同龄的人，我长得实在是太高太瘦了，像根竹竿，而且身体虚弱。所以在棒球或赛跑等方面我都比不上他们。他们常取笑我，叫我"竹竿"，让我更加自卑和忧虑。所以我开始自我封闭，很少与他人见面，又因为住在农场里，经常也遇不到几个陌生人，平时都只和父母兄妹在一起。

如果我任凭这些恐惧烦恼打击我，我想我一辈子都不会翻身。那时，我无时无刻不在为自己的身材自怨自艾，脑海里容不下任何其他的事。我母亲曾当过老师，她了解我的感受，因此告诉我："儿子，你得去接受高等教育，如果你的身体不行，就只能靠智力谋生了。"

可是父母无力供我上大学，我只有自己奋斗。冬天，我打一些貂、浣熊、鼬鼠等，到春天来了，将它们的皮毛拿去卖了四美元。我用这些钱买了两头小猪，第二年秋天又卖了40美元，用这笔钱，我上了印第安纳州的师范院校。那时，我一周的伙食费1.4美元，房租0.5美元。穿着母亲用棕布给我做的一件衬衫，身上是父亲的旧鞋，鞋子松了，没有弹性，走路时几乎会滑脱。所以，我觉得没脸和其他同学来往，常常一个人坐在房子里学习。当时我内心最大的愿望是，有一天我能够在商店买一身体面而合身的衣服和鞋子。

随后发生的几件事帮我战胜了自卑和忧虑。其中有的给了我希望、勇气和信心，改变了我今后的生活。它们是这样的：

一、入学八周后，我参加了一项考试，获得了一张三级证书，这样可以到乡下的公立学校教书。虽然它的有效期只半年，但有生以来，除母亲外，我第一次取得了别人的信任。

二、一个乡村学校聘请我去兼职，每天薪水两美元，这更增添了我的信心。

三、拿到第一份薪水后，我立即去商店买了一套新衣服，穿上它们我不再觉得羞耻。现在就是有人给我100万，兴奋感也比不上当时穿上新衣服。

四、这是我生命中一个真正的转折点，这是我战胜自卑和忧虑取得的一次最大胜利。那是在一个一年一度的集会上，母亲鼓励我参加一项公开的演讲。对我而言，这是难以想像的，我甚至没有勇气面对一个人，更何况面对一大群观众呢。但母亲对我抱有很大的信心和期望。她把一生的期望都寄托在我身上了。

我参加了这场比赛，抽的演讲题目是《美国的自由艺术和人文艺术》，说实话，我当时不知道什么是自由艺术，不过我想听众也不一定能听得懂，没什么大不了的。我记熟了演讲词，对着树木和牛群练了上百遍。为了不负母亲的厚望，演讲时，我声情并茂，出人意料的是，我取得了第一名。那些以前曾取笑过我的男孩也拍着我的肩说："艾摩，我早知道你行的。"母亲兴奋地拥抱着我。这场演讲是我一生的一个重大转折点。当地一家报纸报道了我，使我声名鹊起。更重要的是，它让我信心倍增。我想，如果没有那次演讲中的获胜，我恐怕永远也不会进入美国议院。它开拓了我的视野，激发了我的勇气，让我认识到自己具有的潜能。还有，那次演讲为我赢得了一年的奖学金，这对我更有实际意义。

我开始渴求更多的知识。此后几年，我将自己的时间主要花在教学与学习两方面。为了支付迪保大学的学费，我还当过侍者，锅炉工，记账员，还做农活。

1896 年，我 19 岁时，已作过 28 场演讲，呼吁人们选举布莱恩为总统。助选时的新鲜和兴奋激发了我进入政界。进入大学后，我主修法律和公众演讲。其间，我作了一场《美国参议员是否由全民投票》的演说，大获全胜，让我成为校刊总编。

大学毕业后，我到俄克拉荷马州开了一家律师事务所，接办了一些涉及印第安保留区的法律问题。此后，我在州议院做了 13 年，在下议院做了四年。50 岁时，我入选美国参议员，实现了自己一生中最大的愿望。从 1927 年 3 月 4 日起，我从事此职至今。

我说这些往事，绝非想炫耀我的成就，只是希望给那些贫困子弟一些生活的勇气和信心，也许他们就像我小时穿着父亲旧衣服鞋子时一样苦恼、羞怯、自卑。

4

运用亚里士多德法则

智慧语录

一旦你以事实为基础，作出了一个很小心的决定，就要付诸实行。不要停下来重新考虑，不要迟疑、担忧和犹豫。

前面提到的卡瑞尔的奇妙公式是否是一个万能公式，是否能解决你所有的忧虑问题呢？不，当然不能。

那么当你面对忧虑时，应该怎么办呢？答案是，我们一定要学会用下面分析问题的三个基本步骤，并且用它们来解决各种不同的困难。这三个步骤是：

1.弄清事实；

2.具体分析事实；

3.得出结论，做出决定——然后依此行事。

这是亚里士多德所教的方法，也是他亲自实践过的。我们如果想解决那些逼迫我们、使我们日夜像在地狱里生活一样的问题，我们就必须运用这几个步骤。

我们先来看看第一步：弄清事实。弄清事实为什么如此重要呢？因为除非我们弄清事实，否则就不能很明智地解决问题。没有这些事实，我们就只能在混乱中摸索。这一方法是我研究出来的吗？不，这是已故的哥伦比亚学院院长郝基斯所说的。他曾经帮助过20多万学生解决忧虑的问题。他说，世界上的忧虑，一大半是因为人们没有足够的知识来作决定而产生的。他告诉我说：

混乱是产生忧虑的主要原因。比方说，如果我有一个问题，必须在下周二以前解决，那么在下周二之前，我根本不会去试着做什么决定。在这段时间里，我只集中全力去搜集有关这个问题的所有事实。我不会发愁，不会为这个问题而难过，不会失眠，只是全心全力去搜集所有的事实。等星期二到来之时，如果我已经弄清了所有的事实，一般来说，问题本身就会迎刃而解了。

如果一个人能够把他所有的时间都用在以一种十分超然、客观的态度去找寻事实，他的忧虑就会在知识的光芒下消失得无影无踪。

可是我们大多数人怎么做呢？如果我们去考虑事实，我们通常也只会像猎狗那样，去追寻那些我们已经想到的，而忽略其他的一切。我们只需要那些能够适合于行动的事实——适合于我们的如意算盘，适合于我们原有偏见的事实。

正如安德烈·马罗斯所说："一切和我们个人欲望相符合的看来都是真理，其他的一切，就会使我们感到愤怒。"

难怪我们会觉得要得到问题的答案是如此之难，如果我们认定二加二等于五，那不是连一个二年级的算术题都无法做吗？可世界上就有很多人偏说二加二等于五，或者是五百，结果让自己的日子很不好过。

关于这一点，我们能怎么样呢？我们要把情感排除在理智之外，用一种客观、超然的态度弄清事实。

要在我们忧虑的时候那样做不是一件简单的事。当我们忧虑的时候，往往情绪激动。不过，我找到了两个办法，有助于我们像旁观者一样很清晰客观地看清所有事实：

1.在搜集各种事实的时候，我假设不是在为自己搜集这些资料，而是在为别人，这样可以保持客观而超然的态度，也可以帮助自己控制情绪。

2.在试着搜集造成忧虑的各种事实时，有时候可以假设自己是对方的律师，换句话说，我也要搜集对自己不利的事实——那些有损于我的希望和我不愿意面对的事实。

然后我把两方面的所有事实都写下来，我通常发现，真理就在这个极端之间。

这就是我要说明的要点：如果不先看清事实的话，你、我、爱因斯坦，甚至美国最高法庭，也无法对任何问题做出很明智的决定。爱迪生很清楚这一点，他死后留下了2500本笔记簿，里面记满了有关他面临的各种问题的事实。

所以，解决我们问题的第一个办法是：弄清事实。在没有以客观态度搜集到所有的事实之前，不要去想如何解决问题。当然，如果不加以分析和诠释，即使把全世界所有的事实都搜集起来，对我们也丝毫没有好处。

事实上，仅仅在纸上记下很多事实，把我们的问题明明白白地写出来，就可能有助于我们得出一个很合理的决定。正如查尔斯·凯特林所说的："只要能把问题讲清楚，问题就已经解决了一半。"

让我看看事实是如何证明这种做法的效果吧，中国俗话说"百闻不如一见"，我们来看看一个人是怎样把这个理论变成行动的。

就拿盖伦·利奇菲尔德的事情来说。我认识他好几年了，他是一个远东地区非常成功的美国商人。1942 年，日军侵入上海，利奇菲尔德正在中国，下面就是他的故事：

日军轰炸珍珠港后不久，他们占领了上海，我当时是上海亚洲人寿保险公司的经理，他们派来一个所谓的"军方清算员"——实际上他是个海军将领——命令我协助他清算我们的财产。这种事，我别无选择，要么就跟他们合作，要么就算了，而所谓算了，也就是死路一条。

有一笔大约 75 万美金的保险费，我没有填在那张要交出去的清单上。我害怕万一日本人发现了这件事，可能会对我非常不利。果然，他们很快就发现了。

我在礼拜天下午听到这个消息，当时吓得要命。我直接回到上海青年会我住的房间，取出我的打字机。我打下：

1.我担心的是什么？我怕明天一早会被关进宪兵队里。

然后我打下了第二个问题：

2.我能怎么办？

我花了几个小时去想这个问题，写了四种我可能采取的行动，以及每种行动可能带来的后果。我想过解释，逃走，或是不再上班，但都不可能。

我决定礼拜一早上，照常到公司去上班。如果我这样做的话，很可能那个日本海军将领正在忙着，而忘掉我的事情。就算他想到了，也可能已经冷静下来，不会来找我麻烦。要是这样的话，我就没问题了。甚至如果他还来找我，我仍然还有个机会去向他解释，所以应该像平常一样，在礼拜一早上到办公室去，好像根本没发生什么事。

等我把所有事情都想过，决定采取第四个计划——像平常一样，礼拜一早上照常去上班。之后，我觉得大大地松了一口气。第二天早上我走进办公室的时候，那个日本海军将领坐在那里，嘴里叼根香烟，像平常一样地看了我一眼，什么话也没说。六个礼拜以后——谢天谢地，他被调回东京去了，我的忧虑就此告终。

就像我前面所说，我之所以能捡回一条命，可能是由于那个礼拜天下午我坐下来分析了各种不同的情况，以及各种情况可能带来的后果，然后冷静地作出决定。如果我不是那样做,没分析我的问题,作出决定,那个礼拜天下午我肯定六神无主,那天晚上也睡不着,礼拜一早上上班也一定愁容满面,惊恐不已。仅这一点,就可能引起那个日本海军头领的怀疑,他就会采取行动。

以后一次又一次的经验证明:渐渐作出决定,的确有很大的帮助。我们都是因为不能达成既定目的,不能控制自己,总是在一个令人难过的小圈子里打转,才会精神崩溃和难过的。我发现在一旦很清楚、很确定地做出一种决定之后,50%的忧虑就会消失,在我按照决定去做之后,另外还可以再消除40%。

也就是说,采取以下4个步骤,就能消除掉我90%的忧虑:

1.清楚地写下我所担心的是什么。

2.写下我可以怎么办。

3.决定该怎么办。

4.马上就按照决定去做。

威廉·詹姆斯说:“一旦作出决定,当天就要付诸实行,同时不必理会责任问题,也不必关心会有什么后果。”

他的意思是说:一旦你以事实为基础,作出了一个很小心的决定,就要付诸实行,不要停下来重新考虑,要毫不迟疑。不要怀疑自己,否则会引起其他的怀疑,不要一直回头看。

我问克拉荷马州一位成功的石油商人菲利浦,他是怎样将决心转化为行动的,他说:“我发现,如果问题超过一定的极限却仍然不停思考,一定会造成混乱和迟疑。当调查和反复思考对我们不利时,也就是我们应该下决心行动的时候了。”

马上利用盖伦·利奇菲尔德的方法来解决你的忧虑。

克服忧虑的真实故事

克服忧虑的四个办法

威廉·菲尔普

在耶鲁大学教授威廉·费尔普去世前不久，我有幸和他交谈了一下午，以下是我整理出来的谈话内容，讲的是费尔普教授克服忧虑的四个方法。

一、拥有热忱和积极的心态。24岁时，我忽然患了眼疾。看不到三五分钟，我的眼睛就像针扎一样难受。就是不看书，对光线也很过敏，以至于我不敢看窗户。我找到纽约最好的眼科学医生，也无济于事。每天下午四点后，我就只能呆在阴暗的角落，等着就寝。那时我很恐惧，担心丢掉了教师工作。后来却发生了一件奇异的事，证明意志力量是可以影响疾病的。在我视力状况最糟的那个冬天，我接受了一个邀请去为一个大学团体演讲。讲厅的天花板上挂着刺目的电灯，让我眼睛非常疼痛，在台上等着开演时我不得不看着地面。可是演讲的30分钟内，我完全没有感觉到疼痛，甚至可以直视灯光而不眨眼。可演讲一过，我又开始痛起来了。

通过这次经验，如果我专心致志地做某一件事，不仅是30分钟，有可能一周我的眼睛就可以好了。事实证明，心理的兴奋是可以战胜身体上的不适的。

我在船上也有过类似的经验。一次，我坐船跨越大西洋，当时腰痛得无法站起来走动，真是要命。在那种情形下，我应邀在甲板上作了一次演讲，演讲一开始，所有疼痛感都消失了，一直讲了一个多小时。演讲结束后，我回到房间就能自由地走动了，有一阵子我以为自己没事了。过了一会儿，又开始痛起来了。

这些经验证明，一个人的心理力量是多么重要。它让我意识到应该充分享受生活，将每天都当做自己生命的第一天，也是最后一天。对于日常生活的每一天，我都兴奋不已，而情绪激昂的人，是体会不到烦恼的。我热爱教学，并写过一本专著。对我而言，它不仅是一种职业，更是一种爱好和热情。我爱它，就像画家热爱绘画或歌唱者热爱歌唱一样。一早醒来，当我想到我那可爱的学生时，就充满喜悦。我想，成功是来自于热忱的。

二、我发现可以通过阅读一本引人入胜的好书,克服忧虑。59岁那年,有一段时间,精神很不好,几乎崩溃。我开始读大卫·威尔逊的书《卡莱尔传》。我完全沉迷于其中,渐渐也就忘却了自己的消沉和忧虑。

三、还有一种方法,当你感觉消沉时,强迫自己做一些忙碌的运动。清早一起来我就打五六个回合的网球,然后洗个澡,吃过饭后,下午再打18洞的高尔夫球。周末一直跳舞到凌晨一点。我想我的烦恼和忧虑随着汗水流走了。

四、很早以前我就学会避开匆忙,不在压力下工作。我一直相信韦尔伯·克罗斯的观点。他在康涅狄格州做州长时曾对我说:"当我面对繁杂的工作时,我会坐下来休息一下,抽抽烟,什么也不做。"

我懂得耐心和时间对消除忧虑大有好处。当我烦心某件事时,我试着去从正面想这些问题。我问自己:"两个月后,这些烦恼都会消失的,那我现在又何必担心呢,为什么现在就不像两个月后那样呢?"

5

将忧虑减半的四个步骤

智慧语录

重复一下这几个问题：
问题是什么？
问题的起因是什么？
可能解决的方法有哪些？
你建议用哪种解决的方法？

也许你看到这个标题，会说，这简直荒谬极了。它根本就是一文不值的空头支票。

这话一点不错，如果我在几年前看到这个题目也会产生同样的感觉。

坦率地说，也许我是做不到，因为我们曾说过，除了你自己，别人无法代替你去做。但你的确能做到这一点，你看看别人是怎么做的，剩下的就要你自己决定做不做了。

前面曾经提过世界著名的亚里西斯·卡瑞尔博士的话："不知道怎样抗拒忧虑的人，都会短命而死。"

既然忧虑的后果如此严重，那么如果我能帮你消除，哪怕只是其中的10%，你是否也觉得满意呢？……会的？……很好，我下面就要告诉你一位商人，他不仅消除了50%的忧虑，还减少了70%的以前用来开会、用来解决他生意上问题的时间。

我不会告诉你那些没法查证的故事，如某一位琼斯先生或我在俄亥俄州认识的某一个人。这个故事的主角是里昂·席孟金。多年来他一直是西蒙出版社的高层之一，现在是洛克菲勒袖珍图书公司董事长。

下面就是里昂·席孟金的经验：

15年来，我几乎每天花一半的时间开会和讨论问题。讨论我们是否该这样或那样，还是什么都不管。这使我很紧张，在椅子上坐立不安，或在办公室里走来走去，彼此争论，不停地绕着圈子，到了晚上我会弄得精疲力竭。我原以为我这辈子大概就只能这个样子了。而且一直这样做了15年，我并不觉得应该有什么更好的办法。如果有人告诉我可以减去那些花在会议上时间的3/4，即可以消除3/4的神经紧张，那么，我会认为他是一个睁着眼睛、咧着大嘴、不懂事的乐观主义者。可是，我现在确实能拟出一个能做到这一点的计划。这个办法我已经用了八年，对我的办事效率、我的健康和快乐来说，都有着意想不到的好处。

这话听起来像变魔术——可是就像所有的戏法一样，一旦你弄清楚是怎么做的，就非常简单了。

下面就是我的秘诀：

第一，我立即停止15年来我们会议中所使用的程序。以往，我的下属会先把问题的细节报告一遍，最后再问："我们该怎么办？"

第二，我订下一个新的规矩——任何一个想要把问题拿来问我的人，必须先准备好一份书面报告，并在报告中回答以下4个问题：

问题1：究竟出了什么问题？

以前我们开会通常要花一二个小时，还没有弄清楚真正的问题在哪里。我们常在开会时讨论我们的问题，却不肯提前花点时间明白地写出我们遇到的问题是什么。

问题2：问题的起因是什么？

我回顾一下，吃惊地发现我在这种会议上浪费了很多很多时间，却没有清楚地找出构成问题的基本要素是什么。

问题3：这个问题能找到哪些解决方法？

在以前的会议中，总有一个人建议一种解决方法，另外一个人会跟他辩论，大家发起火来，常常跑到题外去。而开完会时，还没有找到可以解决问题的有效方法。

问题4：你建议用哪一种方法？

以前跟我一起开会的人，通常会花上好几个钟头为一种情况担心，不断地绕圈子，从没有想过所有可能的解决方法，然后写下来：这是我建议的解决方案。

现在，我的手下很少把他们的问题拿来找我了。为什么？因为他们发现，为了要回答上面的四个问题，他们得把所有的事实搜集起来，把他们的问题仔细加以考虑。在他们做过这些之后，他们发现3/4的问题都不必再来找我商量。因为最适当的解决方案，就会像面包从烤面包机里跳出来一样。即使是在必须跟我讨论的情况下，所花的时间也不过是以前所花的1/3，因为讨论的过程非常有秩序并且符合逻辑，最后都能得到很明智的结论。

现在，袖珍图书公司的办公室里，不会有人再花那么多时间去担心会出什么问题，而更多的是以行动解决。

法兰克·毕奇尔是美国了不起的保险业巨头。他曾经用类似的方法，让他的忧虑减少，收入倍增。他说：

> 很多年前，我刚涉足保险业务时，对工作充满了热情。后来发生的一件事让我很消沉，我开始厌倦我的工作，甚至想过放弃。就在我打算辞职时，我想起了一件事。我坐下来，想找到我忧虑的原因所在。
>
> 首先，我问自己："问题到底出在哪儿了？"答案是：我访问过很多人，但业绩不佳，我似乎与他们谈得很好，可每当要成交的时候，他们却说，啊，让我再想想，什么时候你再来我们再谈谈吧。结果我又得找他，那样浪费了我很多时间。
>
> 第二，我问自己："有什么解决的办法？"要找到答案，我就得先找出事实。我拿出以前12个月的记录，查看上面的记录。
>
> 结果，我惊奇地发现，我所卖的保险里，有70%是第一次就成交的，另外23%是第二次见面时成交的，剩下的7%是第三、第四次……才谈成的。这些结果，让我很难过，也就是说，我几乎把一半的时间都浪费在7%的希望上。
>
> 第三，"我该怎么做？"答案很明白。我立即停止第二次以后的所有访问，把空出来的时间用来寻找新的客户。结果，在很短的时间里，我就把平均每次赚2.8美元的业绩提高到4.27美元。

毕奇尔是美国最著名的人寿保险推销员，每年接的业务有100万美元之多。曾经一度他想过放弃自己的职业，结果呢？分析问题让他迈向了成功。

你是否也应把这些问题应用在你的问题上呢？让我们记住这四项原则，重复一下这几个问题：

问题是什么？

问题的起因是什么？

可能解决的方法有哪些？

你建议用哪种解决的方法？

记住这四个原则。

克服忧虑的真实故事

熬得过昨天，就能过得了今天

陶乐丝·狄克斯

我曾经历过贫困和疾病，当人们问我是如何度过的，我常回答："熬得过昨天，就过得了今天。我不让自己去想明天会发生什么事。"

我体会过挣扎、焦虑和绝望的意义。我总是在不断透支自己的生命。回首过去，深感生活如同战场，遍布残缺和破灭的希望。每次战斗过后，都会伤痕累累，身心衰老。

不过，我从不因此顾影自怜，不为过去的烦恼悲伤流泪。对那些未曾经过苦难的幸运儿我也从不嫉妒，因为我实实在在地生活过。奋斗过，不只是存在而已。我满饮生活之酒，而别人只是尝到了杯边的泡沫。我了解了很多，而这些别人也许一辈子也不会懂得。我看明白了很多，而别人只是盲人，只有眼睛被泪水洗净的人，才能有真正广阔的视野。

在那些困苦的生活中，我学会了一个宝贵的人生哲理，这是那些生活优裕的人体会不到的。我学会珍惜每一天，不去预支明天的烦恼。恐惧让人怯懦，我努力将它们驱赶。经验告诉我，当我真正要面对恐惧时，上天会赐予我力量和智慧。我不再为琐事烦恼，当你经过了极度不幸，目睹了整个人生的残缺后，你不会在乎仆人是否在盘子下加了垫子，或是有人把汤泼在了你身上。

我学会了不要对他人期望过高，这样一来，无论是朋友对我不坦率还是一些人说闲话，我都会一笑置之，并继续与他们交往。我已经培养出一种幽默感，因为生活中令人啼笑皆非的事太多了。当一位女人遇到烦恼，能以自我解嘲代替歇斯底里，那么她已经坚强到没什么可以伤害她了。在痛苦中，我真正体会到了生命的意义，而这一点值得我为之付出代价。

6

让自己忙着

智慧语录

消除忧虑的最好办法,就是让你自己忙着,去做一些有用的事情。

我永远忘不了几年前的一个夜晚,我班上的一个学生道格拉斯的故事。

他家里遭遇了不幸,第一次失去了自己五岁的女儿,一个他非常喜欢的孩子。十个月后,上帝又赐给他们另一个女儿,而她只活了五天就死了。

接二连三的打击,对任何人来说都是无法接受的。他睡不着,吃不下,也无法放松或休息。"我的身体好像被夹在一把大钳子里,而这把钳子愈夹愈紧,愈夹愈紧。"如果你曾经因悲哀而感觉麻木的话,你就知道他的感受了。

感谢上帝,他还有一个四岁的儿子,他让他找到了解决问题的方法。有一天,他呆坐在那里为自己感到难过时,儿子问他:"爸爸,你愿不愿为我造一条船?"他实在没有兴趣,但那个小家伙很缠人,他只得顺从他的意思。

造那条船花了三个钟头,等到船弄好之后,他发现那三个小时,是他这段时间以来第一次有机会放松他的心情。这个大发现让他从昏睡中醒来。他发现,如果你忙着去做一些需要计划和思想的事,就很难再有时间去忧虑了。于是他决定让自己忙起来。

第二天,他将所有该做的事情列成了一张单子。有好些小东西需要修理,比如书架、楼梯、窗帘、门钮、漏水的龙头等。叫人想不到的是,在两个礼拜以内,他竟然列出了 242 件要做的事情。

在过去的两年中,那些事情大部分已做完。此外,他还参加了小镇上一些其他的活动。现在忙得不可开交,简直没有时间去忧虑。

丘吉尔在战事紧张时,每天要工作18个小时,当别人问他是不是为那么重的责任而忧虑时,他说:“我太忙了,我没有时间忧虑。”

查尔斯·柯特林在发明汽车的自动点火器时,也遇到过这种情形。他一直是通用公司的副总裁,负责世界知名的通用汽车研究公司,最近才退休。可是,当年他却穷得要用谷仓堆稻草的地方做实验室。家里的开销,都是靠太太教钢琴赚的钱。我问她太太,在那段时间她是不是很忧虑。她回答说是的,她担心得睡不着。可是柯特林先生一点也不担心,他整天埋头在工作里,没有时间去忧虑。

伟大的科学家巴斯特曾说:“在图书馆和实验室能找到平静。”因为在那里,人们都埋头工作,不会为自己担忧。做研究工作的人很少有精神崩溃的,因为他们没有时间来享受奢侈。

为什么“让自己忙着”就能赶走忧虑呢?因为这里有一个定律——心理学证明,不论一个人多么聪明,人的思想都不可能在同一时间想一件以上的事情。让我们做一个实验,假如你现在靠在椅子上,闭起两眼,试着在同一个时间去想:自由女神,你明天早上打算做什么?你会发现你只能轮流想其中一件事,而不能同时想两件事,对不对?从你的感情上说,也是这样。我们不能既激动地想去做一些很令人兴奋的事,又同时因为忧虑而停止下来。在同一时间里,一种感觉会把另一种感觉赶走。

就是这么简单的发现使从事心理治疗的军医,能够在战时创造奇迹。

一些从战场上退下来的人常患有“心理上的精神衰弱症”,军医就用“让他们忙着”来治疗。除睡觉外,每一分钟都让这些精神上受到打击的人活动:钓鱼、打猎、打球、拍照、种花以及跳舞等,根本不让他们有时间去回想他们那些可怕的经历。

“职业性的治疗”是近代心理医生所用的名词,也就是把工作当做治病的药。这种方法在公元前500年,古希腊的医生就已经采用了。

富兰克林时代,费城教友会也用这种办法。1774年有人去参观教友会的疗养院,发现那些精神病患者正忙着纺纱织布,这让他们很吃惊,他们认为这些可怜的病人在接受强迫劳动——后来教友会的人解释说,他们发现那些病人只有在工作时,病情才能真正有所好转,因为工作能安定神经。

著名诗人亨利·朗费罗年轻的妻子不幸由烧伤而去世后,他几乎发疯。幸好他有三个幼小的孩子需要他照料。他父兼母职,带他们散步,给他们讲故事,和他们一起嬉戏,并把他们父子间的感情永存在《孩子们的时间》一诗里。他还翻译了但丁的《神曲》。忙碌使他重新得到了思想的平静。就像班尼生在最好的朋友亚瑟·哈兰死的时候,曾经说过:“我一定要让自己沉浸在工作里,否则我就会在绝望中烦恼。”

对大多数人来说，在忙得团团转的时候，“沉浸在工作中”大概不会有多大问题。可是，下班之后——就在我们能自由自在地享受悠闲和快乐的时候——忧虑的恶魔就会开始向我们进攻。这时候，我们常常开始想，我们的生活中有哪些成就，我们的工作有没有步入正轨，上司今天说的那句话是否有“特殊的含义”，或者，我们的头发是否开始秃了……

我们不忙的时候，头脑里常常出现真空状态。每一个学物理的学生都知道，“自然界中没有真空状态。”一个白炽灯泡一打破，空气就立刻钻进去，填充了理论上称之为真空的那一块。

你的头脑空闲下来，也会有东西进去填充。是什么呢？通常都是各种感觉、为什么呢？因为忧虑、恐惧、憎恨、嫉妒和羡慕等等情绪，都是由我们的思想所控制的，它们会把我们思想中所有的平静、快乐思想情绪都赶出去。

詹姆斯·马歇尔是哥伦比亚师范学院教育学的教授，他在这方面说得很好：“忧虑最能伤害你的时候，不是在你有所行动的时候，而是在一天的工作结束以后。这时你的想象力开始混乱，使你把每一个小错误都加以夸大。你的思想就像一辆没有装货的车子横冲直撞，撞毁一切，直至把自己也撞成碎片。消除忧虑的最好办法，就是让自己忙着，去做一些有意义的事。”

不是大学教授也会明白这个道理，也能付诸实践。第二次世界大战时，我遇到了一对家住芝加哥的夫妇。他们告诉我，他们的儿子在珍珠港事变的第二天参加了陆军，那位夫人因为每天担心儿子的生命安全，几乎损害了自己的身体健康。

我问她，后来是怎么克服忧虑的呢？她回答说：“我让自己忙着。”最初她把女佣辞退，想让自己忙家务，可没什么效果。“原因是，我做家务时基本上是机械化的，完全不用脑子。所以当我铺床、洗碟子的时候还是一直担忧着。我发觉自己需要一个新的工作，以使我每一个小时都忙碌不停，于是我到一个大百货公司去做售货员。”

“这下好了，”她说，“顾客挤在我四周，问我价钱、尺寸、颜色等问题，没有一秒钟能让我去想工作以外的事情。晚上，我只想如何才能让双脚休息一下。每天吃完晚饭后，我倒头便睡，既没有时间，也没有体力再去忧虑。”

她发现的这一点，正如约翰·考伯尔·伯斯在《忘记不快的艺术》一书中说的：“舒适的安全感、内在的宁静和一种因快乐而反应迟钝的感觉，都能使人类在专心工作时精神镇静。”

而能做到这点多么好。世界著名的女冒险家奥萨·琼生告诉了我她是如何从忧虑中解脱的。奥萨·琼生15岁结婚。25年来，她与丈夫一起周游世界各地，拍摄亚洲和非洲逐渐绝迹的野生动物的影片。九年前他们回到美国，到处做旅行演讲，放映他们那些有名的电影。他们在飞往西岸时，飞机撞了山，她丈夫当场身亡，医生说她永远不能再下床了。可是，3 个月之后，她却坐着轮椅发表演讲。当我问她为什么这样做的时候，她说："我之所以这样做，是让我没有时间再去悲伤和忧虑。"

海军上将拜德在覆盖着冰雪的南极小屋里单独住了五个月，方圆百里之内，没有任何一种生物存在。气候寒冷，连呼吸都被冻住了。在《孤寂》一书中，他叙述了在既难熬又可怕的黑暗里所过的那五个月的生活，他说他必须忙个不停才不至于发疯。

"晚上熄灯之前，我就安排好第二天的工作。比如：一个小时去检查逃生用的隧道，半个小时去挖坑，两个小时去修拖人用的雪橇……"

"能把时间分开安排。是非常有益的。它使我产生一种可以主宰自我的感觉。否则，日子就会过得没有目的。而没有目的，这些日子就会像平常一样，最后弄得乱七八糟。"

已故的原哈佛大学医学院教授理查·柯波特在他的《生活的条件》中指出："作为大夫，我很高兴看到工作可以治愈病人。他们染上的，是由于过分恐惧、迟疑、踌躇所带来的病症。而工作能带给人们勇气，就像爱默生永不消失的自信一样。"

要是我们不能一直忙着，而是坐着发愁，头脑中就会产生一大堆达尔文称之为"胡思乱想"的东西，而这些"胡思乱想"就像传说中的妖精，会掏空我们的思想，摧毁我们的意志。

我认识纽约的一个企业家，他用忙碌来赶走那些"胡思乱想"。使自己没有时间去烦恼和忧虑。他叫屈伯尔·朗曼，也是我成人教育班的学生。他征服忧虑的经历非常有意思，也非常特殊。所以，下课之后，我请他和我一起去吃夜宵，我们在一家餐厅中坐到深夜，谈着他的那些经历。下面就是他告诉我的一个故事：

> 18 年前，我因忧虑过度而患失眠症。当时我精神紧张，脾气暴躁且不稳定，我觉得我快要精神分裂了。
>
> 我如此忧虑是有原因的。我当时是纽约皇冠水果制品公司的财务经理，我们投资了 50 万美元，把草莓包装在一加仑装的罐子里。20 年来，我们一直把这种一加仑装的草莓卖给制造冰淇淋的厂商。后来有段时候，我们的销售量大跌。因为那些大的冰淇淋制造商，像国家奶制品公司之类的，产量急剧增加。为了节省开支，降低成本，他们都买 36 加仑一桶的

桶装草莓。

我们不仅无法销售50万美元的草莓，而且根据合同规定，在今后的一年之内，我们还必须继续购买价值100万美元的草莓。我们已经向银行借了35万美元，现在，既无法还清借债，也无法筹集到需要的款项，所以，我非常忧虑。

我赶到我们在加利福尼亚州华生维里的工厂里，想要让我们的总经理知道情况有所改变，我们可能面临毁灭的命运，但他不肯相信，却把这些问题全都归罪于纽约公司那些可怜的业务员身上。

经过几天的请求，我终于说服他不再按旧的方式包装草莓，而把新的制品放到旧金山的新鲜草莓市场上卖，这样做才能解决我们部分问题。按理我不该再忧虑了，可是，我仍然无法做到这一点。忧虑是一种习惯，而我已染上了这种习惯。

回到纽约之后，我又开始为每一件事担忧。对在意大利购买的樱桃、在夏威夷购买的凤梨等等，我都非常紧张不安，睡不着觉。就像我刚刚说过的那样，我简直就快要精神崩溃了。

在绝望中，我换了一种崭新的生活方式，它治好了我的失眠症，也使我不再忧虑。我尽量使自己忙碌，忙到我必须付出所有的精力和时间，以致没有时间去忧虑。过去，我每天工作七个小时，现在我开始每天工作15到16个小时。我每天清晨八点钟就到办公室，一直呆到半夜。等我半夜回到家的时候，总是筋疲力尽地倒在床上，很快便进入梦乡。

这样过了差不多有三个月，我终于改掉忧虑的习惯，又重新回到每天工作七到八个小时的正常情形。这件事情发生在18年前，从那以后，我就没有再失眠和忧虑过。

肖伯纳说得很好，他说："让人愁苦的秘诀就是，有空闲时间来想想自己到底快乐不快乐。"所以不必去想它。让自己忙碌起来，你的血液就会开始循环，你的思想就会变得敏锐——让自己一直忙着，这是世界上最便宜的一种药，也是最好的一种。

消除忧虑的最好办法：

让自己忙着。

克服忧虑的真实故事

我以为自己没有明天

J.C.潘尼

1902年4月14日，一个年轻人口袋里只有500美元却梦想成为百万富翁，他在怀俄明州的一个千人小镇上开了一家绸布庄。他和妻子住在店铺的阁楼上，用一个大木箱当桌子，用另外一些小木箱当椅子。妻子用毯子将婴儿裹住放在柜台下睡觉，她则站在柜台边，帮丈夫招呼顾客。然而今天，全世界最大的连锁绸布店就是以这个年轻人的名字命名——J·C·潘尼，1600个分店遍布全美各州。最近在与他共进晚餐的一次机会中，他告诉了我他一生中富有戏剧性的经历。

许多年前，我经历了人生中一次最难忘的体验，当时我陷入忧虑和绝望中。而这些都与公司业务无关，相反生意十分顺利。但由于我的一些错误决定，导致公司在1929年经济大萧条之前破产。我受到众人指责，非常困扰，开始失眠，久而久之成了一种痛苦的皮肤病——带状疱疹。我找埃格尔斯顿医生求助，他是我小学和高中的同学，他认为我病得严重，必须马上休息，开始治疗。但没有任何效果，我身体越来越差，精神已面临崩溃。看不到任何希望。我觉得没有生存的意志了，没有什么可以依靠，包括朋友和我家人。

一天医生给我开了镇静剂，但药效很快过去。我醒来后，疼痛让我觉得这是我生命的末日了。于是我给妻子、儿子写了遗书，告诉他们，我已经没法活到明天天亮了。

可第二天早上我醒来了，我简直不敢相信自己还活着。下楼后听到了教堂传来的弥撒圣歌声，突然间我觉得自己仿佛被人从黑暗中引到温暖明亮的阳光中，从地狱步入了天堂。我慢慢体会到，我唯一的出路是自己拯救自己，没有人能拯救我。从那天开始，我不再忧虑。

现在我已71岁，我想我一生中最戏剧性最光辉的时刻，就是在那个小教堂里。

7

生活在今天的密封舱里

智慧语录

为明天做好准备的最好方法就是集中你所有的智慧、所有的热诚,把今天的工作做得尽善尽美,这就是你迎接未来的惟一办法。

1871 年春天,一个年轻人看到一本书,里面有一句话对他的前途产生了巨大的影响。他是蒙特瑞医院的一个学生。他当时正满怀忧虑,担心如何通过期末考试、要做什么、到哪里去,怎样才能开业、才能谋生等。

如今他已成为当时最有名的医学家,他创造了闻名世界的约翰·霍普斯金斯医学院,成为牛津大学的客座教授,并被英王册封爵位。他的后半生无忧无虑,需要上千页的书才能记述他的一生。

他的名字叫做威廉·奥斯勒爵士。他在 1871 年春天看到的那句由汤姆斯·卡莱里所写的话,帮助他度过了无忧无虑的一生,这句话就是:“对我们来说,首先要做的事情不是去观望遥远的将来,而是做手边的清晰之事。”

42 年之后,在一个温暖的春夜,郁金香开满了校园,威廉·奥斯勒爵士正在对耶鲁大学的学生发表演讲。他对那些耶鲁大学的学生们说,像他这样一位曾经在四所大学当过教授、写过一本很受欢迎的书的人,似乎应该有一个“特殊的头脑”,其实不然。他说,他的一些好朋友都知道,他的脑筋其实“最普通不过了”。

那么他成功的秘诀到底是什么呢?他认为,这完全是因为他生活在一个“只有今天的密封舱”里。他这句话是什么意思?让我们先看看下面这则故事吧!

奥斯勒爵士到耶鲁演讲的几个月前，他乘坐一艘巨轮横渡大西洋，看见船长站在舵室里，揿下一个按钮，轮船立即发出一阵机械运转的声音，船的几个部分立刻彼此隔绝开来——分成了几个完全封闭防水的隔水舱。在对耶鲁大学学生演讲时，奥斯勒说：

> 你们每个人的身体组织都要比那艘海轮精密得多，要走的航程也遥远得多，我要劝告各位的是，你们要学习那位船长，学会怎样控制一切，生活在一个“只有今天的密封舱”里，这才是确保航行安全的最好方法。只要你到舵室去，就会发现那些大的隔离舱都可以使用，按下按钮，注意倾听你生活的每一个层面，用铁门把过去隔断，隔断已经逝去的昨天；按下另一个按钮，用铁门把未来也隔断，隔断那些尚未来临的明天。这样你就保险了——你有的只是今天……切断过去，将已逝的过去埋葬；切断那些把傻子引上死亡之路的昨天……明天的重担，加上昨天的重担，会成为今天的最大障碍。未来就在于今天，没有明天这个东西，人类得到救赎的日子就是现在。精力的浪费、精神的苦闷，都会紧跟着一个为未来担忧的人。那么把船前船后的大隔舱都关闭吧，准备养成一个好习惯，生活在一个“只有今天”的密封舱里。

这么说来，我们是不是不要憧憬明天，不应该为明天作准备呢？不！绝不是这样！在那次演讲中，奥斯勒继续说道，为明天做好准备的最好方法就是集中你所有的智慧和热诚，把今天的工作做得尽善尽美，这就是你迎接未来的惟一办法。

但也许你会说，昨天已经过去，人们不可能不去回忆；明天即将来临，人们怎会不去憧憬？

是的，一定要为明天着想。但要小心地考虑、准备，可是不要为明天而担忧。

◎一次只漏一粒沙

二战期间，军事领袖必须做好将来的计划，但他们绝对不能有任何忧虑。美国海军上将欧内斯特基说：“我们将最好的装备提供给最好的士兵，然后尽可能向他们作出最明智的命令，这些就是我所做到的。”

“若是一条船沉了，我不能把它捞起来。船在往下沉，我也挡不住。我把时间花在解决明天的问题上，要比为昨天的问题而后悔好得多了。何况我如果总是为这些事情而烦心，我是无法支持很久的。”

不论是在战时还是在和平时代，好的想法和坏的想法的区别是：好的想法考虑到原因和结果，从而得出一个很合乎逻辑、很有建设性的计划；而坏的想法通常会导致一个人的紧张和精神崩溃。

最近我荣幸地访问了苏斯伯格，他是《纽约时报》发行人。他告诉我，二战开战后，他非常震惊，对未来很担忧，以至于失眠。他常半夜起来画自画像，他对绘画并不精通，但他想通过这样让自己不再担心。后来他看到了赞美诗中的话，他将它作为座右铭，最终克服了忧虑。这句话是：只要一步就好了。

> 指引我，仁慈的光……
> 请你常驻我身旁，
> 我并不奢望远方的风景，
> 只要一步就好。

与此同时，一个年轻人学到了这一课。他叫本杰米诺。看看泰德·本杰米诺的故事。他住在马里兰州的巴尔的摩城——他曾经忧虑得几乎完全丧失了斗志。他写道：

> 1945 年 4 月，我忧愁得患了一种病，医生称之为结肠痉挛症，这种病使人极为痛苦，如果战争那时还不结束，我想我整个人都会垮了。
>
> 当时我整个人精疲力竭。我在第 94 步兵师，担任士官，负责建立和保持一份在战争中死伤和失踪者的记录，还要帮忙发掘那些在战争激烈的时候被打死的、被草掩埋在坟墓里的士兵。我要收集那些人的遗物，要准确地把那些东西送回到他们的家人或近亲手里。我一直在担心，怕我们会造成那些让人很窘迫的或者是很严重的错误，我担心我是不是能撑得过去，我担心是不是还能活着回去把我的独生子抱在怀里——一个我从来没有见过的 16 个月大的儿子。我既担心又疲劳，整个人瘦了 34 磅，而且担忧得几乎发疯。我一想到自己瘦弱不堪地回家就害怕，我整个人都崩溃了，哭得像个孩子，浑身发抖……有一段时间，也就是德军最后开始大反攻不久，我常常哭泣，我几乎放弃还能成为一个正常人的希望了。
>
> 最后我住进了医院。一位军医给了我一些忠告，就是这些忠告改变了我的整个生活。在为我做完一次彻底的全身检查之后，他告诉我，我的问题纯粹是精神上的。“泰德，”他说，“我希望你把你的生活想像成一个

沙漏，你知道在沙漏的上一半，有成千成万粒的沙子，它们都慢慢地很平均地流过中间的那条细缝。除了弄坏沙漏，你我都无法让很多沙粒同时通过那条窄缝。你、我和每一个人，都像这个沙漏。每天早上开始时，有一大堆工作等着去做，让我们觉得自己一定得在当天完成。可如果我们不是一次做一件，让它们慢慢地平均通过这一天，像沙粒通过沙漏的窄缝一样，那我们就一定会损害到我们自己的身体或精神了。”

当军医告诉我这段话之后，我就一直奉行着这种哲学。“一次只流过一粒沙，一次只做一件事。”这句忠告在战时挽救了我的身心。在我此后的工作中也给了我莫大的帮助。

目前生活中最可怕的就是我们医院里大概有一半以上的床位是给精神上有问题的人准备的。他们都是被昨天和今天加起来的重担所压垮的。而这些人只要能奉行“不要为明天忧虑”或“生活在今天的密封舱里”这个原则，大都能过上快乐的生活。

◎每天都是新的

你和我，在目前的一瞬间，都站在两个永恒的交汇点上——已经永远的过去，以及延伸到无尽的未来——我们都不可能生活在这两个永恒之中，一秒也不行。如果你想那样，就会毁了自己的。因此，我们就以能活在今天的这一刻而满足吧。“从现在一直到我们上床，不论任务多重，每个人都要支持到夜晚的来临；不论工作有多忙，每个人都只能做他当天的工作，每个人都很甜蜜、很有耐心、很可爱、很纯洁地活到太阳下山，这就是生命的真谛。”罗勃文森这样说。

不错，生命对我们所要求也只有这些。谢尔德太太在学到这一点之前，一度颓废到想自杀，她的事情是这样的：

1937 年，我丈夫死了我觉得很绝望。当时我几乎身无分文，我写信给以前的老板，请他让我从事以前的工作，我以前给各校推销世界百科全书。两年前丈夫生病时，我卖了汽车，勉强买了一部旧车又开始卖书。

我想，再回去做事可以暂时让我忘掉一切，可是一边驾车，一边吃饭，我无法忍受。在有些地方也没做出任何业绩。分期买旧车的钱不多，但对我仍然是个沉重的负担。

1938 年春，我在密苏里州一个市推销，那里学校太穷，交通不便，我一个人又孤苦无依，有一次我想到了自杀。我觉得活着没有什么希望。每天早上一醒来我都害怕面对，我怕一切，怕付不出车钱，怕付不起房租，怕没有东西吃，怕健康变坏，若不是怕妹妹为我难过，我差点就自杀了。

有天，我看到了一篇文章，它给了我继续活下去的勇气，这当中有一句话让我振作。“对一个聪明的人来说，每一天都是一个新生命。”

我打下这句话，贴在我的车子上，让我每分钟都能看见。我发现一个人每次只活一天并不难。我学会忘记过去，不想将来，每天都是一个新的生命。

我最终成功地克服我的孤独和恐惧。现在活得很快乐。我想不论以后还会遇到什么，我都不会再害怕了。我一直记住那句话。

◎把握今天

你猜下面这几行诗是谁写的：

> 这个人很快乐，也只有他能快乐，
> 因为他把今天称之为自己的一天；
> 他在今天能感到安全，能够说：“不管明天怎么糟，我已过了今天。”

这几句话听起来很现代，却是由古罗马诗人贺拉斯所写。

我知道人性中最可怜的一件事就是，我们所有的人都喜欢拖延着不去生活，我们都喜欢梦想天边的一座奇妙的玫瑰园，而不去欣赏今天就开放在我们窗口的玫瑰。

我们为什么会变成这种傻子——一种可怜的傻子呢？

史蒂芬·李柯克写道：“我们生命的历程是多么奇怪啊。小孩子说：‘等我是个大孩子的时候。’可是又怎么样呢？大孩子说：‘等我长大成人之后。’然后等他长大成人了，他又说：‘等我结婚之后。’可是结了婚，又能怎么样呢？他们的想法变成了‘等到我退休之后’。然后，等到退休之后，他回头看看自己所经历过的一切，似乎有一阵冷风吹过来。不知怎么的，他把所有的都错过了，而一切又一去不复回。”

我们总是无法及早学会：生命就在生活里，就在每一天、每一秒、每一刻里。你大概还记得白雪皇后所说的：“这里的规矩是，明天可以吃果酱，昨天可以吃果酱，但今天不准吃果酱。”我们大多数人也是这样——为昨天的果酱发愁，为明天的果酱发愁——却不会在我们今天吃的面包上涂上厚厚的果酱。

就连那位伟大的法国哲学家蒙坦格尼也犯过同样的错误，他说：“我的生活中,曾充满可怕的不幸,而那些不幸大部分从来没有发生过。”我的生活,和你的生活,也都一样。

伟大的诗人但丁也说过:“想一想,这一天永远不会再来了。”生命正在以令人难以置信的速度飞快地溜过,我们的空间以每秒 19 里的速度飞驰,但只有今天是我们最值得珍惜的一段时间,也是我们惟一能够把握的时间。

这也就是拉维尔马斯的想法。我最近在他的农场里度过了一次周末。我注意到他把《圣经·诗篇》第 118 篇的句子,装上镜框,挂在墙上,让他可以时常看见。

这是耶和华所订的日子,
我们要在其中高兴欢喜。

约翰·雷斯金在他的桌上放了一块石头,上面只刻了两个字:今天。我镜子上也贴着一首诗,我每天早上刮胡子都能看见,这是印度著名的戏剧家卡里达莎写的《向黎明致敬》:

看这天!
它是生命,生命中的生命。
在这短短的时间里
包含着变化与现在:
生长的福祉,
行动的光荣,
成就的辉煌。
因为,
昨天恍如一梦,
明天只是一个幻象,
但活在美好的今天,
能让每个昨天都是快乐的梦
每个明天都是希望的影
把握今天吧
这是对黎明的敬礼!

所以要停止忧虑,就要:

生活在只有“今天”的密封舱里。

克服忧虑的真实故事

运动也可以消除忧虑

科洛莱尔·艾迪·伊根

每当我发现自己有了烦恼，或是为一件事反复纠缠，像绕着圈子寻找水源的骆驼一样时，我就用运动帮我驱逐这些忧虑。

我可能去跑步，或是到乡间散步，或是打半个小时的沙袋，或是打网球。无论做什么，运动总是能让人精神焕发。每到周末，我会做很多运动。比如绕高尔夫球场跑一圈，或到阿第伦达克山滑雪。当生理上觉得累时，心理上也不再烦恼了。当我再度回到工作中，就会充满新的活力。

在纽约工作时，我经常到俱乐部健身房去运动一小时。没法一面滑冰或打球，一面想心事，因为忙得没有时间烦恼忧虑。运动时，满天阴霾或化作几朵小云，新的想法或行动很快就能将它摆平。

运动是消除忧虑的最佳解药。当你烦恼时，多用肌肉，少动脑筋，会有意想不到的效果。对我来说，这种方法相当有效，当我开始运动时，忧虑也就自动消失了。

8

不要为小事而烦恼

智慧语录

一些犯了大错的人，常常是因自尊心受到小小的损害。一些小小的屈辱，虚荣心不能满足，结果造成世界上半数的伤心事。

人活在世上只有短短几十年，却浪费了很多时间，去发愁一些一年之内就会忘了的小事。

给你讲一个最富戏剧性的故事，主人公叫罗勃·魔尔。

1945 年 3 月，我在中南半岛附近 276 英尺深的海下，学到了一生中最重要的一课。当时，我正在一艘潜水艇上。我们从雷达上发现一支日军舰队——一艘驱逐护航舰，一艘油轮和一艘布雷舰——朝我们这边开来。我们朝驱逐护卫舰发射了三枚鱼雷，都没有击中，它也没有发现我们的攻击，继续向前开去。突然，那艘布雷舰直朝我们开来。（一架日本飞机，把我们的位置用无线电通知了它。）我们潜到 150 英尺深的水下，以免被它侦察到，同时作好应付深水炸弹的准备，为了保持深潜的绝对稳定，还关闭了整个冷却系统和所有的发电机器。

3 分钟后，突然天崩地裂。6 枚深水炸弹在四周炸开，把我们直压到海底 276 英尺深的地方。深水炸弹还在不停地往下投，整整 15 个小时，有一二十个就在离我们 50 尺左右的地方爆炸——若深水炸弹距离潜水艇不到 17 英尺的话，潜艇就会被炸出一个洞来。当时，我们奉命静静地躺着，保持镇定。我吓得无法呼吸，不停地对自己说："这下死定了……"潜水艇的温度几乎有100多度，可我却怕得全身发抖，一阵阵冒冷汗。15个小时后攻击停止了，显然那艘布雷船用光了所有的炸弹后开走了。这15个小时，在我感觉好像有1500万年。我过去的生活一一出现在眼前，我记起了做过的所有的坏事和曾经担心过的一些很无聊的小事。我曾担忧过，没有钱买自己的房子，没有钱买车，没有钱给妻子买好衣服。下班回家，常常和妻子为一点芝麻小事吵架。我还为我额头上一次车祸留下的一个小疤发过愁。

在深水炸弹威胁生命时，多年以前那些令人发愁的事，显得那么荒谬、渺小。当时我对自己发誓，如果我还有机会再看到太阳和星星的话，我永远不会再忧愁了。在这15个小时里，我所学到的比我在大学念四年书学到的要多得多。

我们通常都能很勇敢地面对生活里那些大的危机，却会被那些小事弄得垂头丧气。

比如维恩爵士走上断头台的时候，他没有要求别人饶命，却要求刽子手不要一刀砍中他脖子上那块有伤的地方。

这也是伯德上将在又冷又黑的极地之夜的发现。他手下的人常常为一些小事情而难过，对大事却没有足够的关心。他们能够毫不埋怨地面对危险而艰苦的工作，在零下80度的寒冷中做事，“可是，”伯德上将说，“我却知道有好几个同房的人彼此都不讲话，因为埋怨对方把东西乱放，占了他们自己的地方。我还知道，队里有一个讲究所谓空腹进食、细嚼健康法的家伙，每口食物一定要嚼过28次才吞下去；而另外有一个人，一定要在大厅里找到一个看不见这家伙的位子坐着，才能吃得下饭。”

“在南极的营地里，”伯德上将说，“任何类似的小事情，都可能把这些训练有素的人逼疯。”其实伯德上将，还可以加上一句话：“小事”如果发生在夫妻间的生活里，也会把人逼疯，还会造成“世界上半数的伤心事”。

这话也是权威人士说的，如芝加哥的约瑟夫·萨伯斯法官在仲裁过四万多件不愉快的婚姻案件之后说道：“婚姻生活之所以不美满，最基本的原因通常都是一些小事情。”

而纽约郡的地方检察官弗兰克·霍根也说：“我们处理的刑事案件里，有一半以上都因为一些很小的事情：在酒吧里逞英雄，为一些小事情争争吵吵，讲话侮辱别人，措辞不当，行为粗鲁——就是这些小事情，结果引起伤害和谋杀。很少有人真正天性残忍，一些犯了大错的人，都是因自尊心受到小小的损害。一些小小的屈辱，虚荣心不能满足，结果造成世界上半数的伤心事。”

罗斯福夫人刚结婚的时候,她忧虑了好多天,因为她的新厨子做饭做得很差。“可如果事情发生在现在,”罗斯福夫人说,“我就会耸耸肩膀把这事给忘了。”好极了,这才是一个成年人的做法。就连凯瑟琳女皇——这个最专制的女皇,在厨子把饭做得不好的时候,通常也只是付之一笑。

一次,我们到芝加哥一个朋友家吃饭,分菜时他有些小事没有做好。大家都没在意,可他妻子却马上当着大家的面就跳起来大声指责他:“约翰,你怎么搞的!难道你永远也学不会分菜吗?”她又对大家说:“老是一错再错,一点也不肯用心。”也许他确实没有做好,可我真佩服他能和他的妻子相处20年之久。说心里话,我宁愿只吃一两个抹上芥末的热狗——只要能吃得舒服——也不愿意一边听她啰嗦,一边吃北京烤鸭。

不久,我和妻子邀请了几个朋友来吃晚餐。客人快到时,妻子发现有三条餐巾和桌布颜色配不上。她后来告诉我:“我发现另外三条餐巾送去洗了。客人已到门口,我急得差点哭了出来。我埋怨:‘为什么会有这么愚蠢的错误让它毁了我一整个晚上?我突然想到,为什么要为它不高兴呢?’我决定走进去好好吃晚饭,享受一番。我情愿让朋友们认为我是一个比较懒散的家庭主妇,也不愿意让他们认为我是一个神经质的脾气不好的女人。据我所知,根本没有一个人注意到那些餐巾。”

大家都知道:“法律不会去管那些小事。”人也不应该为这些小事忧愁,如果他想获得心理的平静。

实际上,要想克服一些小事引起的烦恼,只要把看法和重点转移一下就可以了。它会让你有一个新的、开心一点的看法。我的朋友作家荷马·克罗伊告诉我,过去他在写作的时候,常常被纽约公寓热水灯的响声吵得快要发疯了。

后来,有一次我和几个朋友出去露营,当我听到木柴烧得很旺时的响声,我突然想到:这些声音和热水灯的响声一样,为什么我会喜欢这个声音而讨厌那个声音呢,回来后我告诫自己:火堆里木头的爆裂声很好听,和热水灯的声音差不多。我完全可以蒙头大睡,不去理会这些噪音。结果,头几天我还注意它的声音,慢慢地我就完全忘记了它。

很多小忧虑也是如此。我们不喜欢一些小事,结果弄得整个人很沮丧。其实,我们都夸张了那些小事的重要性……

狄斯累利说:“生命太短促了,不能再只顾小事。”

摩里斯在《本周》杂志里说:“这些话,曾帮我度过很多。我们常常让自己因为一些小事,一些应该不屑一顾的、很快就该忘记的小事弄得心烦意乱……我们在这个世界上只能活短短的几十年,而我们浪费了很多不能再补回的时间，去为一些一年之内就会被所有人忘记的小事发愁。不要这样，让我们把自己的时间、生活只用于值得做的行动和感觉上，去做必须做的事，因为生命太短促了，不该再顾及那些小事。”

就像基普林这样有名的人，有时也会忘了“生命太短促了，不能再只顾小事。”其结果呢？他和他的内弟打了一场佛蒙特有史以来最有名的一场官司——这场官司打得有声有色。故事是这样的：

基普林娶了一个佛蒙特本地的女子巴莱斯蒂尔，他们造了一间很漂亮的房子在布拉特，并在那里定居下来，准备度过余生。他的内弟成了他最好的朋友，他们俩一起工作，一起娱乐。

后来，基普林从内弟手里买了一些地，事先协议好内弟可以每一季在那块地上割草。有一天，内弟发现基普林在那片地上建了一个花园，他很生气。基普林与他争论，弄得佛蒙特绿山上的天都变黑了。

几天之后，基普林骑着他的脚踏车出去玩的时候，他的内弟突然驾着一部马车从路的那边转了过来，逼得基普林从车上跌了下来。基普林最后告到官府，把他内弟抓了起来。接下来是一场很热闹的官司，大城市里的记者都挤到这个小镇上来，新闻传遍了全世界。事情没办法解决，后来基普林和他的妻子永远离开了他们在美国的家。

佩里克莱斯在2400年前说过：“来吧，各位！我们在小事情上耽搁得太久了。”不错，我们的确如此！

下面是哈里·爱默生·福斯狄克博士说过的一个很有意思的故事。

在科罗拉多州山峰的山坡上，躺着一棵大树的残躯。自然科学家告诉我们，它已经有400多年的历史。初发芽的时候，哥伦布才刚在美洲登陆。第一批移民到美国来的时候，它才长了一半大。在它漫长的生命里，曾经被闪电击中过14次；400年来，无数狂风暴雨侵袭过它，它都能战胜它们。但最后，一小队甲虫攻击这棵树，使它倒在了地上。那些甲虫从根部往里面咬，它们很小，但持续不断的攻击，渐渐伤了树的元气。这样一个森林里的巨人，岁月不曾使它枯萎，闪电不曾将它击倒，狂风暴雨没有伤着它，却因一小队可以用大拇指跟食指捏死的小甲虫而终于倒了下来。

我们不都像森林中的那棵身经百战的大树吗？我们也经历过生命中无数狂风暴雨和闪电的打击，都撑过来了。可是我们有些人却让自己的心被忧虑的小甲虫咬噬——那些用大拇指和食指可以捏死的小甲虫。

几年前，我和谢菲尔德先生及一些朋友准备去参观提顿公园里洛克菲勒的一座房子,结果我的车因转错了弯迷了路。等我到达时,谢菲尔德先生早到了,他没有开大门的钥匙,所以他只好在那个炎热、蚊蝇横飞的森林里等了几个小时。当我到达时,他在忙着赶蚊虫吗?不,他用一枝小白杨做了一个笛子,正在吹着呢。

不要让自己因为一些应该抛开和忘记的小事烦心,要记住:“生命太短促了,不要再为小事烦恼。”

别为小事而忧虑。

克服忧虑的真实故事

我曾是忧虑大王

吉姆·伯索尔

17年前，我在弗吉尼亚上军事院校时，被称为“弗吉尼亚忧虑大王”。我常因为过度忧虑而病倒，以至于学校有一张病床是专为我留的。护士一看到我，就要帮我注射。我是如此烦恼忧虑，有时候甚至连自己为什么烦恼都不知道。我担心物理不及格，会被学校开除。我担心消化不良失眠会影响自己的健康；我担心我的钱不够，不能请女朋友去跳舞，她会嫁给其他的同学……我时时刻刻都在为这些而忧虑着。

绝望之余，我把痛苦告诉了企管系的巴德教授。

与他谈话15分钟，对我身心的帮助，要比大学四年学的东西还要多。他说：“吉姆，你应该面对现实，如果你用一半时间不去忧虑而是想解决办法，你就不会这样烦恼了。忧虑只是你的一个坏习惯。”

他帮我订了三条消除忧虑的方法：

一、找到使你烦恼的真正问题是什么；

二、找到问题的原因；

三、采取积极的行动，解决这些问题。

谈话后，我根据此作了一个积极的计划。我不再为物理学不及格烦恼，而是思考导致这个结果的根源所在；我知道我并不是天生就笨，我之所以没通过，是因为我对这门功课没有兴趣，我觉得它对我将来要从事的职业没有益处。但是，我决定改变这种想法，我对自己说：“如果学校要求通过物理考试才能取得学位，你能抗拒吗？”

于是我重修物理，并通过了。如果我不再浪费时间为物理如何困难而烦恼，我反而能专心了。

为了解决经济问题，我做一些勤工助学，如在舞会上卖鸡尾酒，有时我向父亲借钱，保证毕业后还清。

爱情烦恼也不存在了。我向她求婚，而她现在正是我的妻子。

回头想想，发现当时的种种忧虑完全是因为没弄明白忧虑的原因，找到它，再勇敢去面对它。

9

计算事情发生的概率

智慧语录

如果我们根据概率法则考虑一下我们的忧虑是否值得,并真正做到长时间内不再忧虑,90%的忧虑就可以消除。

儿童时我心里总充满了忧虑。暴风雨来的时候,我担心被闪电打死;日子不好过的时候,我担心东西不够吃;另外,我还怕死了会进地狱;怕将来没有一个女孩子肯嫁给我……

日子一天天过去了。我发现,我所担心的事情,有99%根本不会发生。

每八个人里就有一个人可能死于癌症。如果我一定要发愁的话,也应该为得癌症发愁,而不该担心被闪电击死或遭到活埋。

刚才谈到的是我童年和少年时的忧虑,事实上,我们很多成年人的忧虑也同样的荒谬。如果我们根据概率估算一下我们的忧虑究竟值得不值得,我们90%的忧虑就会自动消除了。

全世界最有名的保险公司——伦敦罗艾德保险公司——就靠大家对一些很难发生的事的担忧,而赚进了数不清的钱。它就是在和一般人打赌,只是被称之为保险而已。实际上,这是以概率为依据的一种赌博。这家大保险公司已经有200年的良好历史了,除非人的本性有所改变,它至少还可以继续维持5000年。而它只是帮你保鞋子的险,保船的险,利用概率来向你保证那些灾祸的发生并不像一般人想像的那么常见。

如果我们看看概率法则,就会因我们所发现的事实而惊讶。比如,如果我知道5年以内,我就得打一场盖茨堡战役那样激烈的仗,我一定会吓坏了。我一定会想尽办法去增加我的人寿保险费用，我会写下遗嘱，把我所有的财产变卖一空。我会说："我可能无法活着熬过这场战争。所以我最好痛痛快快地活着。"但事实上，50 到 55 岁之间，每 1000 人中死去的人数和盖茨堡战役里 163000 士兵中每 1000 人中阵亡的人数相等。

我在加拿大写作时曾见过一个女人斯林太太，她是一位平静、沉着的女人，她好像从来没有忧虑过。有一天，我问她是否因忧虑而烦恼过，她告诉我：

> 我的生活差点被忧虑毁了。在我学会征服它之前，我在忧虑的折磨中生活了 11 年。那时，我的脾气很坏，总是很紧张。每个星期我要乘车去旧金山买东西。可是就算在买东西时，我也愁，也许他又将电熨斗放在衣板上了；也许房子着火了，也许孩子们出去被汽车撞了。然后，我会吓得冒汗，坐车回去，看看是不是一切都好。
>
> 我的第二位丈夫是一个律师，他很平静，事事都能理性地分析。每次我紧张或焦虑时，他就对我说："不要慌，让我们好好想想，你真正担心的到底是什么？让我们看看事情发生的概率，看看这种事究竟有没有可能发生。"
>
> 有一次，在新墨西哥州我们去远行，途经一条土路，半路上碰到了一场很可怕的暴风雨。汽车一直下滑着，没法控制，我想我们一定会滑到路边的沟里去，可我的先生一直不停地对我说："我现在开得很慢，不会有事的。即使滑进了沟里，根据概率，我们也不会受伤。"

根据平均概率，这种事情不会发生。这句话摧毁了我 99%的忧虑，使我过去 20 年来的生活过得令人有点意想不到的美好和平静。

格兰特是纽约富兰克林市一个批发公司的老板。每次要从佛罗里达买 10 到 15 车的水果，他也有一个故事：

> 以前我常想很多无聊的问题，比如，万一火车失事怎么办？万一我的水果滚得满地都是怎么办？万一我的车子正好经过一座桥，而桥突然垮了怎么办？当然，这些水果都是经过保险的，可我还是怕万一没有按时把水果送到，就要失去市场。
>
> 这时候我才明白，我开始问自己一些问题。我对自己说，"吉姆·格兰特，这么多年来你送过多少车的水果？"答案是："大概有 25000 多车。"然后我问自己，"这么多车次中有过几次车祸？"答案是："哦，大概有 5 次吧。"然后我对自己说，"一共 25000 辆汽车，只有 5 次出事，你知道这意味

着什么？出车祸的概率是五千分之一。那你还有什么好担心的呢？”

我又对自己说：“嗯，说不定桥会塌下来呢。”然后我问自己：“在过去，你究竟有多少次是因为桥塌而损失了呢？”答案是：“一次也没有。”我对自己说：“那你为了一座从来也没有塌过的桥，为了五千分之一的汽车失事的概率居然让你愁得患上胃溃疡，不是太傻了吗？”

当艾尔·史密斯在纽约当州长的时候，我常听到他对攻击他的政敌说：“让我们看看记录……让我们看看记录。”然后他就接着把很多事实讲出来。下一次你若再为可能会发生什么事情而忧虑，让我们学一学这位聪明的老艾尔·史密斯，让我们查一查以前的记录，看看我们这样忧虑到底有没有什么道理。

我的学员马尔斯特当年躺在坟中时，也曾有过这样的经历。

1944 年 6 月初，我躺在奥玛哈海滩附近的一个散兵坑里。我看了一眼这个长方形的长壕，对自己说：“这看起来就像一座坟墓。”当我准备躺下去时，感觉它更像一个坟墓了。晚上 11 点时，德军的轰炸机开始轰炸，炸弹纷纷落下来，我吓呆了。前三天晚上我根本没合眼，到第四天还是第五天夜里，我几乎精神崩溃。我知道要是我不赶紧想办法的话，我就会发疯。于是我提醒自己，已经过了五个晚上了，我还活得好好的。其他人也都活得好好的，只有两个受了轻伤。而他们受伤不是被德军的炸弹炸到了，而是被我们自己的高射炮碎片误伤。于是我在我的散兵坑上造了一个厚厚的木头屋顶，使我不至于被碎弹片击中。我告诫自己：“除非被直接命中，我死在这个又深又窄的坑里几乎是不可能的。而直接命中率不到万分之一，这样想了两三夜之后，我平静下来。后来就连敌机袭击的时候，我也能睡得很安稳。

美国海军也常用概率所统计的数字来鼓励士气。曾当过海军的人告诉过我，当他和他船上的伙伴被派到一艘油船上的时候，他们都吓坏了。这艘油轮运的都是汽油，他们想如果油轮被鱼雷击中，他们必死无疑。可是，据精确的统计数字显示，被鱼雷击中的 100 艘油轮里，有 60%没有沉到海中。而沉下海的 40 艘里，也只有 5 艘是在不到 5 分钟的时间沉没的。“知道了这些数字之后，船上的人都感觉好多了，我们知道我们有的是机会跳下船。根据概率看，我们不会死在这里。”

要在忧虑毁了你之前，先改掉忧虑的习惯，规则就是：

让概率来解决问题。

克服忧虑的真实故事

我经历了最苦的挑战

泰德·埃里克森

以前我曾是一个烦恼大师，如今我不再忧虑。1942年夏天发生的一件事，使我可能今后免除忧虑——我希望永远如此。那次经历使生活中的其他烦恼都显得微不足道了。

长期以来，我一直期望能到阿拉斯加的渔船上过一段时间。1942年夏天，我驾着一艘32尺长的渔船从阿拉斯加出发。船上只有3名成员，船长负责航行，副手协助船长，还有一个则是打杂的北欧人，就是我。

捕鱼必须配合潮汐，因此我们一天得工作20个小时。我们这样夜以继日地工作了一个星期，在船上我做的都是别人不想做的事——在狭小的舱内忍受着烟熏用火炉做饭，洗甲板，保养机器，将打的鱼铲到另一艘船上以便运到罐头厂。我的双脚总是湿的，因为靴子里都是水，我甚至没有时间将水倒出来。

但是，以上工作与我的主要任务比起来，只不过是游戏而已。我的主要工作是拉网，看起来似乎很容易，只需站在船尾，将渔网拖上来就行了。但实际上，渔网太沉了，当我竭尽全力试图把它拉上来，它却纹丝不动，却把船身拉得倾斜了，我总是拼命拉着不放，一直如此，浑身酸痛，几个月都恢复不过来。

当我好不容易才能休息时，我靠在一个临时拼凑的垫子上倒头就睡，尽管它潮湿又不平。但我睡得很沉，就像吃了安眠药一样——我实在是太累了。

现在我很高兴我经受了那样的酸痛与疲惫，因为它帮我战胜了忧虑。现在，我遇到了问题，我不再去忧虑，我会对自己说："艾利克，这会比拖网更辛苦吗？"我不得不承认："不，没有什么比它更辛苦的了！"于是我重新振作起来，勇敢地接受挑战。

偶尔尝试一下痛苦是件好事。我很高兴自己曾经历过世界上最大的艰辛，这让我在日常生活中遇到的烦恼都显得不值一提了。

10

接受不可避免的事实

智慧语录

要乐于接受必然发生的情况，接受所发生的事实，是克服随之而来的任何不幸的第一步。

当我还是一个小孩的时候，有一天，我和几个朋友一起在密苏里州西北部的一间荒废的老木屋的阁楼上玩。当我从阁楼爬下来的时候，先在窗栏上站了一会儿，然后往下跳。我左手的食指上戴着一个戒指。当我跳下去的时候，那个戒指钩住了一根钉子，把我整个手指拉脱了下来。

我尖声地叫着，吓坏了，还以为自己死定了，可是在我的手好了之后，我就再也没有为这个烦恼过。再烦恼又有什么用呢？我接受了这个不可避免的事实。

现在，我几乎根本就不会去想，我的左手只有四个手指头。

几年之前，我碰到一个在纽约市中心一家办公大楼里开货运电梯的人。我注意到他的左手断了。我问他少了那只手会不会觉得难过，他说："不会，我根本就不会想到它。只有在要穿针的时候，才能想起这件事。"

令人惊讶的是，在不得不如此的情况下，我们差不多能很快接受任何一种情形，或使自己适应，然后完全忘了它。

我常想起在荷兰首都阿姆斯特丹有一座十五世纪的老教堂，它的废墟上有一行字：事情既然如此，就不会再有它样。

在漫长的岁月中，你我一定会碰到一些令人不愉快的事，它们既然是这样，就不可能是它样。我们也可以有所选择。我们可以把它们当做一种不可避免的情况加以接受，并且适应它，或者我们可以用忧虑毁了我们的生活，甚至最后可能会弄得精神崩溃。

下面是我喜欢的心理学家、哲学家威廉·詹姆斯所作的忠告：

要乐于接受必然发生的情况，能够接受所发生的事实，是克服随之而来的任何不幸的第一步。

下面是我的一个学员康莉的故事：

在庆祝美军在北非获胜的那天，我被国防部来电告知我的侄子在战场上失踪了。后来，又一封电报说他已经死了……我悲伤得无以复加。在此之前，我一直觉得生活很美好。我热爱自己的工作，又努力带大了这个侄子。在我看来，他代表了年轻人美好的一切。我觉得我以前的努力，现在正处在收获期。可现在，我的整个世界都被粉碎了，活下去也没有什么意义了。我无法接受这个事实，悲伤过度，决定放弃工作，离开家乡，在眼泪和悔恨之中度过余生。

就在我清理桌子，准备辞职的时候，突然看到一封我已经忘了的信——几年前我母亲去世后这个侄子给我寄来的信。信上说："当然，我们都会怀念她，尤其是你。不过我知道你会撑过去的。我永远也不会忘记你教我的那些真理，永远都会记得你教我要微笑。要像一个男子汉一样承受发生的一切。"

我把那封信读了一遍又一遍，觉得他似乎就在我身边，仿佛在对我说："你为什么不按你教我的办法去做呢？撑下去，不论发生什么事情，把你个人的悲伤掩藏，微笑着继续过下去。"

于是，我一再对自己说："事已至此，我无力改变，但我能够像他所希望的那样继续活下去。"我开始把所有的思想和精力都用于工作，我写信给前方的士兵，给别人的儿子们；晚上，我参加了成人教育班，找到新的兴趣，结交新的朋友。我不再为已经永远过去的那些事悲伤。现在的生活也比过去充实完整了。

她学会了我们都应该学会的道理，那就是：必须接受和适应那些不可避免的事，这不是很容易学到的东西。就连那些在位的皇帝也常提醒自己。乔治五世在白金汉宫墙壁上写下这句话：教我不要为月亮哭泣，也不要因错事后悔。

叔本华说："能够顺从，是踏上人生旅途最重要的一件事。"

很明显，环境本身并不能使我们快乐或不快乐，我们对周围环境的反应才能决定我们的感觉。

必要的时候，我们都能忍受得住灾难和悲剧，甚至战胜它们。我们也许认为自己办不到,但我们的内在力量却坚强得惊人,只要肯加以利用,就能帮助我们克服一切。

已故的布斯·塔金顿总是说:“人生加诸我的任何事情,我都能接受。除了一样——瞎眼。那是我永远也没有办法接受的。”

然而在他60多岁时,一天,他低头看着地上的地毯,色彩一片模糊,他无法看清它的花纹。他去找了一个眼科专家,证实了一个不幸的事实:他的视力减退,有一只眼睛几乎全瞎了,另一只离瞎也为期不远了。他最怕的事情终于降临到他的身上。

对这种“最可怕的事”,他有什么反应呢?他是否认为他的这一辈子就此完了?没有,他自己也没想到他还能活得非常开心,甚至还能运用他的幽默感。以前,浮动的“黑斑”令他很难过,它们会在他眼前游过,遮住了他的视线,可是现在,当那些东西从他眼前游过的时候,他却说:“呵,又是黑斑老爷来了,不知道今天这么好的天空,它要去哪里?”

当他完全失明后,他说:“我发现我能承受视力的消失,就像一个人能承受别的事情一样。要是我五种感官全都丧失了,我知道我还能够继续活在自己的思想之中,因为我们只有在思想里才能够看,只有在思想里才能生活,不论我们是否知道这点。”

为了恢复视力,在一年之内他接受了12次手术,他有没有害怕呢?他知道这都是自己必须要做的,没有办法逃避,所以惟一能减轻他痛苦的办法就是痛快地接受它。他还试着使大家开心。

这件事教会他如何接受不可改变的事实,使他了解到,生命所能带给他的没有一样是他力所不及的,也让他理解了弥尔顿说的:“瞎眼并不令人难过,难过的是你不能忍受瞎眼。”

要是我们遇到一些不可改变的事实时就此而退缩,为它难过,我们也不可能改变这些事实,可是我们可以改变自己。

我是不是说,在碰到任何挫折时,都应该低声下气呢?不是,那样就成为宿命论者了。不论在哪种情况下,只要还有一点挽救的机会,我们就要奋斗。可是普通常识告诉我们,事情是不可避免的——也不可能再有任何转机时,为了保持我们的理智,让我们不要“左顾右盼,无事自扰”。

福特曾说:“碰到我没办法处理的事情,我就让它自己去解决。”

罗马哲学家艾毕克泰德告诉罗马人:“快乐之道无他,就是我们的意志力所不能及的事情,不要去忧虑。”

创办了遍布全美的连锁店的潘尼告诉我:“哪怕我所有的钱赔光了,我也不会忧虑,因为我看不出忧虑可以让我得到什么。我尽可能把工作做好,至于结果就要看上帝的了。”

克莱斯勒公司总经理凯乐先生说：“如果我碰到很棘手的情况，只要是想得出解决办法的，我就去做。否则，就干脆忘掉。我从不为未来担心，因为没有人知道将来会发生什么事情。未来太不确定，何必为它担心？”

莎拉·伯哈特，算得上深谙此道的了。50年来，她一直是四大州剧院独一无二的皇后，深受世界观众的喜爱。71岁那年她破产了，而且她的医生告诉她必须把腿锯断。他以为这个可怕的消息一定会使莎拉暴跳如雷。可是，莎拉看了他一眼，平静地说：“如果非这样不可的话，那只好如此了。”

她被推进手术室时，她的儿子站在一边哭。她却挥挥手，平静地说：“不要走开，我马上就会回来。”

去手术室的路上，她背她演过的台词给医生、护生听，让他们高兴，“他们受的压力比我要大得多呢”。

手术很顺利，恢复健康后，莎拉·伯哈特还继续周游世界，让她的观众又为她痴迷了7年。

当我们不再反抗那些不可避免的事实之后，我们就能节省下精力，创造出一个更加丰富的生活。

没有人能有足够的情感和精力，既抗拒不可避免的事实，又能利用这些情感和精力去创造新的生活。你只能在这两者中间选择其一，你可以面对生活中那些不可避免的暴风雨而去弯下身子，你也可以抗拒它们而被摧折。

我在密苏里州的农场上就见过这样的事情。我在农场上种了几十棵树，它们长得很快，后来下了一场冰雹，每根细小的树枝上都堆满了一层厚厚的冰。这些树枝在重压之下并没有顺从地弯下来，而是骄傲地反抗着，终于因承受不了而折断。这些树可不如北方的树木那样聪明，我曾经在加拿大看过长达好几百里的常青树林，从来没有看见一棵柏树或是松树被冰雪压垮，因为这些常青树知道怎么去顺从重压，知道怎样弯垂枝条，怎样适应不可避免的情况。

日本的柔道大师教导他们的学生：“要像杨柳一样柔顺，不要像橡树一样挺拔。”

你知道汽车轮胎为什么能在路上跑那么久，能忍受那么多的颠簸吗？开始，制造轮胎的人想要制造一种轮胎，能抗拒路上的颠簸，结果轮胎不久就被磨成了碎条。然后他们又做出一种轮胎来，吸收路上所碰到的各种压力，这样的轮胎可以接受一切。在曲折的人生路上，如果我们能接受所有的挫折和颠簸，我们就能够活得更加长久，我们的人生之旅就会更加顺畅！

要想克服忧虑，你必须学会：

接受不可避免的事实。

克服忧虑的真实故事

世上最大的笨蛋

柏西·怀丁

我领教死亡的次数比任何人都多,因为我得过很多疾病,曾经死过或奄奄一息过。

我患的并不是普通的忧郁症。我父亲曾开了一家药店,在这样的环境下我每一次都和医生护士打交道,所以我知道很多疾病症状。我说过,我没患忧郁症,但我的确有同样的症状。

有一次,我们当地流行白喉,我每天都在父亲的药店帮忙,将药卖给那些感染的人。慢慢地,我就开始担心这个病会传到我自己身上来,于是就躺在床上,忧心忡忡。

医生给我检查后说:"不错,波希,你是得了白喉。"我心情反而轻松了。当我确信自己已经患病了,就不再担心了。我翻了个身子,呼呼睡着了。第二天一大早,我就没事了。

相当长的时间里,我得过许多奇怪的病,换来了众人的关注和同情。不仅多次差点死于牙关紧闭症和狂犬病,还多次得过类似于癌症和肺结核之类的病。

现在我觉得很可笑,可当时实在很悲惨。多年来,我一直心怀恐惧,害怕自己正处在死亡边缘。春天要买新衣服时,我总是问自己:"既然没有机会再穿了,何必还要浪费钱呢?"

今天,我很高兴地告诉你,我已有了巨大的进步,过去10年,我一次也不曾死过。

我是怎样取得这些进步的呢?嘲笑,我开始嘲笑自己的荒唐想象。每当我感觉那些恐怖的病症又要降临到我身上时,我笑着对自己说:"你看看,过去二十几年,你一次次死于各种疾病,而现在不是很健康吗?一家保险公司最近还同意你加保,你不应好好嘲笑自己的愚蠢吗?"

很快我就发现,如果我嘲笑自己,就不会有时间庸人自扰了。因此,我开始常常自我解嘲。

这个故事的意义在于,别把自己看得太重要,对一些荒唐的烦恼,可以一笑置之。

11

让忧虑有个底限

智慧语录

学会对自己说：这件事情只值得我担一点点心，没有必要去操更多的心。

如果你想知道如何在华尔街赚钱，这里有一个成功者的故事。

查尔斯·罗伯茨是华尔街的一位投资顾问，这是他的亲身经历：

我刚从得克萨斯州来到纽约时，身上只有两万美元，是我朋友托我到股票市场上来投资用的。我原以为，我对股票市场懂得很多，可是后来我赔得一分钱没有。不错，在某些生意上我赚了几笔，可结果全部都赔光了。

我开始仔细研究自己犯过的错误，并下决心在我再进股票市场以前，一定要先了解整个股票市场到底如何。于是我找了一位最成功的预测专家，跟他交上了朋友。我想我能从他那里学到很多，因为多年来他一直是个非常成功的人，而我知道能有这样一番事业的人，不可能全靠机遇或运气。

他先问了我几个问题，问我以前是如何做的。然后告诉我一个股票交易中最重要的原则。他说："我在市场上所买的每一支股票，都有一个到此为止、不能再赔的底限。比如，我买的是每股50元的股票，我马上规定不能再赔的最低标准是45元。"这就是说，万一股票跌价，跌到比买进价低5元时，就立刻卖出去，这样就可以把损失只限定在5元。

如果你当初买得很聪明的话，你的赚头可能平均在10元、25元，甚至是50元。因此，在把你的损失限定在5元后，即使你半数以上的推算失误，也能让你赚很多。

我马上学会了这个办法，从此便一直使用，这个方法替我的顾客和我挽回了不知多少钱。

过了一段时间后，我发现，这个所谓的"到此为止"的原则也可用在股票市场以外的地方，我开始在财务以外的忧虑问题上订下"到此为止"的限制，结果简直是太不可思议了。

我真希望自己在好多年前就学会了"到此为止"这种原则，并把它用于打磨我的耐心、脾气、我所有的精神与情感压力上。为什么我以前没想到抓住每一个机会，对自己说："这事只值得担一点点心，没必要去担更多的心……"

不过，有一件事我自认为我做得不错，那是我生命中的一次危机，差点让我的梦想、未来以及多年来的成就付诸流水。事情是这样的：

30岁过一点时，我决定以写小说为生，想做杰克·伦敦或哈代第二，当时我充满了信心。我在欧洲生活了两年，在欧洲用美元，在一战刚结束的那段日子里，开销还是很小的。两年里我写了一本书，命名为《大风雪》，这个题目取得可真好，所有出版商对它的态度冷得真像对待风雪一样。当我的经纪人告诉我这部作品一文不值，我也没那方面的天分和才能，我绝望至死。我茫然离开他的办公室，我头脑一片空白。我正处在生命的十字路口，该作出一个重大决定，我该如何？几个星期后，我才从茫然中醒来，当时我不知道"让忧虑到此为止"的原则，但那次经历给了我一次宝贵的经验，从此以后，我明白我该回到我的老本行，做成人教育，有时间可以写写传记。自此，我一点也没有为自己没成为哈代而后悔过。

梭罗在他的日记里写过："一件事物的代价，也就是我称之为生活的总值，需要当场交换或是长时期地付出。"

换个方式来说，如果我们以生活的一部分来付出代价，而且付出太多了的话，我们就是笨蛋。这也正是吉尔伯特和苏利文的悲哀：他们知道如何创作出快乐的歌词和乐谱，可是完全不知道如何在生活中寻找快乐。他们写过很多令世人非常喜欢的轻歌剧，可是他们却没有办法控制他们的脾气。为了一张昂贵的地毯，当吉尔伯特看到账单时，大为恼火，这件事甚至闹到公堂，从此两个人至死都没有再交谈过。苏利文替新歌剧写完曲子后，就把它寄给吉尔伯特，而吉尔伯特填上歌词后，再把它们寄回去。有一次，他们一定要一起到台上谢幕，他们就站在台的两边，分别向不同的方向鞠躬，这样才能不看见对方。他们就不懂得应该在彼此的不快里定下一个"到此为止"的最低限度，而林肯却做到了这一点。

在美国南北战争中，林肯的几位朋友攻击他的一些敌人，林肯说："你们对私人恩怨的感觉比我要多，也许我这种感觉太少了吧；可是我向来以为这样很不值得。一个人实在没有时间把他的半辈子都花在争吵上，要是那个人不再攻击我，我就再也不会记他的仇。"

我真希望我的老姑妈艾迪丝也有林肯这样的宽恕精神。她和弗兰克姑父住在一个抵押出去的农庄里。那里土质很差，灌溉不良，收成又不好，他们的日子过得很难，每时每刻都得省吃俭用。可是艾迪丝姑妈却爱买一些窗帘和其他的小东西来装饰家里，她向密苏里州马利维里的一家小杂货铺赊账买这些东西。弗兰克姑父很担心他们的债务，他很注意个人的信誉，不愿意欠钱，所以他偷偷地告诉杂货店老板，别再赊账给姑妈。当她听说这件事后，大发脾气。到现在差不多有50年了，她还在发脾气。我最后一次见到她的时候，她快80岁了，我对她说："弗兰克姑父这样对你是不对的，可是难道你真的不觉得，从那件事发生之后，你差不多埋怨了半个世纪，比他所做的事情还要坏得多吗？"

富兰克林小的时候，犯了一次70年来一直没有忘记的错误。当他七岁的时候，他喜欢上了一支哨子，于是他兴奋地跑进玩具店，他把所有零钱都放在柜台上，也不问价钱就把那支哨子买了下来。然后回到家里，吹着哨子在整个屋子里转着，对他买的哨子非常得意。可是等到他的哥哥姐姐发现他买的哨子多付了钱后，大家都取笑他。而他正像他后来所说的"懊恼地哭了一场"。

很多年后，富兰克林成为世界上知名的人物，做了美国驻法国的大使，他还记得因为他买哨子多付了钱，使他得到的痛苦多过了哨子所给他的快乐。

富兰克林在这个教训里所学到的道理非常简单："当我长大后，我见识到许多人类的行为，我认为我碰到的很多人买哨子都付了太多的钱，简而言之，我相信，人类的苦难部分产生于他们对事物的价值做了错误的估计，也就是他们买哨子多付了钱。"

托尔斯泰，在他生命的最后20年里，可能是全世界最受尊敬的人。可是在生活上，他在70岁时还不及富兰克林7岁时聪明，他简直一点脑筋也没有。为什么这样说呢？

他娶了一个他非常爱的女子。事实上，他们在一起非常快乐，他们常跪下来，祈求上帝，让他们继续过这样的生活。可是托尔斯泰所娶的那个女子天性善妒，她常扮成乡下姑娘，去打探托尔斯泰的行动，甚至于溜到森林里去看他。他们有很多可怕的争吵，她甚至嫉妒她亲生的女儿，曾经抓起一把枪，将她女儿的照片打了一个洞。她拿着鸦片威胁说要自杀，害得孩子们缩在屋子的角落里,吓得大声尖叫。

结果托尔斯泰呢?如果他跳起来,把家具打得稀烂,我们不怪他,因为他有理由这样生气。在那里面,他把一切都怪在太太身上,这个就是他的“哨子”。他下定决心要下一代能原谅他,而把所有的错都推在他太太身上。而他太太用什么办法来对付他呢?她把他的日记撕下来毁掉。她自己也写了一本日记,在日记里将错都推在托尔斯泰的身上。

这两个人为他们的“哨子”付出了太大的代价,50 年的光阴里他们住在一个可怕的地狱里,只因为他们两个人没有一个会说“不要再吵了”,因为两个人都没有足够的价值识别力,并能说“让我们在这件事情上马上告一段落,我们是在浪费生命,让我们现在说‘够了’吧”。

我相信,这是获得心理平静最大的秘密之一。要有正确的价值观。而我也相信,只要我们能够定出一个标准,即与我们的生活比起来,什么才是值得的标准,我们一半的忧虑就可以立刻消除了。

要克服忧虑,必须学会:

设一个“到此为止”的底限。

克服忧虑的真实故事

给自己留出后路

吉尼·奥特里

我认为大多数的烦恼都与家事及钱财有关。幸运的是,我娶了一位与我家境和爱好相似的妻子。我们一直用心经营着我的婚姻,尽量减少家庭烦恼。.

我们用以下两种方法减少财务烦恼:

一、我坚持一个基本原则:必须诚信。比如借人钱财必须如数归还,这样可以免除许多烦恼。

二、在尝试新事物之前,我总是给自己留条后路。军事家说,作战的第一要则是保持补给线畅通。我认为在人生的战场上,它同样适用。小时候,我生活在得州和俄克拉荷马州,深昧干旱之痛。人们工作辛劳也只能勉强维持。我曾有过一段艰苦的岁月,小小的我总和父亲一起带着马匹去交换生活必需品。我渴望安全感,能找到一份稳定的工作,帮助家里。通过不懈的努力,我在铁路站找到一份工作,并利用闲暇时间自己发电报。后来我在铁路公司担任临时发报员——接替那些生病或休假的火车车站人员,或是在他们忙不过来的时候帮他们。待遇是月薪150美元。这给一个穷困的年轻人提供了一定的保障。后来,不论我从事什么工作,我总是给自己留条后路,以便有机会回到铁路公司。把它当成我的补给线,除非我在更好的新职位上稳定下来,否则我不会断掉这条退路。

1928年,我被佛里斯科铁路公司派往俄克拉荷马担任发报员。一天晚上,一个人走进办公室要求发一封电报。当时我正弹吉他,唱着歌。他说我弹得很好,唱得也不错,建议我去纽约,找机会登台或上广播。当时我受宠若惊,以为他是奉承我,但当我看到他电报上签名时,我惊得目瞪口呆,他是著名的歌星威尔·罗吉斯。

但我并没有立即前往纽约,而是反复权衡。在连续考虑了九个月后,我决定接受他的建议,前往纽约。我相信自己一定会有所成就。铁路公司给我通行证,我可以免费坐火车,饿了可以吃三明治、水果点心之类的。

到纽约后,我住在一间每周五美元的出租房里,吃速食。在街头晃了10个星期,我几乎一无所获。如果不是想到回去还有工作的话,我肯定会愁得发疯。我已为铁路公司工作了五年,可以享受优先就职权。但要保住这项权益,离职不能超过90天,当时我在纽约已呆了70天。于是,我赶紧用通行证回到原处,继续我原来的工作,以保持我的补给线。

工作了几个月后,我又存了一笔钱,又回到纽约市重新拼搏。这一次,有了很大进展。一次,我在录音棚等着面试,对着女接待员我拿出吉他弹唱了一首《珍妮,我梦中的紫丁香》,恰好它的作曲者经过这里,听到有人演唱自己的歌,他当然高兴,于是他写了一张条子,让我到维多唱片公司试试。在那里,我录了一首歌,但唱得太生硬拘谨,我接受维多公司工作人员的建议又回到了铁路公司,晚上在当地电台唱牛仔歌曲。我庆幸自己这样做,这样保证了我补给线的畅通,使我没有经济方面的后顾之忧。

我在那家地方电台唱了九个月,其间,与吉米·朗合作了一首《我那白发的老爹》,这首歌曲抓住了听众。美国录音公司总裁亚瑟·沙得为此灌了一张唱片,大获成功。此后,我又做了很多唱片,并在芝电台找到一份工作,唱牛仔歌曲,每周薪水40美元。四年后,提高到90美元,与此同时,我可以登台表演了,有300美元外快。

1934年,我有一个好机会。好莱坞的一家制片公司要拍西部牛仔电影,他们需要一个会唱歌的牛仔演员。美洲唱片公司的老板作为影片公司的投资方之一,他对合伙人建议:“我那里正好有一个会唱歌的牛仔。”

从此我进入了影视界,周薪是100美元。在电影开拍之前,我一直担心自己能否胜任,但我并不忧虑,因为我知道自己可以随时回铁路公司工作。

意想不到的是,我的电影很成功。我现在的年薪是10万美元,还不包括我影片票房的红利。但我很清楚,这种状况不会永远持续下去。但我还是不忧虑,因为无论发生什么意外——哪怕是一文不名,我也可以回到铁路公司。我的补给线永远畅通。

减少财务烦恼的两种方法:一是有借有还,二是尝试新事物前,要留条退路。

12

不要试着锯木屑

智慧语录

聪明的人永远不会坐在那里为他们的损失而悲伤，却会很高兴地想办法来弥补他们的创伤。

就在我写这句话时，我可以通过窗户看见窗外院子里一些留在大石头上恐龙的足迹。它是我掏钱从博物馆买来的。据说这些足迹也有一亿八千万年了。白痴也不想回到一亿八千万年前去改变恐龙的足迹。因为就算 180 秒前发生的事情，我们也不可能再回去改变它。我们可以想办法来改变 180 秒前发生的事情所产生的影响，但是我们不可能去改变当时所发生的事情。

惟一可以使过去的错误有价值的方法，就是平静地分析我们过去的错误，并从错误中得到教训，然后再把错误忘记。

这句话是有道理的，可是我们是不是一直有勇气这样做呢？让我先告诉你几年前我有过的一次经验吧。事情是这样的：

我开办了一个很大的成人教育补习班，在很多城市里都有分校，我花了很多钱，用来组织和宣传，当时因为忙于教课，所以既没有时间，也没有心情去管理财务问题，而且当时也太天真，不知道我应该有一个很好的业务经理来支配各项开支。

最后，过了近一年，我发现了一件清楚明白且很惊人的事实：我发现尽管我们的收入很多，却没有得到一点利润。在发现了这点后，我应该马上做两件事：

第一，我应该像卡佛尔一样，当别人问他是不是知道自己已经破产了的时候，他说：“是的，我听说了。”然后继续教书。他把这笔损失从他的脑子里抹去，以后再也没有提过。

我应做的第二件事是，分析自己的错误，然后从中吸取教训。

可是坦白地说，这两件事我一样也没有做，相反，我却沉浸在深深的忧虑痛苦中。一连几个月我都恍恍惚惚的，睡不好，体重减轻了好多，不但没有从这次错误里吸取教训，反而接着犯了一个只是规模小了一点的同样错误。

对我来说，要承认以前这种愚蠢的行为，实在是一件很窘迫的事。可是我很早发现："去教20个人怎么做，比自己一个人去做，要容易得多。"

桑德斯先生告诉我他的老师教给他的最有价值的一课。

当时我只有十几岁，可是那时我已经常为很多事情发愁。我常常为自己犯过的错误自怨自艾；交完考卷后，我常常会半夜里睡不着，怕我没办法及格；我老是在想我做过的那些事情，希望当初没有这样做；我老是在想我说过的那些话，希望我当时把那些话说得更好。

有一天早上，我们一班到了科学实验室，老师把一瓶牛奶放在桌子边上，我们都坐下来，望着那瓶牛奶，不知道跟他所教的生理卫生课有什么关系。然后，老师突然站了起来，一掌把那瓶牛奶打翻在水里，同时说：不要为打翻的牛奶而哭泣。

然后他叫我们所有的人都到水槽边去，好好地看那瓶打翻的牛奶。他说："好好地看一看，因为我要你们这一辈子都记住这一课，这瓶牛奶已经没有了，你们可以看到它都漏光了，无论你怎么着急，怎么抱怨，都没有办法再救回一滴。只要先用一点思想，先加以防范，它就可以保住。可是现在已经太迟了，我们现在所能做到的，只是把它忘掉，丢开这件事情，只注意下一件事。"

这次小小的表演在我忘了我所学到的几何和拉丁文后很久都还让我记得。事实上，这件事在实际生活中所教给我的，比我在高中读了那么多年书所学到的任何东西都还要多。它教给我只要可能的话，就不要打翻牛奶，万一打翻了，就要彻底把这件事给忘掉。

这在当时也可以算是很陈旧的老生常谈。可是像这样的老生常谈，却包含了多少年来所积聚的智慧，这是人类经验的结晶，是世世代代传下来的。如果你能读尽各个时代很多伟大学者所写的有关忧虑的书。你也不会看到比"船到桥头自然直"和"不要为打翻的牛奶而哭泣"更基本、更有用的老生常谈了。只要我们能应用它，不轻视它，就用不着这本书了，然而，如果不加以运用，知识就不是力量了。

所以我的目的不是告诉你一些新的东西，而是要提醒你将那些已经学到的道理应用到生活中去。

我一直很佩服已故的佛雷德·福勒·夏德，他有一种能把老的事情用又新又吸引人的方法说出来的天分。他是一家报社的编辑。有一次在大学毕业班讲演的时候,他问道:“有多少人曾经锯过木头？请举手。”大部分学生都曾经锯过。然后他又问道:“有多少人曾经锯过木屑?”没有一个人举手。“当然,你们不可能锯木屑,”夏德先生说道,“因为那些都是已经锯下来的。过去的事也是一样,当你开始为那些已经做完的和过去的事忧虑的时候,你不过是在锯一些木屑。”

棒球老将康尼·麦克81岁的时候,我问他有没有为输了的比赛忧虑过。

“噢,有的。我以前常这样,”康尼·麦克告诉我说,“可是多年以前我就不干这种傻事了。我发现这样做对我完全没有好处,磨完的粉子不能再磨,”他说,“水已经把它们冲到底下去了。”

不错,磨完的粉子不能再磨;锯木头剩下来的木屑,也不能再锯。可是你还能消除你脸上的皱纹和胃里的溃疡。

去年杰克·邓普西和我一起吃晚饭时,告诉我他把重量级拳王头衔输掉的那一仗。

> 比赛当中,我突然发现自己变成了一个老人。到了第十回合终了,我虽然还没有倒下去,但脸已经肿了,而且有很多伤痕,两只眼睛几乎无法睁开……我看见裁判员举起滕黎的手,宣布他获胜……我不再是世界拳王了,我穿过人群时,一些人想抓我的手,一些人眼里满含泪水,我回到了自己的屋里。
>
> 一年之后。我再次跟滕黎比赛,结果仍是如此,我就这样永远完了。要完全不为此事发愁确实很困难,可我对自己说:“我不能生活在过去的阴影里,我要承受这次打击。不能让它把我打倒。”

他做到了这一点。此后,他一再对自己说:“让忧虑到此为止。”然后想法承受这一切,忘掉失败,集中精力为未来谋划。他经营百老汇的邓普赛餐厅和大北方旅馆,他安排和宣传拳击赛,举办有关拳赛的各种展览会。这样,他既无时间也没心思去为过去担忧。“我现在的生活,比我在做世界拳王时要好得多。”

他说他没读过多少书,却深信莎士比亚说过的一句话:

“聪明的人永远不会坐在那里为他们的损失而悲伤,却会很高兴地想办法来弥补他们的创伤。”

我曾经到星星监狱去看过,那里最令我吃惊的是:囚犯们看起来都和外面的人一样快乐。监狱长告诉我,这些罪犯刚去时都心怀怨恨,脾气很坏。几个月后,大部分聪明一点的人都能忘掉他们的不幸,安下心来适应他们的监狱生活。他还告诉我,有一个犯人过去在园林里工作,他在监狱围墙里种菜种花时,还在唱歌,因为他知道,流泪是没有用的。

当然,有了错误和疏忽都是我们的不对。可是,谁没犯过错呢?拿破仑在他所有重要战役中也输过三分之一。也许我们的平均记录比拿破仑还少呢。

何况,即使动用所有国王的人马,也不能挽回已经失去的东西。

要克服忧虑,必须学会:

不要试着去锯木屑,不要为打翻了的牛奶而哭泣。

克服忧虑的真实故事

警察找上门来了

霍墨·克罗伊

1933年的某一天，是我一天中最悲惨的时刻。那天警察到了我的家，当时我从后门溜走。从此我失去在长岛的家，我与儿女共同生活了18年的家。

我从没想到这种事会发生到我的身上。12年前，我还志得意满，当时我把我的小说《水塔西面》的影视版权高价卖给一家好莱坞影视公司。夏天我们到瑞士避暑，冬天我们在法国南部旅行，享受了一段富翁的奢华生活。

在巴黎我们住了六个月，完成了一部小说《他们必须要看看巴黎》，这部小说后来改编成电影由威尔·罗杰斯主演，这还是他的第一部有声电影。制片商要求我再为他写几部电影剧本，但我坚持要回到纽约，我的麻烦也跟着来了。

短暂的成功让我觉得自己有无限的潜能，我把自己当成了一个精明的生意人。

有人告诉我约翰·贾士特在纽约投资房地产，一夜之间暴富。贾士特是什么人？只不过是一个带着移民口音的小贩，他能成功，难道我就不行？一种马上要发大财的欲望充满了我的身心。

我空有无知的勇气，对房地产事实上一窍不通。从哪里开始这项事业呢？我先以自己的做抵押，在佛洛里斯买了一块地。我想等它利润高涨时就转手卖掉，岂不可以坐享其成，成为富翁？我对那些办公室里依靠薪水过清贫日子的忙忙碌碌的小职员充满了同情。显然，上帝只把这种经营天赋给了我。

谁料，美国的经济开始衰退，就像堪萨斯的飓风摇撼鸡笼一样，我在顷刻间被击垮了。

每月我得为那片地缴220美元，还得支付我房子抵押款，并维持全家生计。我开始忧虑，想为一家杂志写些小幽默小说，但在这样沉重的心境下，我的小品更像旧约中的哀歌。我的任何文稿都卖不出去，钱也用完了，除了打字机和口中的金牙外，我没有任何东西可以抵押了。牛奶公司停止送奶，煤气公司也断了煤气。我只好夜间到建筑工地捡一些废弃的木头。我的发财梦破灭了，换来的是穷困潦倒。我忧虑重重，夜不能寐，总是夜半起来四处游荡，只到累了才能入睡。

我不但失去我买的那块地，还耗尽了我所有的心血。

银行扣押了我的房子，我和家人只好流落街头。

最后我们好不容易弄到了一点钱租了一个小公寓。1933 年最后一天，我们搬进去了。我坐在行李箱上，两眼茫然，突然母亲常说的一句话涌出来："不要为打翻的牛奶哭泣。"

我想，我已经衰落到顶了，情况不可能再坏下去了，只会慢慢地好转的。

我开始想我还有什么没有失去。我还有健康的身体，还有一些朋友，一切可以从头来过。我不再为过去哀伤，每天重复母亲说的那句话。并将全部精力投入到工作上，渐渐地，我的境况有了好转，事业又有了一点小小的成就。

今天，对于那段悲惨的经历，我心存感激。因为它给了我力量、坚韧和信心，让我知道什么是最艰苦的生活，也让我领悟即使到了谷底，也没有什么可以将人打垮的道理。我知道自己比想象的要坚强得多。每当我再遇到一些小麻烦而忧虑时，我就会回忆起我坐在行李箱上想到母亲说的那句话，并对自己说："事情已到最低点了，不可能再坏了，只要熬过去，就会好转的。"

这个故事告诉我们：不要为过去的事忧虑！接受不可避免的事实，当你的情况已跌到谷底时，就只会朝好的方面转化。

七 防止疲劳，永葆活力

保持活力 <<<

厌倦感比艰辛的劳动更让人感到疲倦。

1

每天多清醒一小时

智慧语录

在你感到疲劳之前先休息，这样你每天清醒的时间，就可以多增加一小时。

疲劳容易使人产生忧虑，或者至少会使你较容易忧虑。任何一个还在学校里学医的学生都会告诉你，疲劳会降低身体对一般感冒和疾病的抵抗力；而任何一位心理治疗家也会告诉你，疲劳同样会降低你对忧虑和恐惧等等感觉的抵抗力，所以防止疲劳也就可以防止忧虑。

雅各布医生花了多年时间，研究放松紧张情绪在医学上的应用。他认为任何一种精神情绪上的紧张，在完全放松之后就不复存在了。也就是说，如果你能放松情绪，就不会再忧虑了。

要防止疲劳和忧虑，第一条规则就是：经常休息，在你感到疲倦以前。

这一点为什么重要呢？因为疲劳增加的速度快得出奇。美国陆军的多次实验证明，即使是经过多年军事训练又很坚强的年轻人，如果不带背包，每隔一小时休息十分钟，那么行军速度就明显加快，而且持久。因此陆军总是这样做。从人的心脏每天压出来流过全身的血液，足够装满一节运油火车车厢；每天供应的能量，相当于铲子把20吨煤铲成一个三尺高的平台所需的能量。你的心脏能完成这么多令人难以置信的工作量，而且能持续50年、70年甚至90年，它怎么能承受得了呢？哈佛医院的华特·坎农博士解释道："绝大多数人认为人的心脏整天都在不停地跳动。事实上，在每次收缩之后，它有完全静止的一段时间。当心脏按正常速度每分钟跳70下时，它一天的工作时间只有9小时，也就是说它实际每天休息了15小时。"

在第二次世界大战期间，丘吉尔已经近70岁了，却能够每天工作16小时，一年一年地指挥大英帝国作战，实在是一件很了不起的事情。他的秘诀在哪里？他每天早晨在床上工作到11点，看报告、口述命令、打电话，甚至在床上举行很重要的会议。吃过午饭以后，再上床去睡一个小时。到了晚上，在八点钟吃晚饭以前，他要再上床去睡两个小时。他并不是要消除疲劳，因为他根本不必去消除，他事先就防止了。他经常休息，所以可以很有精神地一直工作到半夜之后。

约翰·洛克菲勒也创造了两项惊人的纪录：他赚到了当时全世界为数最多的财富，也活到98岁。他如何做到这两点呢？一个原因当然是他家里的人都长寿。另外一个原因是，他每天中午在办公室里睡半个小时午觉。他会躺在办公室的大沙发上——而在睡午觉的时候，哪怕是美国总统打来的电话，他都不接。

丹尼尔说："休息并不是绝对什么事都不做，休息就是修补。"在短短的一点休息时间里，就能有很强的修补能力，即使只小睡5分钟，也有助于防止疲劳。棒球名将康尼·麦克告诉我，每次出赛之前如果他不睡一个午觉的话，到第五局就会觉得精疲力竭了。可是如果他睡午觉的话，哪怕只睡5分钟，也能够赛完全场，一点也不感到疲劳。

我曾问过埃莉诺·罗斯福夫人，她在白宫当第一夫人的12年里，如何应付那么紧凑的事项。她对我说，每次接见一大群人或者是要发表一次演说之前，她通常都坐在一张椅子或是沙发上，闭目养神20分钟。

爱迪生认为他无穷的精力和耐力，都来自他能随时想睡就睡的习惯。

当亨利·福特过80岁大寿之前不久，我去访问过他。我实在猜不透他为什么看起来那样有精神，那样健康。我问他秘诀是什么？他说："能坐下的时候我绝不站着，能躺下的时候我绝不坐着。"

被称为"现代教育之父"的霍勒斯·曼在他年事稍长之后也是这样。当他担任安提奥克大学校长的时候，常常躺在一张长沙发上和学生谈话。

我曾建议好莱坞的一位电影导演试试这种方法，他后来告诉我说，这种办法可以产生奇迹。我说的是杰克·切尔托克，他是好莱坞最有名的大导演之一。几年前他来看我的时候，他是米高梅公司短片部的经理，他说他常常感到劳累和精疲力竭。他什么办法都试过，喝矿泉水、吃维他命和别的补药，但对他一点帮助也没有。我建议他每天去"度假"。怎么做呢？就是当他在办公室里和手下开会的时候，躺下来放松自己。

两年之后，我再见到他的时候，他说："出现了奇迹，这是我医生说的。以前每次和我手下的人谈短片问题的时候，我总是坐在椅子里，非常紧张。现在每次开会的时候，我躺在办公室的长沙发上。我现在觉得比 20 年以前好过多了，每天能多工作两个小时，却很少感到疲劳。”

你如何使用这些方法呢？如果你是一位打字员，你就不可能像爱迪生那样，每天在办公室里睡午觉；如果你是一个会计，你也不可能躺在长沙发上和你的上司讨论账目的问题。可是，如果你住在一个小城市里，每天中午回家吃午饭的话，饭后你就可以睡十分钟的午觉。这正是马歇尔将军常做的事。在第二次世界大战期间。他觉得指挥美军部队的工作非常忙碌。所以中午必须休息。如果你已经过了 50 岁，而觉得你还忙得连这一点都做不到的话，那么赶快趁早买人寿保险吧。

如果你没有办法在中午睡个午觉，至少要在吃晚饭之前躺下休息一个小时，这比喝一杯饭前酒要便宜得多。而且算起总账来，比喝一杯酒还要有效很多倍。如果你能在下午五点、六点或者七点钟左右睡一个小时，你就可以在你生活中每天增加一小时的清醒时间。为什么呢？因为晚饭前睡的那一个小时，加上夜里所睡的六个小时，共是 7 小时，对你的好处比连续睡八个小时更多。

从事体力劳动的人，如果休息时间多的话，每天就可以做更多的工作。弗雷德里克·泰勒，在贝德汉钢铁公司担任科学管理工程师的时候，就曾以事实证明了这件事情。他曾观察过，工人每人每天可以往货车上装大约 12.5 吨的生铁，通常中午时他们就已经精疲力竭了。他对所有产生疲劳的因素做了一次科学性的研究，认为这些工人不应该每天只送 12.5 吨的生铁，而应该每天装运 47 吨。照他的计算，他们应该可以做到目前成绩的 4 倍，而且不会疲劳，只是必须要加以证明。

泰勒选了一位施密特先生，让他按照马表的规定时间来工作。有一个人站在一边拿着一只马表来指挥施密特：“现在拿起一块生铁，走……现在坐下来休息……现在走……现在休息。”结果怎样呢？别的人每天只能装运 12.5 吨的生铁，而施密特每天却能装运到 47.5 吨生铁。在长达三年的时间里，他的工作能力从未减弱过，之所以如此，是因为他在疲劳之前就有时间休息：每小时他大约工作 26 分钟，而休息时间却有 34 分钟。他休息的时间要比工作时间多。可是他的工作成绩却差不多是别人的四倍！

经常休息，在你感到疲劳之前，这样你每天清醒的时间，就可以多增加一小时。

每天多清醒一小时。

克服忧虑的真实故事

最难应付的是忧虑

在我的拳击生涯中，忧虑比我的任何重量级对手都难以对付。但我必须学会应对忧虑，否则它会削减我的活力，让我一事无成。为此，我给自己定了一些规定：

一、为了在比赛中有足够的勇气，我总是自我激励。比如在和佛波比赛时，我不停对自己说："我是无敌的，他打败不了我，他无法击中我……我不会受伤，无论多么艰难，我都会一往无前。"这些话对我的帮助很大，让我有了一个积极的心态，以至于在比赛时我甚至感觉不到对手的攻击。在我拳击生涯中，我的嘴唇被打破过，眼睛被打伤过，肋骨被打断过，佛波一拳也曾将我打出场外，摔在了一位记者的打字机上。但此刻我对他的拳头毫无感觉。

二、我总是提醒自己，忧虑对自己有害无益。我的大多数忧虑都在大赛前产生。那时我总是半夜醒来，辗转难眠，满心忧虑。我担心自己第一回合就会被对手打断手，扭断脚，或伤到眼睛，以至于我无法发挥自己的全力。然后，我会下床对着镜中的自己说："笨蛋，你怎么为一些尚未发生或许永远都不可能发生的事忧虑呢！人生短暂，你要尽情享受！"

我知道健康是人生中最重要的本钱，而失眠和忧虑是它最大的杀手。我每夜重复着这种观点，久而久之，它深入到我内心深处，可以让我很容易就战胜了忧虑。

三、祈祷也是克服忧虑的一个好方法。无论在训练时，还是比赛前，我总是在祈祷，它增添了我获胜的勇气和信心。

2

学会放松自己

智慧语录

辛勤工作不会导致疲劳，尤其是那种经过休息或睡眠之后都无法消除的疲劳。忧虑、紧张、烦乱才是导致疲劳的三大原因。所以，放松自己吧！

有一个让人吃惊而且重要的事实：单纯用脑是不会让人疲倦的。科学家们通过试验惊奇地发现，活动中的脑细胞的血液，毫无疲劳迹象，如果你从爱因斯坦的脑部抽出血来，就算是工作了一整天，也不会发现任何疲劳毒素。

那么，又是什么让你感到疲倦呢？

心理医疗学家认为，我们的疲劳感大部分是由精神和情感因素引起的。英国著名的精神病理学家哈菲尔德认为："人的大部分疲劳源于精神因素，事实上，纯粹生理消耗而产生的疲劳是很少的。"美国学者布利尔肯定地宣称："健康状况良好、常坐着工作的人，他们疲劳完全是由于心理因素，或者是我们所说的情绪因素。"

久坐着的工作者的情绪是厌倦、不满，觉得自己无用、匆忙、焦虑、忧烦。这些情绪因素会消耗掉这些长期坐着的工作人员的精力，使他们觉得疲倦。

大都会人寿保险公司指出："好好休息后一般都能消除疲劳。忧虑、紧张和情绪不安，通常是导致疲劳的三大原因。记住学会放松，把体力储备起来，以应付更重要的任务。"

停下来想想，你在念这几行字时，有没有皱着眉头？你是否觉得两眼之间有压力产生？你是否很轻松地坐在椅子上？还是耸起肩膀，肌肉紧张？除非你全身放松得很软，否则你这些紧张就是在制造疲劳。

为什么在从事脑力劳动的时候,也会产生这些不必要的紧张呢?乔斯林说:"几乎所有的人都相信越困难的工作就越得用力做,否则就不能做好。"所以我们一集中精力就皱起了眉头,耸着肩膀,让所有的肌肉都"用力",实际上这对我们的思考根本没有丝毫帮助。

碰到这种情况,我们应该怎么办呢?放松,放松,再放松!

这很容易吗?不,你要花很大力气才能把一辈子的习惯改过来,可这是值得的。威廉·詹姆斯,在那篇《论放松情绪》的文章里说:"美国人过度紧张、坐立不安、表情痛苦,这是一种坏习惯,地地道道的坏习惯。"紧张是一种习惯,放松也是一种习惯,而坏习惯应该消除,好习惯应该保持。

怎样才能放松呢?是先从思想上还是先从神经上开始?都不是,应该先从肌肉开始。而且,首先您要放松眼部肌肉。比如当你读完一段话后,闭起眼睛来,然后默不作声对你眼睛说:"放松,放松,不要紧张,不要皱眉,放松,放松。"如此慢慢地重复一分钟。然后你是否感觉到,有一只无形的手拨开了你的紧张情绪?就在这一分钟里你学会放松的奥秘,你可以用同样的方法放松你的脸部、颈部和整个身体。

但是,你全身最重要的器官,还是你的眼睛。芝加哥大学的艾德蒙·杰可布森博士说,如果你能完全放松你的眼部肌肉,你就可以忘记你所有的烦恼了。在消除神经紧张方面眼睛之所以如此重要,是因为它们消耗了全身能量的四分之一。这也就是为什么很多眼力很好的人,却感到"眼部紧张"。因为他们自己使眼部到紧张。

女作家维姬说,小时候她遇见过一位老人,教给她一生中最重要的一课。有一次,她摔了一跤,跌破了膝盖,扭伤了手腕,一个以前在马戏团做小丑的老人扶起她,帮她拍净身上的灰时说:"你之所以摔伤了,是因为你不会放松自己。你要假装自己软得像只袜子,一只破旧的袜子,那样你就能放松了。"

这也是著名的女高音歌唱家嘉莉用的办法。有人见她常常在表演前坐在一把椅子上,放松全身,下颌松得像脱了臼一样。这样做效果很好,让她在表演时不至于紧张、疲劳。

詹姆斯说:"过度紧张,坐立难安,着急痛苦……全都是不良的习惯,不折不扣的坏习惯。"

现在,请你暂停一下,检视自己。你学会放松了吗?紧张是一种习惯,放松也是一种习惯。你可以慢慢养成的。这种努力是值得的,因为你的一生可能因此而发生很大的改变。放松就是释放所有的紧张和努力,远离压力,像婴儿般自由自在。

下面有四个建议可以帮你学会放松自己:

一、随时保持轻松，让身体就像一只旧袜子一样松弛。可以在办公桌上放一只袜子，随时提醒自己。或是想一下猫，你见过阳光下的猫吗？它全身软绵绵的，懂得一点瑜珈的人说过，要想精通放松术，学学懒猫。

二、尽量在舒适的环境下工作。记住，身体的紧张会导致肩痛和精神疲劳。

三、每天自我反省四五次。自问："我做事有没有讲效率？有没有让肌肉做不必要的操劳？"这样会使你养成一种自我放松的习惯。

四、每天晚上再做一次总的反思。想想看："我感觉累吗？如果累，是不是因为我的工作方法不对？"丹尼尔·乔塞说："我不以自己的疲惫程度去衡量工作成效，而是用累不累。一到晚上我觉得特别累或是容易发脾气，就知道当天工作质量不佳。如果每个生意人都学到这点，他们因紧张而得病致死的比率就会降低了。而精神疗养院里，也不会再有那些因疲劳和忧虑而精神崩溃的人了。"

如果要想消除忧虑，必须学会：

放松自己。

克服忧虑的真实故事

一剂丸药

克麦隆·西普

我曾在加州华纳兄弟影片公司公关部工作过几年,那时特别愉快。我写特别报道,并在杂志和报纸上为华纳公司写专栏。

有一天我突然被提升为公关部副主任,被授予行政助理的头衔。

这个新职务让我可以享用一间又大又宽敞的办公室,附有私人冰箱,两个秘书,并直管75名编撰和发报人员。我极度兴奋,为自己买了一套新西装,以树立自己的新形象。我开始言语文雅,态度权威,吃饭也很匆忙,以速食代午餐。

我觉得华纳公司的公关重任都落在了我的肩上。甚至认为公司一些大明星的私人生活也在我的掌握中,包括爱德华·鲁宾森,吉蒂·戴维斯,詹姆斯·卡格尼等等。

不到一个月,我发现自己患了胃溃疡,甚至怀疑自己得了胃癌。

当时,我的主要职务是担任银幕宣传委员会主席。我乐于担任这份工作,因为在会上可以与很多老朋友见面。但这些聚会很累人,每次会后,我都不舒服,不得不半路停车休息一会再开车。我有太多的工作要做而时间又很有限。这些事都不得不做,但我心有余而力不足。

我坦白承认,那段时间我精神负担太重,常常失眠,体重下降,常常胃疼。

朋友给我介绍了一位内科权威,他曾为很多广告界的人治过这类病。医生的话很少,他只问我哪里疼,从事什么工作,好像对我工作的兴趣远甚于我的病。连续两周,他为我做了各种检查,最后他往椅背上一靠,递给我一根烟说:“西普先生,我们已经做过各种检查了,虽然我第一次看到你,就知道你并没有患胃溃疡,但这些检查还是必要的。我很清楚从事你们这类工作的人,除非有十足的证据,你们是无法信任我的,现在让我告诉你真正的结果吧。”

于是他拿出各项检查结果以及X光片,证明我未患胃癌。

他说:“这些可能会让你破费了,但我觉得十分必要。我替你开出的药方是:不要烦恼。"我正要发脾气,被他制止了。"注意,我知道你不可能马上做到,所以先另外给你一些丸药,这些药无害,你想吃多少就吃多少,完了我再给你开,它只是帮你放松自己而已。

"记住,你不必非要服用这些药,你只要不自寻烦恼就行了。

"如果你又开始烦恼了,再来找我,我再给你开上一些药,大大收你一笔,你愿意吗?"

我希望我立即停止了忧虑,但事实上并不是这样。我连续几周用药,每当我觉得烦恼时,就吃上几颗,感觉好像好多了。

但我觉得吃这些药很难堪。我体格魁梧,几乎和林肯一样高,体重也有两百磅,但我却需要这些小药丸放松自己。我觉得自己像个歇斯底里的妇人。当朋友问我为什么吃那些药时,我羞于启齿。我开始嘲笑自己:"喂,西普,你真是一个傻瓜,你把自己的事看得太重了。吉蒂·戴维斯,爱德华·鲁宾森在你开始接管他们的公关前早已是赫赫有名的了。如果你突然死去,他们还是过得好好的。你看艾森豪威尔、马歇尔、麦克阿瑟,都指挥过世界大战,都不用靠药丸,而你不过是公关主席就得靠药丸来控制自己的胃病,让你胜任你的工作。"

我开始不服那些药,以保持自尊。不久,我将它们都扔掉,每天晚上准时回家,晚餐前小睡一会。慢慢地,我恢复了正常生活,再也没去看医生。

我应该感谢这位医生,他教会我自我解嘲,不只如此,他教会我世上没有什么是值得忧虑的。而他高明之处在于他开始并没嘲笑我,为我留了面子。他早就知道,治好我的不是药,而是我自己的态度。

3

对工作充满乐趣

智慧语录

时时提醒自己，对工作保持兴趣，这样不但可以免除忧虑，从长远看，还可能使你得到升迁或加薪的机会。即使不能，也可以减轻疲劳，帮你享受安闲自在的时光。

倦怠是惟一降低工作能力的原因。

爱丽丝是个公司职员，一天她回家时觉得精疲力竭。头痛、背痛，不想吃饭，只想睡觉。突然，电话响了，是男朋友邀她去跳舞，这时她的眼睛充满了亮光，整个人显得神采奕奕。她冲上楼去换好衣服出门，一直玩到凌晨三点回家，看起来一点也不疲倦，反而因兴奋过度无法入睡。

在这个世界上，也许有成千上万个爱丽丝，你或许就是其中之一。情绪上的态度比生理上的劳累更容易让人产生疲倦。

约瑟夫·巴马克博士在《心理学学报》上有一篇报告，谈到了他的一次实验：

他安排一群大学生参加一连串的实验工作，这些实验都是他们不感兴趣的。结果所有的学生都觉得疲倦、头疼、眼睛疼，而且总打瞌睡、想发脾气，甚至有几个人胃不舒服。所有这些是否是想像得来的呢？通过实验得知，一个人觉得烦闷的时候，他身体的血压和氧化作用真的会下降。而一旦人们觉得工作有趣的时候，其新陈代谢就会加速。

当我们在做一些很有乐趣、令人兴奋的工作时，很少感到疲倦。我曾到加拿大落基山上路易丝湖畔度假，连续几天到珊瑚湾钓鱼，一路上穿行高过头顶的灌木丛，跨过倒在地上的横木，一共要颠簸八个小时，一点也不觉得累，为什么？因为我太兴奋了，我想着自己即将得到的六条大鳟鱼。如果我对钓鱼没有兴趣，在海拔7000英尺的地方，我一定觉得累坏了。厌倦感比艰辛的登山更易让人感到疲劳。

即使像登山这类消耗体力的活动，也不如烦闷那样容易使你疲劳。明尼那不勒斯农工储蓄银行的总裁S·H·金曼先生曾告诉过我一件事，正好可以证明这一点：

1943年7月，加拿大政府要求阿尔卑斯登山部协助威尔士军团做爬山训练，金曼先生就是被请来的教练之一。他和其他一些教练——年龄大约都在42岁到59岁之间——带着那些年轻的士兵长途跋涉。越过很多冰河和雪地。再利用绳索和一些简单的工具爬上40尺的悬崖。他们在洛杉矶小月河山谷里爬了许多高峰，包括一些没有名字的，15个小时后，那些非常健壮的年轻人(他们刚刚受完六个星期的严格军事训练)全都筋疲力尽了。

他们感到疲劳是否因为他们军训时肌肉锻炼得不够吗？任何一个接受过严格军训的人都认为这种说法是荒谬的。他们之所以觉得疲劳，是因为他们对登山感到厌烦。许多士兵疲倦得等不到吃饭就睡着了。可是，那些比士兵年龄要大两倍的教练们的情况又怎么样呢？他们也感到很累，却不会筋疲力尽。他们吃了晚饭后，还坐在那儿聊了个把钟头。之所以如此，是因为他们对登山有兴趣。

哥伦比亚大学的爱德华博士就有关疲劳的问题做过很多实验，经过多次调查和实验他认为：“工作能量降低的真正原因是烦闷。”

如果你从事的是脑力工作，让你疲惫的不是你已经完成的工作量，而是你没有做的工作量。比如，上星期，你的工作总是被打断，等待已久的信没有回音，约会取消了，什么事都不顺利，你好像什么事也没有做成，回家时，你一定筋疲力尽，头痛欲裂。

第二天，办公室里的事样样顺利，你比前几天完成了好多工作。回家时，你仍然精力充沛，兴致高昂。你一定有这种经验。

我曾在《表演船》一剧中看到过这样的一段话：“能做自己喜欢做的事的人，是最幸运的人。”之所以这样说，是因为他们做自己喜欢的事时，体力更充沛，快乐更多，忧虑和疲劳却比别人要少。对它感兴趣，才能充分发挥你的能力。陪着一路上不停唠叨的太太走10条街，简直比陪着你心爱的情人走10里路感觉要累得多。

下面是一位打字小姐的例子：

她在俄克拉荷马州托沙城的一个石油公司工作。每个月她都得做一件最没意思的工作,填写石油销售报表。她为了提高工作情绪,就想出一个办法,把它变成一项有趣的工作。怎么做呢?她每天跟自己竞赛。她统计出上午打印的数量,然后争取在下午打破纪录。再统计出第一天打印的总数,争取在第二天打破纪录。这样做对她有什么好处吗?得到了赞美?没有。得到了感激?没有。得到了升迁?没有。……可是,这样有助于防止烦闷带来的疲劳,让她保持很高的兴致,她因此节省下了体力和精神,在休息时间也得到了更多的快乐。

我恰好知道这个故事是真实的,因为我就娶了那个女孩子。

你可以假装对工作感兴趣,这种态度往往会让你的兴趣弄假成真,可以减少你的疲劳、忧虑和烦闷。下面是一个小姐的故事:

维莉戈登小姐办公室里有四个速记员,每个人都分别处理一些特定的信件。有时候,她们会被那些信件弄得头昏脑涨。一天,一个部门助理坚持要她把一封长信重新打出来,她很不愿意。她说信根本不用重打,只要将错别字改过来就可以了,那人却说,如果她不打,他也可以找别人去做。她气坏了,只得重新打,因为她想到有一个人会趁机代替这份工作,而且公司是付了钱的。于是,她心里觉得好过些,假装自己乐意做这个工作。结果,她真的有点喜欢它了。她发现,一旦她让自己喜欢自己的工作,她的工作效率也高了。这种新的工作态度让大家都觉得她是个好职员。后来,一个部门主管需要一名私人秘书,就选了她,因为他说,她总是高兴地去做额外的工作。

戈登小姐运用了汉斯·威辛吉教授的"假装"哲学,他教我们要"假装"快乐。

几年以前,哈伦·霍华做了一个决定。结果使他的生活完全改观。他把一个没有意思的工作变得很有意思。他的工作确实没意思,是在高中福利社里洗盘子、擦柜台、卖冰淇淋,而其他男孩子却在玩球或跟女孩子约会。他很不喜欢这种工作,但他没有别的工作可做,于是他决定利用这个机会来研究冰淇淋——研究冰淇淋是怎样做成的,里面有什么成分,为什么有的冰淇淋更好吃。他研究冰淇淋的化学成分,使他成为他所在的高中化学课程的小天才。慢慢地他对食品化学产生了浓厚的兴趣。高中毕业后他考进了马萨诸塞州立大学,专门研究食物与营养。有一次,纽约可可公司举办了关于可可和巧克力应用方面的有奖征文活动,你猜是谁得了头奖……一点不错,正是哈伦·霍华。

后来他发现很难找到工作,就在马萨诸塞州安荷斯特城北乐街750号他自己家的地下室开办了一家私人化验室。开业不久,当局通过了一条新法案:牛奶所含细菌数目必须严格统计。于是,他开始为安荷斯特城14家牛奶公司统计细菌,而且他必须再雇两个助手。

25 年以后会怎么样呢？当然,这几位目前正从事食物化学实验工作的先驱们大都已到了退休年龄,会有很多热诚的青年人来接替他们。但哈伦·霍华很可能成为这一行业里的领袖人物。而当年从他手里买过冰淇淋的一些同学,都可能穷困潦倒,失业在家,抱怨自己一直找不到好工作。其实,如果他不是尽力把一件很没意思的差事变得有意思,恐怕他也同样没有找到好工作的机会了。

一个叫山姆的年轻人在一家工厂里做卸螺丝钉的工作。他觉得工作乏味,想辞了又怕找不到别的工作,只好想法让自己对工作感兴趣,他和邻近的操纵机器的工人比速度。有个工人负责磨平螺丝钉头,另一个修平螺丝钉的直径大小,他们比赛看谁完成的螺丝钉多。有个监工对山姆的快速度留下了印象,没多久提升他到另一个部门,后来他成为机器制造厂的厂长。如果不这样,他可能一辈子就是一个工人。

著名的无线电新闻分析家 H·V·卡腾堡曾告诉我怎样将一件毫无意思的工作变得很有趣:

> 22 岁那年,他在一艘横渡大西洋运牲畜的船上工作,专门给牲畜喂水和饲料。后来他骑着自行车周游英国,接着到了法国巴黎,在那里他的积蓄花光了,只得把随身带着的照相机卖了几元钱。后来他在巴黎版的《纽约先驱报》上登了一个求职广告,找到了一份推销立体观测镜的差事。用这种观测镜看两张相同的照片时,就会看到两张合一的立体效果。
>
> 他不会说法语,但挨门挨户地推销了一年以后,他居然挣了 5000 美元的佣金,成了当年法国收入最高的推销员。他说干这个行业对他能力的提高比念哈佛大学还要多。而且大增了他的自信心,他甚至说,如果有可能他可以将美国国会记录志卖给法国家庭主妇。
>
> 他是怎样做到的呢?
>
> 开始,他请老板用纯正的法语把他应该说的话写下来,然后背熟。他就这样去按人家的门铃。家庭主妇开门之后,他就开始背诵老板教的推销用语。他夹杂着美国口音的法语让人觉得很滑稽,他趁机会递上实物照片。如果对方问一些问题,他就耸耸肩说:“美国人……美国人”,同时摘下帽子,把藏在帽子里的讲稿指给人家看。那个家庭主妇当然会大笑起来,他也跟着大笑,然后再给对方看更多的照片。
>
> 当卡腾堡讲述这些事情的时候。他很坦白地承认这种工作实在很不容易。他之所以能挺过去。就是靠着一个信念:他要把这个工作变得有

乐趣。

每天早上出门之前,他都要对着镜子里的自己说:“卡腾堡,如果你要吃饭,就得做这件事。既然非做不可,何不做得痛快一点儿呢?假想你是一个演员,正站在舞台上,下面有很多观众正注视着你。你现在做的事就像演戏一样,何不高兴点儿呢?”

他每天给自己打气的这些话,有助于把一个他以前既恨又怕的工作变成他喜欢的事情。也让他挣得了很高的利润。

我问卡腾堡先生,是否可以给急于成功的美国青年一些忠告。他说:“可以。每天早晨跟自己打一个赌。我们常常需要做一些运动,让自己从半睡半醒状态里醒过来。但我们更需要一些精神和思想上的运动,使我们每天早上能够真正地活动起来,每天早上给自己打打气吧。”

每天早晨给自己打气,是不是一件很傻、很肤浅、很孩子气的事呢?不是的,这在心理学是非常重要的。1800年前,马尔卡斯·奥勒留在他的《沉思录》中写道:“我们的生活就是由我们的思想创造的。”

只要你想到高兴,就可以让任何工作都变得不那么讨厌。你的上司当然希望你喜欢自己的工作,这样他可以挣更多的钱。且不管他怎么想,想想如果你这样做,对你自己有什么好处呢?你常常提醒自己,就可以加倍地在生活中得到快乐。

如果你在工作上得不到快乐的话,那你在别的地方也不可能找到,因为你一天的大部分清醒时间都花在工作上了。如果你经常给自己打气,创造工作的兴趣,那你就会把疲劳降到最低程度,这样也许就会给你带来升迁和发展。即使没有这样的好处,至少在减少了疲劳和忧虑之后,你可以更好地享受自己的闲暇时间。

要克服忧虑,必须学会:

对工作充满热情。

克服忧虑的真实故事

看太太洗盘子的心得

威廉·伍德

长期以来，我饱受胃病的折磨。剧烈的疼痛常常让我无法入睡，每晚都要醒两三次。我父亲死于胃癌，我怕自己也像他一样得了胃癌，或至少是胃溃疡。

我去一家医院做检查，一位著名的专家给我做了X光，他向我保证，我没有患上胃癌或胃溃疡，我的病完全是因为精神紧张所致。他给我开了一副镇静剂，用来帮助我睡眠。因为我是牧师，他问我："教堂工作是不是非常难应付？"

我的工作真的是太忙了。除了每周日的布道及其他各种活动外，还担任了红十字会主席、吉尼斯俱乐部会长，平均每周还要主持两三次葬礼。紧张繁忙让我对任何事都烦，使我的胃长期处于压力之中，经常疼痛。我一直在这种压力下工作，从来没有休息过。

我接受了医生的忠告，决定每周一休息，并减轻工作压力和社会活动。一次，我正在清理我的办公桌，忽然想到了一个好点子。我清理了抽屉里的一堆讲道的笔记和备忘录，把他们揉掉扔进了废纸篓里。然后对自己说："我为什么不能像对这些旧东西一样，将我的烦恼捡出来扔掉呢？"这个念头让我有种如释重负的感觉。自此后，我把它当成一项规则，只要是我无法解决的事，我都将它们扔掉。

后来有一天，我正在厨房里帮妻子洗盘子，妻子边洗边唱。我又有了另一种灵感，我想："我们结婚18年，她也洗了18年的碗。如果在婚前，她想到未来18年她洗的碗，堆得连仓库都放不了，她一定会吓跑的。"

我对自己说："我太太之所以不以洗盘子为苦，是因为她一次只洗当天的盘子。"我找出了我的症结所在，我总是想洗完今天和昨天的所有盘子，甚至连还没脏的都要一起洗完。

我发现自己真的很笨，每个主日早上，我都为他人布道，告诉他们如何生活，而自己却过着紧张忧虑的生活，真是羞愧。

我不再为忧虑所困，不再失眠和胃痛了。我将昨天的焦虑都弃之不顾，也不再试图清洗明天的盘子。

请记住：明天的烦恼加上昨天的烦恼，再背上今天的，造成了沉重的负担。

4

说出你的心事

智慧语录

所有的人都知道“吐露一番”或是“发发心中的闷气”，就能立刻使人觉得畅快多了。

去年秋天，我的助手乘飞机去波士顿参加一次不寻常的医学实验，正式的名称叫应用心理学，目的是治疗一些因忧虑而得病的人。而病人中的大多数是精神上有困扰的家庭主妇。

这门实验是这样诞生的。1930 年，约瑟夫·普雷特博士发现了一个问题：来波士顿医院求诊的女患者中，有很多根本不是生理上有毛病。她们有的是因“关节炎”两手而无法活动，有的好像有“胃癌”的症状，有的头疼、腰疼，都是些长年无法治愈的。但经过彻底的检查后却发现，她们生理上完全正常，医生们说：“是因为她们脑子有病。”

但普雷特博士知道仅仅叫她们“回家去把这件事忘掉”是起不到任何作用的。于是他开了“应用心理学”实验班，希望帮助她们根治心理上的疾病。

医学界一开始都很怀疑他的做法，给果却出人意料。这个班开设 18 年来，有成千上万的人参加实验后得到“痊愈”。有些病人到这个班上接连上了好几年课，就像上教堂一样虔诚。我那个助手曾和一位上了九年的妇女谈过。她说，她刚来时觉得自己有肾炎和心脏病，这使她忧虑、紧张，有时甚至突然看不见东西，于是她又害怕会双目失明。可现在她身体状况良好，已经有了孙子，看上去只有 40 多岁。“那时我几乎想一死了之，可我后来在这儿懂得了忧虑对人的害处，我学会了怎样消除忧虑。我现在很幸福。”

希尔费丁医生认为，减轻忧虑最好的药就是：“跟你信任的人谈论你的问题，我们称之为净化作用。”她说：“病人到这里来的时候，可以尽量地谈她们的问题，一直到她们把这些问题完全赶出她们的脑子。一个人闷着头忧虑，不把这些事情告诉他人，就会造成精神上的紧张。我们都应该让别人来分担我们的困难，我们也得分担别人的忧虑。我们必须感觉到世界上还有人愿意听我们的话，也能够了解我们。”

我的助手亲眼看到一个女人在说出她心里的忧虑后，感到一种非常难得的解脱。她有很多家庭琐事的烦恼，而在她刚刚开始谈到这些问题时，她就像一个压紧的弹簧，然后一面讲，一面平静下来了。等到谈完后，她居然能面露微笑。这些困难是否已经得到解决呢？没有，事情不会这么容易的。她之所以有这样的改变，是因为她能和别人谈谈，得到了一点点忠告和同情，真正造成变化的，是强有力的语言。

单单说出来就能解除心里的忧虑，为什么呢？也许是因为说出来之后，我们就可以更深入地看到我们面临的问题，能够找到更好的解决方法。没有人知道确切的答案，可是我们所有的人都知道“吐露一番”或是“发发心中的闷气”，就能立刻使人觉得畅快多了。

所以，下一次，我们再碰到什么情感上的难题时，何不去找个人来谈谈呢？我们要找一个能够信任的人，跟他约好一个时间，也许是一个亲戚，一位医生，或是一个神父，然后对那个人说：“我希望得到你的忠告。我有些问题，我希望你能听我谈一谈，你也许可以给我一些忠告。也许旁观者清，你可以看到我自己看不见的角度。可是即使你不能做到这一点，只要你坐在那里听我谈谈这件事情，也等于帮了我很大的忙了。”

为了消除心中的忧虑，我们可以这样做：

1.准备一本“供给灵感”的剪贴本，你可以贴上自己喜欢的令人鼓舞的诗篇，或是名人格言。往后，如果你感到精神颓废，翻开这个本子，也许在本子里就可以找到治疗方法。

2.不要为别人的缺点太操心。不错，你的丈夫有很多的错误，但如果他是圣人的话，恐怕他根本就不会娶你了，对不对？有一个女人，发现自己变成一个专门对人苛刻责备、常拉长一张脸的人。当别人问她“如果你丈夫死了你怎么办”，她才发现自己的短处。

3.要对你的邻居有兴趣，对那些和你在同一条街上共同生活的人，有一种很友善也很健康的兴趣。有一个很孤独的女人，觉得自己非常孤立，她一个朋友也没有。有人要她试着把她下一个碰到的人作为主角编一个故事，于是她开始在公共汽车上为她所看到的人编故事。她设想那个人的背景和生活情形，试着去想他的生活。后来，她遇到别人就谈天，而今天她非常快乐，变成一个很讨人喜欢的人,也治好了她的痛苦。

4.今晚上床前,先安排好明天的工作程序。很多家庭主妇,因为做不完的家事而感到很疲劳。她们好像永远也做不完自己的工作,老是被时间赶来赶去。为了治好这种匆忙和忧虑,建议各位家庭主妇,在头一天就把第二天的工作安排好,结果呢?她们能完成许多的工作,而不会感到那么疲劳。

5.避免紧张和疲劳的惟一途径就是放松,再也没有比紧张和疲劳更容易让人苍老的事了。一定要懂得放松自己,你有一点强过别人的地方,只要躺下来随时就可以躺下。而且你可以就躺在地上。奇怪的是,硬地板比家里的席梦思更有助于你放松自己。地板给你的抵抗力比较大,对脊梁骨有好处。

那么,下面就是一些你可以在自己家里做的运动。你先试试,看看对你的外表有多大的好处。

1.如果你觉得疲倦了,就平躺在地板上,尽量把身体伸直。你想翻身就翻身,每天做两次。

2.闭起双眼,像约翰逊教授所建议的那样说:"太阳当头照,天空蓝盈盈,大自然很宁静。我——大自然的孩子,也能和宇宙和谐一致。"

3.如果你正在炉子上煮菜,没有这个时间,不能躺下来,那么,只要你能坐在一张椅子上,效果会是一样的。在一张很硬的直背椅子里,像一个古埃及的坐像那样,然后把你的双手平放在大腿上。

4.慢慢地把你的双脚趾蜷曲起来——然后,让它们放松。收紧你的腿部肌肉——然后,让它们放松:慢慢朝上,运动各部分的肌肉,最后一直到你的颈部。然后,让你自己的头四周转动,就像你的头是一个足球。并不断地对你的肌肉说:"放松……放松……"

5.用很慢很稳定的深呼吸来平定你的神经,要从丹田吸气。印度的瑜伽术不错,有规律的呼吸是安抚神经的最好方法。

6.尽量抹平脸上的皱纹,松开你紧锁的眉头,不要闭紧嘴巴。每天这样两次,你就不用去美容院,脸上皱纹也会消失的。

要克服忧虑,必须学会:

说出你的心事。

5

不要为失眠而忧虑

智慧语录

为失眠而忧虑，对你伤害的程度，远超过失眠本身。

要是你经常睡不好的话，你会不会忧虑呢？那么你也许愿意知道国际知名的大律师塞缪尔，一辈子从来没有好好睡过。

他上大学时，很担心两件事，气喘和失眠，这两种病似乎都没有办法治好。于是他决心充分利用清醒的时间。睡不着时，他不在床上翻来覆去，不让自己忧虑到精神崩溃的程度，他就下床来读书。结果呢？他在班上每一门功课都名列前茅，成为纽约大学的奇才。

他开始从事律师业务以后，失眠症还是没有好，但他并不忧虑。他说："大自然会照顾我的。"果然，虽然他每天都睡得很少，健康情形却一直不错，而且也能像其他所有的年轻律师一样努力工作，甚至超过其他人，因为别人睡觉时，他还是清醒的。

他21岁，每年的收入却高达7.5万美元，因此很多律师都向他学习。1931年，他在一个诉讼案子上所得的酬金开了律师界有史以来的先例，整整100万美元的现金。

可是他还是有失眠症，晚上他有一半的时间都在看书，然后清早五点就起床，开始口述信件。当大多数人刚刚开始工作时，他一天的工作差不多就已做了一半了。

他一直活到81岁，一辈子里难得有一天晚上睡得很好。可如果他一直为此而忧虑的话，他这辈子可能早就完了。

我们的一生有三分之一是在睡眠中过的，可是无人明白睡眠究竟是怎么回事。我们只知道睡觉是一种习惯,是一种休息状态。但我们不清楚每个人需要几个小时的睡眠,更不清楚我们是不是非睡觉不可。

也许你不会相信,第一次世界大战期间,一个名叫保罗·柯恩的匈牙利士兵,前脑叶被子弹打穿。伤愈后,他再也无法睡眠,但他从不觉得困倦。

所有的医生都说他活不长了,但事实上他找到一份工作,健康生活了许多年。有时他也会躺下闭目养神,却从来无法真正安睡。他的病例是医学史上的一个谜。也颠覆了我们对睡眠的许多传统看法。

每个人的睡眠时间是不同的。著名指挥家托斯卡尼尼每晚只睡 5 个小时,而柯立芝总统每天却要睡 11 小时。前者花在睡眠上的时间只有一生的五分之一,而柯立芝却几乎睡掉了一半时间。

为失眠而忧虑对你身体的损害,远远要超过失眠本身。我的一个学生伊拉·桑德勒,就几乎因为严重的失眠症而自杀。

下面是他的故事:

> 最初我睡眠很好,闹钟都吵不醒,结果每天早上上班都迟到。老板警告我,如果再睡过头,就会炒掉我。我很担心这种情况发生。
>
> 于是我的一个朋友建议我睡觉时把注意力集中到闹钟上,结果那该死的滴答滴答的声音纠缠着我,让我彻夜难眠,焦躁不安。结果到了早晨,我又累又倦,还病了。这种情形持续了两个月,我想我一定会精神失常了。有时我会走来走去转上几个钟头,甚至想从窗口跳出去一死了之。
>
> 最后我找了一位医生,他说:“伊拉,我没有办法帮你。每天晚上你不能入睡时就对自己说:‘我才不在乎睡不睡得着,就算醒着躺一夜,那也没关系。’”我照他的话去做,不到两个星期就能安稳入睡了。不到一个月,我的睡眠就恢复了,精神的痛苦也消失了。

使伊拉·桑德勒受到折磨的不是失眠症,而是失眠引起的焦虑。

芝加哥大学教授山尼尔·克里特曼博士是睡眠问题的专家。他说没有人会因为失眠而死,那些为失眠忧虑的人通常获得的睡眠比自己想象的要多。那些说“昨晚眼睛都没闭一下”的人,实际上可能睡了几个钟头。

举例来说,19 世纪著名的思想家斯宾塞,到老年仍是独身。他住在寄宿宿舍,整天都在谈论自己的失眠问题,弄得人人都不厌其烦,他甚至带上耳塞来抵御外面的吵闹,镇定他的神经,有时甚至靠吃鸦片来催眠。一天晚上,他和牛津大学教授塞斯同住旅馆的一个房间,次日早晨斯宾塞说他整夜没睡着,其实塞斯才一宿没合眼,因为斯宾塞的鼾声吵了他一夜。

要想安稳地睡觉,第一个必要条件,要有安全感。我们必须感觉到有一种比我们大得多的力量，一直照顾我们到天明。“把自己托付给上帝，然后放松你自己。”著名的歌唱家麦当娜说，每当她感觉精神颓废而难以入睡的时候，她就重读《诗篇》第23篇让她自己得到一种“安全感”。

还有一种方法：学着和自己的身体交谈，放松自己。你要对你身上的肌肉说：“放松，放松——放松所有的紧张。”我们知道，当肌肉紧张时，你的思想和神经就不可能放松，所以如果我们想要入睡的话，必须先从放松肌肉开始。

你还可以使自己体力劳动到疲倦的程度。去种花、游泳、打网球、滑雪，或者只是做很多体力劳动的工作。这是名作家德莱塞的做法，他年轻时为失眠忧虑过，后来他到中央铁路去找了一份铁路工人的工作，在做了一整天打钉和铲石子的工作之后，他疲倦得甚至连饭也不想吃就要睡觉。

假如我们十分疲倦的话，即使我们是在走路，大自然也会强迫我们入睡。我自己有过亲身经历。13岁时，父亲要运一车猪到圣乔城去，他有两张免费火车票，就带我一起去了。到了那个从没见过的大城市，我兴奋得无以复加，摩天楼，电车——我闭上眼睛都好像能看到那辆电车。整整一天，我都处在兴奋中，当我们坐火车回家时已是深夜两点，我们还要走四里回到农庄，当时我一边走路一边睡着了。

当一个人完全筋疲力尽之后，即使在打雷或战争威胁下，也能安然入睡。著名的神经科医生佛斯特·甘乃迪博士告诉我说，1918年，英国第五军撤退时，他就见过筋疲力尽的士兵随地倒下，睡得就像昏过去一样。即使用手撑开他们的眼皮，他们也不会醒来。没反应。

从来没有一个人会用不睡觉来自杀。不论他自我控制力多强大，大自然都会强迫一个人入睡。我们可以长久不吃东西、不喝水，却无法不睡觉。

亨利·林克博士是心理问题公司的副总裁，他曾经和很多忧虑而颓丧的人谈过。在《消除恐惧与忧虑》一章里，他谈到他曾对一个一心想自杀的人说：“反正你是要自杀的，那你至少也要像个英雄，就绕着这条街跑到你累死为止吧。”那个人果然去试了，而且还试了好几次，每一次他都觉得好受一些。到了第三天晚上，这个病人由于身体疲劳（在肉体上也放松了）睡得很沉。后来他参加了一个体育俱乐部，参加各种运动项目，不久他就不想死了。

所以不要为失眠而忧虑，记住以下五条：

1.如果你睡不着，就起来工作或看书，直到你想睡为止。

2.从来没有人因为缺少睡眠而死。

3.试着祈祷。

4.保持全身放松。

5.加强运动。

为失眠忧虑比失眠更可怕。

克服忧虑的真实故事

我找到答案了

德尔·休斯

1943年,我的肋骨断了三根,肺部被刺穿,在新墨西哥州的一家军医院接受治疗。事故发生在夏威夷一次海陆两军登陆的演习中,当时我准备从登陆艇跳上沙滩,不料一个巨浪袭来,将我高高抛起后又摔了下来。摔下来的力量太大,折断了我的三根肋骨,其中一根还刺进了我的右肺。

住院三个月,医生说我的伤势依然没有好转。我再次受到沉重打击。深思之后,我想我没有好转可能是我过度的忧虑所致。事故前我的日子一直很活跃。然而这三个月来,我一天到晚只能躺在床上,无所事事,只有胡思乱想了。想得越多,烦恼也越甚。我担心我能否恢复过去的日子,是不是要终生残疾,能否结婚过正常人的生活。

我请求医生将我移到被称为"乡村俱乐部"的病房里,在那里什么都可以做。

在那里,我对桥牌产生了强烈的兴趣。我用了六个礼拜学会了它,并与其他人一起玩,阅读与之有关的书,成为一个名符其实的桥牌迷,每天晚上我都打。与此同时,我又喜欢上了油画,每天下午三到五点之间,我都在一位老师的指导下学习绘画。我还尝试学雕刻,并从此类书籍中得到了极大乐趣。

我让自己忙碌起来,无暇考虑我的病情。甚至还阅读红十字会赠送的心理学书籍。三个月后,医护人员都来告诉我,恭喜我有了惊人的进步。那是有生以来最让我兴奋的一句话,我激动得想哭。

我想说的是:当我无所事事,整天躺在床上为自己的未来而忧虑时,我的健康丝毫没有进展。因为我的忧虑就像一支注入体内的毒药,摧残了我的健康。但当我专心玩桥牌、学绘画雕刻,将病情抛在脑后,医生说我进步很大。

我目前很健康,肺部正常,与常人一样。

还记得萧伯纳说的那句话吗?"人生最大的不幸,是有余暇去考虑自己过得是否幸福。"保持忙碌,让自己快乐起来!

八 平安快乐的要诀

平安快乐 <<<

你的内在力量是独一无二的，
只有你知道自己能做什么。

1

保持自我本色

智慧语录

上天赋予你的能力是独一无二的,当你自己努力尝试和运用时,才知道这份能力到底是什么。

我这里有一封北卡罗莱纳州的阿尔瑞德太太写给我的信。信中讲述了她的故事。

阿尔瑞德太太是一个很敏感内向的女孩子,长得很胖,两颊丰满,这让她看起来更胖。她的母亲很刻板,认为衣服穿得太漂亮很愚蠢,衣服太合身会把它撑破,不如做得宽大一些。她也这样打扮女儿。她从没参加过任何聚会,没有什么开心的事。上学后,也不参加同学们的活动,包括运动项目。她害羞极了,感觉自己是个异类。

长大后,她嫁了一个大她几岁的丈夫,还是没有一点起色。她丈夫家的人稳重而自信,她很想像他们一样,也努力模仿过,但不能如愿。家人也试着帮助她,结果总是适得其反,把她推到更坏的处境。她越来越紧张易怒,害怕见到任何朋友。每次在公共场合,她都尽量显得开心,总是装得过了头,事后累得半死,以至于她开始怀疑自己是否有继续生存的必要。

改变她一生的是她婆婆偶然的一句话,一次,她婆婆和她谈如何教育子女,她说:"不论遇到什么事,我都坚持让他们保持自己的本色……""保持自我本色!"这几个字像灵光一闪,让她明白,她所有的不幸都起源于自己把自己限制在一个模式中去了。

一夜之间她变了!她开始保持自我本色。努力研究自己的个性,认清自己,并找出自己的优点。她学会了怎样配色与选择衣服,以显示出自己的品位。她主动结交朋友。她还加入了一个团体，每次上台，都得到了很多勇气。后来在教育自己的子女时，她一再告诉她们：不论发生什么事，要保持自我的本色。

如何保持本色，这个问题像历史一样古老，也像人生一样普遍。

一个人最糟糕的是不能成为自己，不能在内心中保持自我。

好莱坞著名导演山姆·伍德曾说，最令他头痛的事就是年轻演员不能保持自我。他们每个人都想成为二流的拉娜·特丽斯或三流的盖博，他不停地告诫他们："观众已经尝过那种味道了，他们需要点新鲜的。"他凭借着自己做过房地产销售员的经验，尽量不用那些模仿他人的演员，那是最保险的。完全模仿别人绝对会一事无成。

一家石油公司的人事主管保罗·帕顿面试过的人数超过6000人，他曾说："求职者犯的最大错误就是不能保持自我。他们常常不坦诚地回答问题，而是说出他们觉得你想听的答案。"可那是没有用的，没有人愿意听一种不真实的，虚伪的东西。

一个公共汽车驾驶员的女儿也是很辛苦才学到这个道理。她渴望成为一名歌星，但她长得不漂亮，她的脸太长，嘴很大，牙齿是龅牙。第一次在新泽西州的一家夜总会里试唱时，她一直试图咬住嘴唇以包住暴露的牙齿，以期表现得更加完美，结果适得其反，弄得自己十分尴尬。看来她注定好像要失败了。这时，夜总会里听过她唱歌的一个人觉得她很有天分，就坦率对她说："我一直在看你的表演，看来你一直想掩饰点什么，你觉得你的牙齿很难看吗？"女孩子听了后很难堪，但他接着说："长了龅牙没什么呀，别试图掩饰，张开你的嘴。如果你不以为然，观众自然会喜欢的。说不定它还会给你带来好运呢！"女孩子接受了他的建议，她将注意力集中在观众那里，尽量放开自己，后来成为电视台中走红的歌星，现在，有很多歌星反而还模仿她了。

威廉·詹姆士说："一般人只使用了他心智能力的10%，大部分人并不了解自己有些什么才能，与我们应该取得的成就相比，其实我们还有一半以上没醒着。我们只用了我们能力的一小部分。人往往活在自己所设的一个有限的空间里，我们拥有各种各样的能力，却不能成功地运用它们。"

你在这个世界上是独一无二的，以前没有人像你一样，以后也没有。你是由父亲和母亲各自的23对染色体组合而成的，每一对染色体中有数百个基因，而任何单一的一种基因都足以改变一个人的一生。

哪怕你父母相遇并结婚，但生下孩子正好是你的机会，也只有三十亿分之一。也就是说若你有30亿个兄妹，他们都会与你完全不同，这不是幻想，而是科学事实。

保持你自己的本色！我对此特别有感触，因为年轻时的我曾为此付出过惨重的代价。那时，我从密苏里州的乡下来到纽约，考进美国戏剧学院，希望成为一名演员。当时我还自以为自己十分聪明，以为找到了一条不为别人所知的成功捷径，还暗自庆幸别人都笨得不知道这一点。我的想法是：向所有优秀的名演员学习，集他们优秀的演技于一身！这是多么愚蠢而荒唐的想法。我为此浪费了太多时间，一直到后来我才明白，只有保持自己的本色和个性者才能取得真正的成功。只是当时我没有马上吸取教训。几年后，我想写一本书，希望它成为关于演讲方面的最好的一本，写的时候，我犯了当时同样的错误，计划将别人好的地方全部放进来，使它成为一本集大全的百科全书。最后我发现这样做出来的东西既做作，又无可读性，我把它们全部扔掉从头开始。我对自己说："一定要有自己的特色个性，无论有多少错误，都不能因袭别人。"我做了自己该做的，希望能永远做到像华特·罗里说的那样："我写不出一本和莎士比亚媲美的书，但可以写出一本具有自己特色的书。"

像作曲家欧文·柏林给乔治·格希文的忠告那样。当柏林和格希文初次见面时，柏林已声名卓著，而格希文还是一个刚出道的年轻作曲家，一周只赚35美元。柏林很欣赏格希文的能力，问他是否愿意做他的秘书，薪水大概是他当时收入的三倍。"还是不要接受这个工作，"柏林同时也忠告他说，"如果接受，你可能只会变成一个二流的柏林，如果你坚持继续保持自己的本色，总有一天你会成为一个一流的格希文。"

格希文接受了这个劝告，最终他成为美国最重要的作曲家之一。

卓别林，威尔·罗吉斯，玛丽·玛格丽特·麦克布蕾，金·奥特雷，以及其他几百万的人，都学过保持自己本色的这一课，尽管学得很辛苦。

卓别林开始拍片时，导演要他模仿当时的著名影星，结果他一事无成，直到他开始发挥自己的特色，才渐渐成功。当玛丽·马克布莱德第一次上电台时，她总想模仿一位爱尔兰的明星，总是没有成功。直到她以一位密苏里州乡村姑娘的本色面目出现时，才成为走红的播音员。吉瑞·奥特一直想改变自己的德州口音，打扮也像个城里人，还对外宣称他是纽约人，结果别人都在背后嘲笑他。后来他开始重弹三弦琴，演唱乡村歌曲，最终奠定了他在影片中受欢迎的牛仔地位。

你在这个世界上是一个崭新的自我，为此而自豪吧！善用你的天赋。说到底，所有的艺术都是一种自我表现，你只能唱你自己的歌，画你自己的画。你的经验、你的环境和遗传造就了你。无论是好是坏，你只有好好经营自己的小花园，无论好坏，都得在生命的交响乐中演奏好自己的一份。

爱默生说过：一个人终有一天会明白，妒忌是无用的，模仿就是自杀。无论好坏，人都要保持自己的本色。宇宙间充满了未知事物，只有自己才能帮助自己，只有耕种自己的田地，才能收获自家的玉米。上天赋予你的能力是独一无二的，当你努力尝试并运用时，才会知道这份能力到底是什么！

下面则是诗人道格拉斯·马洛奇说的，希望你能记住：

如果你不能成为山顶的一株松
就做一丛小树生长在山谷中
但要是溪边最好的
如果你不能成为一棵大树，就做一丛灌木
如果你不能成为一丛灌木，何不就做一片小草
给公路也有几分生气
如果你做不了麝鹿，就做一条小鱼
但须是湖里最活跃的一条
我们不能都做船长，有人得做海员
世上的事情，多得做不完
不管是大事，还是小事
我们该做的工作，就在你的手边
如果你不能做一条公路，就做一条小径
如果你不能做太阳，就做一颗星星
输赢不在于大小
而在于你是否竭尽所能

要想平安快乐，记住：

保持自我的本色。

克服忧虑的真实故事

时间可以解决很多事情

路易斯·蒙特德

忧虑让我失去了生命中最美好的10年光阴。18岁到28岁,这是人生最丰富,最富于活力的岁月。

现在我才明白,这10年的损失错不在他人,而是我自己一手造成的。

那时,有很多事都令我担心,无论工作、健康还是家庭。我很自卑,羞于与熟人交往。如果碰到一位朋友,我假装没有看见,我怕别人不屑于理我。

我更怕与陌生人打交道,与不熟悉的人在一起,我就十分不自在,这让我在两个星期中,一连三次失去工作机会,因为我没有勇气向老板展示自己。

八年前的一天下午,我克服了我的忧虑。当时,我在一个朋友的办公室,他是我所认识的最乐观的人,似乎没有任何烦恼。他曾在1929年发了财,接着赔得一无所有。1933年,他东山再起,赚的钱还是赔光了。如此反复,他经历了破产,并被债主逼得走投无路,但他依然没有崩溃,泰然处之。

坐在他的办公室,我真羡慕他。希望自己也能像他一样。我们谈话时,他将当天早上收到的一封信丢给我,让我仔细看看。那是一封令人愤怒的信,如果是写给我的,我一定会烦恼至极,我问:“比尔,你打算如何处理这封信?”

他说:“告诉你一个小秘密,当你遇到这类麻烦事时,拿出一支笔和一张纸,将它们列下来,然后将这张纸放进抽屉的最下面。一两个星期后,再拿出来看看。到时,如果那些事情仍然让你烦恼,再把它放进去,让它在那儿再呆上几个星期。它在那里很安全,没有什么不妥,但你的烦恼可能会发生许多变化。我发现,只要有足够的耐心,那些烦恼最后都会自动消失。”

他的忠告给我深刻的印象。几年来,我一使用这个方法,烦恼真的大减。

时间可以解决很多事情,也能抚平你心中的许多烦恼。

2

克服四种不良习惯

智慧语录

习惯是后天慢慢养成的,并非与生俱来。对我们的生活和事业而言,有些习惯虽然不好,可能无碍大事,有些则是我们获得幸福和成功的大敌。

习惯是后天慢慢养成的,并非与生俱来。对我们的生活和事业而言,有些习惯虽然不好,可能无碍大事,有些则是我们获得幸福和成功的大敌。有些恶习如果不改正,可能会影响我们终生。

四种不良习惯。

不良习惯之一:办公桌上凌乱不堪

芝加哥西北铁路公司总裁威廉斯说:“那些桌上总是堆满东西的人会发现:若你将桌上清理干净,只留些与手头工作有关的东西,你的工作会进行得更加顺利,不会出错。这也是迈向高效率的第一步。”

波普曾说:“秩序是天国的第一要律。”这几个字就挂在华盛顿国会的图书馆上。

秩序是商界和生活的第一要律。当你办公桌上堆满了东西,乱七八糟,就会导致你慌乱、紧张、忧虑、烦恼。一个常担忧万事待办却无暇办理的人,不仅会感到紧张劳累,还会引发各种疾病。

宾州大学的斯托克教授在一份报告中列举了心理病人的11种心理表现,其中第一项是“强迫性,总觉得有没完没了的一大堆事等着要办”。这种“没完没了的一大堆事”凭清理桌面就能处理好吗?而且这些真的必须处理吗?有一个病例证明了这样做会成功:

这个病人是芝加哥一家公司的高管，他第一次见医生时，显得焦虑、紧张，不快乐。他明知这样不好，但对自己这种情况无能为力，只得向医生求助。

正当他和医生交谈时，一个电话打来找医生。

接到电话，医生没有片刻耽误，马上做出决定。他一向是有问题马上解决，从不拖延。接着谈话中途又遇到几次，他同样处理了。他向他的病人道歉，让他久等了，但此时他却看见病人脸上流露出愉快的神情。

“别道歉。”他说，“这10分钟里，我似乎已知道自己错在哪儿了。我得改变一下我的工作习惯……走之前，我可否看看你的办公桌？”医生让他看了，他的桌上除了一些必备工具外，没有其他的东西。

“你有待处理的事情都记在哪里了？”

“我都处理了。”

“待回复的信件呢？”

“都回了，我一收到信，就交秘书处理。”

几周后，这位主管请医生看了他自己的办公桌，他当然也改变了。而在这之前，他的两间办公室的三张办公桌上堆满了要处理的各种东西。自那次谈话后，他一回来就作了清理，现在他只有一张办公桌，文件一来便及时处理，再没有堆积如山的东西让自己紧张忧虑了。而他的病已不治自愈了。

不良习惯之二：做事不分主次

遍布全美的都市服务公司的创始人杜赫说，人有两种能力是千金难买的无价之宝。一是思考能力，二是分清事情的轻重缓急并合理处理的能力。

鲁克曼说：“根据我的记忆，我每天早上五点起床，因为这时我的思考力最好。我计划当天要做的事，并按事情的轻重缓急做好安排。”

全美最成功的推销员弗兰克每天早上用不到五分钟就把当天的事情安排好。他在事前的晚上就布置第二天要达到的目标，如果没完成，就依次加到第二天里。

长期的经验告诉我们，没有人能永远按照事情的轻重程度去做，但按部就班地做事，总比想到什么就做什么要好得多。

如果萧伯纳不是严格规定自己每天必须写五页文稿，他可能只能做个银行职员。他把写作当成最重要的事去做，才成了世界著名作家。就是流落到孤岛的鲁宾逊每天也给自己定下一个作息表呢！

不良习惯之三：拖延该解决的问题

赫威尔是一个公司董事会的董事之一。董事会上常常提出许多问题，却很少做出什么决定，以致大家得把一大堆报告带回家中研究。后来，董事长作了一个规定：一次只提一个问题，直到解决，决不拖延。不解决前一个问题，决不提出第二个问题。结果这种方法非常有效:备忘录上有待处理的事情解决了,日程表上也不再排满要处理的事情的进度。

这是对你我都适用的有效原则。

不良习惯之四:不会授权

日常生活中,很多人不懂得授权他人,事必躬亲,结果被那些琐事所淹没,常常感到匆忙、忧烦、紧张。

一个大企业的高级主管,如果不懂得组织、授权与督导,常常会死于心脏病——这是长期紧张忧烦的结果。

那么,从现在开始,就养成良好的工作习惯。

把桌面清理干净,只保留与目前工作有关的东西。

按照事情的主次去做。

碰到问题,马上解决,或是做出决定,不要拖延。

学会组织、授权。

不要忘记,快乐并非取决于你是什么人,或是你有什么,它来自于你的思想。你的未来大半由你今天的想法所决定。让你的心中充满希望、自信、真爱与成功的想法。

记住以上的四个习惯哦。

克服忧虑的真实故事

我逃出了死亡之门

约瑟夫·莱安

几年前,我为一件诉讼案作证,使我心理极度紧张并充满忧虑。案审结束后,回家途中我无力支撑病倒了,得了严重的心脏病。

病痛和紧张几乎让我喘不过气来。一到家,医生就为我打了一针,当时我还没来得及到床上,而是挣扎着躺在沙发上,再也无力走动。当我从昏迷中醒来时,发现牧师正准备为我做临终祈祷!

看到家人脸上的悲痛,我知道自己快不行了。医生还让我太太做好心理准备,说我有可能在二三十分钟内死去。医生要我不要说话,因为我的心脏衰弱得甚至不能动一根指头。

我不是圣徒,但我知道——不要和上帝争论。所以我闭上眼睛对自己说:"要来总会来的,如果是现在,就按你的旨意吧。"

有了这种心态,我的全身好像一下子放松了。我不再恐惧,我甚至问自己,还有什么比这更糟的事会发生吗?顶多会有一阵绞痛,然后一切都将过去,我将安详地躺在主的怀抱里。但是等了一个多小时,我的疼痛逐渐消失了。于是,我开始自问,如果我还能继续活下去,我应该怎样度过我的人生。我决定努力恢复健康,永远不再听任紧张和忧虑折磨自己,我得依靠自己的力量。

这是四年前的事了。如今我健康恢复很快,连医生都表示惊讶。我不再忧虑,对人生充满热情。我想,如果我不曾经历过死亡,不曾努力过,恐怕我不能活到今天。早就死于自己的惊恐之下了。

记住这个魔术方程式:面对最坏的状况。

3

态度决定你的命运

智慧语录

你所认为的并非真正的你，反倒是怎么想，你就是什么样的人。

战胜自己的心灵比攻占一座城市更伟大。

我曾回答过一个电台的采访提问："你一生中最大的教训是什么？"

这对我来说很容易作答，我觉得我所得到的最大教训是：人的思想的重要性。思想造就了一个人，态度决定了我们的命运。如果我了解你的思想，我就了解了你这个人。

确实，我们面对的最大问题是：选择正确的思想。罗马皇帝奥勒留曾说过一句决定人类命运的话：思想决定人生。

你发现了没有？如果我们沉浸在快乐当中，所思所想全是快乐的事情，我们就能找到快乐。所思所想都是悲伤的事，我们就会悲伤；想像一些可怕的事会发生，就会感到恐惧；脑子里充满邪念，就会心神不安；害怕失败，结果就会失败；顾影自怜，人们就会远远地躲避你。

文森特·皮埃尔说："你所认为的，并非真正的你，反倒是你怎么想，你就是什么样的人。"这不是单纯的乐观主义，人生也没有这么简单。但我们真的要学会关心自己，但关心并不是一味的忧虑。

罗威尔·托马斯曾拍过劳伦斯在阿拉伯军队的纪录片，以及艾伦比征服圣地的影片，以此为主题的演讲轰动世界。此后，他又用了两年拍阿富汗与印度的纪录片，但不幸的是，他在接二连三的意外事件的打击下破产了，当时我跟他在一起时，他甚至请不起我吃一顿饭。就是在这样的挫折下，他依然关心自己的事业,而不是为忧虑所击倒。他知道如果他自己被击倒,他对任何人都没有价值。所以每天早上出门时,他一定买一朵花插在纽扣洞里,抬头挺胸,积极自信地走在大街上。对他来说,挫折是人生必经的一部分,它是让你到达成功顶峰的一种积极的磨炼。

英国的心理学家哈德菲尔德曾作过一个实验证明心理意识对一个人不可思议的影响力。

他请来三个人,用测力计测量心理对生理的影响。他让他们在三种不同的状况下抓住测力计。

在正常的状况下,他们的平均抓力是101磅。被催眠后,他们被告知他们是很衰弱的,平均抓力只有29磅,是正常的三分之一。第三次测试,被催眠后,他们被告知他们非常强壮,平均抓力却有142磅。当他们心中充满有力的想法时,体力提升了近50%。

为了证明心理力量对人的影响,我们来看一个故事:

十月的一个晚上,内战刚结束不久,一个无家可归的女人格利佛太太在街上茫然游荡,她晃到一个退休船长的太太韦伯斯太太家门口,敲响了她的门。

门开了,韦太太看到一个可怜的瘦小女人,一身皮包骨。陌生女人解释说她在找一个落脚的地方,想想日夜困扰她的问题。

后来,韦太太的女婿刚好从纽约来此度假,发现了格利佛太太,对她咆哮:“我可不愿一个无赖住在家里。”并把这个无家可归的女人赶出了家门。她在雨里站了几分钟,只好另找一个遮挡处。

这个被赶出去的“无赖”,后来竟成为世界上极具思想影响力的一位女性。

当时,生命对她而言只是一连串的病痛、忧愁和悲伤。第一任丈夫在婚后不久即去世了。她又遭到第二个丈夫遗弃,不过这第二任丈夫爱上了有夫之妇后,最后死于贫民窟。她只有一个儿子,可是因为贫病交加,她不得不在他四岁时把他送给了别人抚养,此后31年她没有和儿子见过面。

她自己的健康状况不好,几年来她一直对“心灵治疗”很感兴趣。真正发生戏剧性转折的是在麻省的那一个寒夜里,她一人在街上徘徊,摔倒在人行道上的冰里,人事不省。医生宣告她很快会死亡,即使活下来了也会终生残疾。

她躺在床上,打开她的《圣经》,她认为是受到了圣灵的引导,她看到了《马太福音》中的一段话："于是，他们带了一位不能行走的人，来到耶稣跟前……耶稣对他说：孩子，平安吧，我已赦免你的罪……站起来，拿着你的床，回家去吧。于是那人起身回去了。"

耶稣的话在她的内心产生了一股力量，那是一种真正的信念，一种治愈的力量，可以使她下床行走。

玛丽说："那次经历，引导我发现如何治疗自己还有别人……我有科学把握，这是人内心的力量，是一种心理现象。"

我们从人生中体会到的心灵的平安与喜乐，不取决于我们身处何处，或在做什么，或我们是谁，而是由我们的心理态度决定的，环境影响很有限。

这是我的一个学员的亲身经历。他说：

我担心每一件事，担心自己太瘦，担心自己掉头发，担心永远没钱成家，担心当不了一个好父亲，担心过得不好，担心别人对我的印象。我在内心不断给自己施加压力，像个没有安全阀的压力锅。压力大到无法承受时，只有爆发，没有哪种痛苦可以和心理痛苦相比。

每一天都是煎熬，我觉得所有人都遗弃了我，甚至是上帝。

后来我决定到佛罗里达去，我希望换个环境也许会好些。当我上了火车，父亲给我一封信，让我到了那里才能打开来看。我到那订不到旅馆，就租了个车房，到迈阿密找工作未果，我只得在海滩上消磨时间，情形比在家里还惨。这时我打开父亲给我写的信，上面写着："孩子，你离家已1500英里，不过并没有什么改变，是吗？我知道，因为你把你的烦恼带去了，那烦恼就是你自己。你的身心都健全，打败你的不是你所遇到的环境，而是你对这些状况的想法。一个人的想法决定了他是个什么样的人，当你想通了这点，你就回家吧，因为你已痊愈。"

爸爸的这封信让我生气，我想得到同情，不是指示，我当即决定不再回家。当晚，当我在街头闲荡时，经过一座教堂，因为无处可去，就进去了，正听到有人念道："战胜自己的心灵比攻占一个城市还要伟大。"这个道理和父亲说给我的一样，这一下我神清气爽，我发现自己很蠢，原来我一直想改变世界及其中的每个人，其实惟一要改变的只是我的想法罢了。

第二天一早，我收拾行李准备回家了，一周后，我回到工作岗位。现在我的人生越来越富足。我知道自己更能掌握人生的真谛。

我现在深信，无论我们是何人，身处何地，做何事，我们所能体会到的喜乐都是由我们心理态度决定的。外在环境的影响非常有限。老约翰·布朗鼓动奴隶叛乱,当他被送往刑场施以绞刑时,他旁边的人显得极为紧张,而他却异常平静地看着蓝天说:“我从来没好好看清过,多么壮美的国家!”

弥尔顿说:心灵,是它自己的殿堂,它可以成为地狱中的天堂,也可成为天堂中的地狱。

拿破仑与海伦是弥尔顿理论一反一正的两个最好诠释者。前者集权力荣耀于一身却说:“我的一生中,找不到六天快乐的日子。”后者又聋又盲却在书中写道:“我发现我的人生如此美妙!”

爱默生说:“一次政治胜利,地产获益颇丰,病休康复,知音久别重逢,或其它任何外在的事情,让你兴致高昂,让你觉得好日子就此展开。别相信,世事并非如此,除了你自己,没有谁能带给你平安。”

蒙田终身服膺的一句话:“伤害你的并非事情本身,而是你对事情的看法。”因为它取决于你自己。

威廉·詹姆斯说:“如果你不开心,那么唯一能让你变得开心的办法就是,坐直身体,并假装很开心去说话做事。”这个魔法能有效吗?你试试!她可以带给我们奇迹。

我认识这样的一位加州女性:

她很老了,是个寡妇,好像很悲哀,而她也的确不快乐。如果你向她问好,她只是说:“嗯,还好!”但她的表情和声音告诉你:“天啊,我是多么倒霉啊!”好像要责备你在她面前太快乐了。其实她丈夫留给她的遗产够她过一辈子,她的子女已给了她一个家,但她从没笑过,她总是抱怨自己三个女婿的吝啬自私,尽管她刚在他们那里住了几个月。她责备女儿不送她礼物,虽然她自己也很吝啬。她说为了给自己养老。

其实,她大可不必如此,她可以把自己从不幸,悲哀中解脱出来,而成为一个受人爱戴的慈祥长者,只要她想改变自己,并从一个实际行动开始,做出开心的样子,付出一点爱心,就可以把自己从痛苦中救出来。

几年前,我读过《思想的力量》一书,以下是其中的一段:

人如果改变对事与人的看法,事与人就对他发生改变……如果一个人的想法有激烈的改变,他会惊讶地发现生活中的状况也有急速的改变。人的内心都有一股神奇的力量,那就是自我……人提升了自己的思想,才能上进,克服并完成某些事情。拒绝提升思想的人只有滞留在悲惨的深渊中。

上帝赐予人类统治大地的权力,我却对它不感兴趣,我只希望能统治自己,控制自己的思想,克服自己的恐惧,驾驭我的精神。记住:为自己的快乐而奋斗!

我们列了一份争取最大快乐的计划,它叫:“活在今天”。

今天我要很开心。因为林肯说过:“多半的人只要下定决心,就可以拥有自己的快乐。”快乐源于人的内心,它并非外来之物。

今天我要调适自己,而非调整一切来适应我。我要让自己配合我的家庭、事业与机运。

今天我要照顾自己的身体。我要运动、关心它,保养、不滥用它,不忽略它,使它成为我心灵的殿堂。

今天我要强化我的心灵。我要学习,不让心灵闲置。我要阅读需要关注、思考与努力的读物。

今天我要由三方面操练我的心灵。我要默默地为某人做一件好事,而不让人知道。最起码做两件我不想做的事,为了让心灵不再倦怠。

今天我要自己怡人。我要让自己看来愉悦,衣着得体,轻声慢语,行动优雅,多给赞赏,少作批评,不找任何事的毛病,也不想挑任何人的缺点。

今天我要全心全意活好这一天,不去想我整个的人生。一天工作 12 小时固然很好,如果想到一辈子都得如此,可能会吓坏自己。

今天我要制订计划。我要计划每小时要做的事。可能不能完全执行,但我还是要计划,以免仓促犹豫。

今天我要给自己保留半小时,我要用这半小时想想我人生的远景,使自己的生命更加充满希望。

今天我将无所畏惧,特别是我不怕更快乐,更享受人生的美好;勇敢地去爱,相信我爱的人亦爱我。

让自己觉得快乐,你就能快乐。

克服忧虑的真实故事

一个善于排忧的人

欧德威·特德

忧虑是一种习惯,但是在很久以前我就破除了这个习惯。我之所以能做到,得益于以下三点:

一、我太忙了,根本没有时间焦虑。我有三项主要工作,每一项都是全职。我在哥伦比亚大学教书,同时又担任纽约市高等教育委员会的主席,还主管哈泼出版公司的经济和社会部。这三种工作占了我所有时间,让我无暇去忧虑。

二、我拿得起放得下。当我从一个工作转到另一件工作时,我能将刚才所有的问题抛开。我发现这样能让我精神振奋地投入到下一个工作。这样可以让我轻松清醒。

三、每天工作结束时,我提醒自己不要把烦恼带出去。许多问题是连续的,如果我今天这样做了,为它们伤脑筋,我就是在摧毁自己的健康,同时也失去了我解决问题的能力。

欧乐成·泰德是善于运用这三个良好的习惯解决问题,你记住了吗?

4

不要试着报复

智慧语录

要想真正宽恕忘却我们的敌人,最有效的办法是诉诸比我们更强大的力量。如果我们可以忘记一切,侮辱就显得无足轻重了。

有一种大灰熊也许能打败除水牛和另一种黑熊以外的其他所有动物,但它却允许一只臭鼬和它一起共食,尽管大灰熊的巨掌一下子就可以把这只鼬打昏。它为什么没有这样做?因为经验告诉它:不值得。

当我们对敌人心怀仇恨时,就要付出比对方更大的力量来控制我们,给他们机会控制我们睡眠、健康,甚至是心情。如果我们的敌人知道他带给我们多大的烦恼,他们一定高兴至极。憎恨伤不了对方一根汗毛,却把自己的日子弄得像炼狱。

“如果自私的人想占你的便宜,不要理会他们,不要试图报复。一旦你心存报复,你得到的伤害比他的还要多。”你猜这是谁说的,听起来多像一位伟大的理想主义者,其实不是的,是一份警察局的通告。

报复对我们有什么伤害呢?太多了。据《生活》杂志的一篇文章说,报复心会损害身体健康,高血压和心脏病都是由长期愤怒而造成的。所以耶稣说:“原谅他们 77 次。”即使我们无法爱我们的敌人,起码也应该多爱自己一点。

报复引起心脏病,我有一个朋友心脏病突发。医生让他躺在床上,并告诫他无论遇到何事也不要动气,这是医学常识。几年前,曾有一个饭店老板因过度生气而猝死。

我们经常可以看到一些女人,她因过多的怨恨而满脸皱纹。因为怨恨扭曲了她的表情。宽容、温柔和爱是最好的美容良方。

怨恨影响我们的食欲。如果让对方知道我们因此而身心受伤害，不知道有多高兴。

就算我们不爱我们仇人，也要学会爱自己，别让仇人控制了我们的快乐、健康和容貌。正如莎士比亚所说：“仇恨的怒火，将烧伤你自己。”

这里有一个商业上的故事。

乔治·隆纳先生一直在维也纳从事律师工作，二战后他才回到瑞典。当时的他身无分文，很想找到一份工作。他想找个进出口公司做文书，因为他会说会写好几种语言。大多数公司回信说他们不需要这种服务，由于战争的缘故。其中有一个人给他回信说：“你对我们公司的想法完全错误，你太蠢了，我一点也不需要文书，即使要，也不会雇用你，你写不好瑞典文字，而且错误百出。”

隆纳收到这封信，气急败坏，这个瑞典人说他不懂瑞典语，而他自己的回信才真正的错误百出，于是他写了一封令对方生气的信，可是他停下来想了一下：“等等，我怎么知道他不对呢？真是这样的话，我需要加强学习才能找到工作。这个人可能帮了我一个忙，虽然他本意并非如此。为了还他个人情，我决定写一封信感谢他。”

隆纳把写好的信撕掉，另写了一封：“你根本不需要文书，还不嫌麻烦地给我回了信，真的感谢你。我对贵公司判断有误，很抱歉。我写那封信，是因为我认为你是这一行的专家，我很惭愧我的文法有错误，我一定会努力学好瑞典文，减少错误，谢谢你对我成长的帮助。”

几天后，隆纳又收到回信，对方请他去他办公室见面，隆纳得到了工作。

从这件事上，他懂得了温和能消除怒气的良方。

有一句俗话说，不能生气的人是傻瓜，不会生气的人才是智者。

有人问艾森豪威尔将军的儿子，他父亲是否怀恨任何人。他说：“没有，我父亲从不浪费一分钟去想那些他不喜欢的人。”

巴洛克曾任美国六位总统的顾问，有人问他受到政敌的攻击时，有没有受到困扰，他回答：“没有任何人能侮辱我或困扰我，我不允许他们这样做。”

是的，也没有任何人能侮辱我们或困扰我们——除非我们自己允许。

“棍棒可以打断我的骨头，但语言休想伤我分毫。”这是伊笛尔·卡瑞尔的名言。加拿大一个国家公园，有着美洲最壮丽的山景，是为了纪念英国护士爱迪丝·卡韦尔的。一战中她在比利时家中收留一些受伤的法军与英军,并帮助他们逃到荷兰。1915 年 10 月 12 日在德军阵营中即将行刑的那天早上,牧师来看她,她喃喃地说:“我现在才明白,仅有爱国情操是不够的,我不应该对任何人心怀仇恨。”

一个人原谅和忘记仇人的最有效的办法是诉诸于比我们强大的力量,这样自己所受的侮辱也显得无关紧要了。

1918 年,密西西比州有一位黑人教师兼传教士琼斯即将被处死刑。有人谣传他策动黑人叛乱,因为有白人听到他说:“生命是一场战斗,黑人们应拿起武器,为争取生存与成功而战。”愤怒的白人冲入教堂,准备绞死他。临死前有人叫他说话,他便开始谈自己的人生与理想,个性与才华,以及他怎样为了教育失学的孩子而到西部偏僻的地方来,还告诉他们在这个过程中有哪些白人曾经帮助过他。有人问他恨不恨那些准备绞死、烧死他的人,他回答说:“我没空争吵,也没时间反悔,没有人能强迫我恨他们。”他不为自己求情,只为自己的使命求情,他的真诚使暴民们开始软化了,最后有个老人说:“我相信这个年轻人说的是真的,我认识他提到的几个人,他在做善事,是我们错了,我们不该吊死他,而应帮助他。”

19 世纪前艾比克泰德曾说,我们种因就会得果。无论如何,命运总会让我们为自己的错误付出代价。“每个人都将为自己的过失付出代价。懂得了这一点,你就不会和人争吵,不会侮辱他人、触犯他人、怨恨他人。”

林肯从不依自己的好恶去判断人,他总是认为他的敌人也像任何人一样能干。如果有人对他不逊,或是与他有隙,但却是最适合的人选,他还是会请他担任那个职位,就像对朋友一样,他从未因个人的反感而撤换一个人。像麦克兰、斯瓦德、史丹顿等人都曾侮辱过他。他相信:“没有人应因其所作受到赞扬或是非难,因为每个人受教育及环境影响,所形成的习惯与特征决定了我们的目前及未来。”

也许林肯是对的,如果我们像我们的敌人一样有着同样的环境、心理特征,如果我们的人生也一样,我们可能也会做出与他们一样的事。让我们以印第安人的祈祷语提醒自己:“伟大的神啊,在我穿上别人的鹿皮靴走上两星期路以前,请帮助我不要判断与评论他人。”

记住耶稣说过的话:“爱你的敌人,善待那些仇恨你的人,祝福那些诅咒你的人,并为凌辱你的人祈祷。”

它赐给你内心的平安。

不要试着报复,那样带给我们自己的伤害比带给他的还多。

克服忧虑的真实故事

停止忧虑，让我活得更长

康尼·麦克

我的职业棒球生涯已经有63年多了。最初，干这个根本没有薪水。我们在荒废的空地上练球，常被杂物绊倒。比赛结束后，我们用空帽子向观众收点钱。它实在是太少了，根本无法供养父母。即使这样，有时球队还必须做一些逗乐子的演出，才能让球赛继续进行。

许多事情让我忧虑。连续七年我都是位居最后的棒球俱乐部的经理，也是八年里唯一输过800场球的经理。以前一连的打击让我忧虑到寝食难安。但25年前我就不再这样了，我想如果我不停止忧虑，我就会死掉。

回想漫长的一生(我出生于林肯总统时代)，我发现自己之所以能克服忧虑，活到现在，主要归因于以下几点：

一、我意识到了忧虑的害处。它对我的人生毫无帮助，只会对我的棒球生涯造成损害。

二、忧虑危及到我的健康。

三、我一直忙于筹备打好未来的比赛，没有时间为输球烦心。

四、我发现了一条规则，在球赛结束24小时内，绝不批评球员所犯的错误。以前，我总是叫球员来训话。输球后，我忍不住指责争论，后来我发现这样做没有任何意义，只会增加自己的烦恼，让球员们因相互抱怨而不能好好合作。比赛失败后，为了控制自己的火头，我不马上与球员见面，一直到第二天再和他们讨论原因。这时，我已冷静下来，可以理智分析问题，球员的情绪也不至于十分激动。

五、经常激励球员们，增强他们的斗志。从前，我总是吹毛求疵，一味指责抱怨。

六、我发现疲惫容易令我心生忧虑，我每天都保持10小时的休息，坚持午睡，哪怕是小憩五分钟，对恢复精力也大有好处。

七、我在忙碌中忘却烦恼，并延长了自己的生命。现在我已经85岁了，但我还不想退休。当我一遍遍地重复自己说过的事时,我知道自己已经老了。

康尼·迈克从没读过《克服忧虑》这类的书,他的规则都是自己制定的,但非常有益,你何不从他的经验得到一点启示呢?

5

不要期望别人感恩

智慧语录

在这世上真正能得到爱和快乐的惟一方式，就是不索求，相反的，还要不求回报地付出。

如果你救人一命，是不是很希望别人表示感谢？如果你给一位亲戚100万，是不是希望他对你心存感激？

如果你这样想，那是你对人的天性并不了解。人其实很容易忘记感激他人。因此，如果施一点点恩就希望别人对你感激不尽，那只会让自己整天头疼。如果我们施恩而不图报，即使偶尔得到别人的一点点感激，就会有一种意外的惊喜；如果我们得不到，也不要为此而难过。

智慧的罗马帝王阿喀琉斯在日记中写道："我今天会碰到多言的人，自私的人，以自我为中心的人，忘恩负义的人，我不会惊讶或难过，因为我还想像不出一个没有这种人存在的世界。"

他说的很有道理，这就是人性。忘记感恩是人的天性，如果我们一直期望别人感恩，多半是自寻烦恼。

耶稣在一个下午使10个瘫子站起来行走，但是有几个人回来感谢他呢？只有一位，耶稣环顾门徒问道："其他9位呢？"他们全跑了，谢都不谢就跑得没了踪影。

安德鲁·卡耐基曾给了他亲戚100万美元。但是，如果他能从坟墓中复活的话，他一定会惊奇地发现他的那位亲戚正在骂他呢。为什么？因为卡耐基给慈善机构捐了36500万美元，却只给了那位亲戚"区区100万"。

有一个义愤填膺的人，有人警告我碰到他15分钟内他一定会谈起一件事,果然如此。令他气愤的事发生在 11 个月前,但他一直到现在还一提起就生气。他为 34 位员工发了 10000 美元的圣诞节奖金,结果没有一个人谢谢他。他怨恨地说:“我很遗憾,我居然发给他们奖金。”

一位圣人说:“一个愤怒的人,浑身都是毒。”我衷心同情这个浑身是毒的人,他用了将近一年的时间,为过去的事情愤愤不平。除了愤恨与自怜,他大可自问别人为什么不感激他,有没有可能是因为待遇太低,工作时间太长,或是员工认为那是他们应得的。

反过来说,也可能员工真的是自私、卑鄙、无礼。但是英国的约翰逊博士说:“感恩是极有教养的产物,你不可能从一般人身上得到。”那人实在是不了解人性,而犯了个一般性的错误。

一位住在纽约的老妇人,一天到晚抱怨自己孤独,没有一个亲戚想接近她。你去看她,她会用几个小时喋喋不休地告诉你,她侄儿小时候,她是如何照顾他,他们跟她住了很多年。她还帮助一位侄子读完商校,直到她结婚前,他们都还住在她家。

这些侄子回来看她吗?有的,有时候。但都是出于义务性的。他们都怕去看她,因为想到要坐几个小时听那些老调重弹,还有无休无止的埋怨与自怜永远在等着他们。

有多少人都像她一样,因为别人忘恩负义,因为孤独,因为被人疏忽,而渴望被爱。但是在这世上真正能得到爱的惟一方式,就是不索求,相反的,还要不求回报地付出。

这听起来很像很不切实际,太理想主义了,其实不然。它只是一种基本常识,一种能让你我变得快乐的良方。我家中就曾发生过这种事情。小时候我家里很穷,老是欠债,但父母每年总想方设法挤出一点钱来捐给孤儿院。孤儿院虽然在爱荷华州,但我父母从没去过,除了有些人写信之外,或许没有人想到过要感谢过他们。但他们却得到了回报,那就是他们享受到了助人的乐趣。

离开家后,我每年圣诞都会寄张支票给父母,让他们自己买点喜欢的东西,但他们总是不买。当我回家后,父亲告诉我他们用钱买了煤、日用品给一些贫苦的孩子们,他们从这种只求付出不索回报中得到最大的快乐。

我深信我父母有资格被称为亚里士多德所说的那种理想中的人,他说那种人“会享受助人的快乐”。

要追求快乐,就要放弃让别人感恩的念头,只享受付出的快乐。

为人父母者一般都怨恨子女不知感恩。

即使莎士比亚剧中的主人公李尔王也叫道:“不知感恩的子女比毒蛇的利齿更痛噬人心。”

如果子女们不知感恩，应该怪谁？如果我们不教育他们，他们怎么知道呢？忘恩是天性，它像随地生长的杂草，感恩则如玫瑰，需要细心栽培及爱心的呵护。

一个朋友在芝加哥的纸盒厂工作很辛苦，周薪不过 40 美元。他娶了一位寡妇，她说服他向别人借了钱送她前夫的两个儿子上大学。他像苦力一样苦干了四年，从没有埋怨。

有人感谢他吗？没有，他太太认为那是应该的，那两个儿子也一样，他们没觉得有任何亏欠，也从没有说过谢谢。

这怪两个儿子吗？也许。可是这位母亲呢？她认为这两个年轻人不该有这种义务，她也从没想到要说："你们的继父资助你们念大学，多好的人！"相反，她却说："噢，那是他该做的。"

她以为没有给他们任何负担，却让他们产生了一种危险的想法，认为这个世界有义务让他们活下去。结果，后来一个儿子向老板"借"点钱，结果坐了牢。

我们要记住，孩子是我们造就的。

举例子说，我姨妈从来没想过让孩子感恩。小时，姨妈把自己的母亲和婆婆都接到家里自己照顾。现在我还能记得那两位老太太坐在姨妈家的壁炉前的情景。她们当然会给姨妈添麻烦，但你在她的言行中看不到她有任何烦恼，她爱她们，悉心照料她们，让她们安享晚年。除了两位老人，她家还有 6 个孩子。但她从不觉得自己有什么特别，也不期望得到他人的赞美。这对她来说，是自然的，分内的，而自己也觉得很快乐。

现在她的情形怎样呢？她五个孩子都已成人，他们都争着跟姨妈住在一起。孩子们敬重她，舍不得离开她。这是感恩吗？不，这是爱，真挚的爱。他们童年时受到了爱的教育，现在她们也学会了付出爱心，这是很自然的事。

请不要忘了，要想有感恩的子女，只有自己先成为感恩的人。我们自己的言行很重要。在孩子面前，千万不要诋毁他人的善意。也千万别说："看看表妹送的圣诞礼物，都是她自己做的，连一分钱也舍不得花！"这种反应可能是件小事，但是孩子们却听进去了。我们最好这样说："表妹准备的这份礼物一定花了不少时间，她真好，我们得写封信感谢她。"这样子女在无意中也学会赞赏和感恩的习惯了。

亚里士多德曾说："最理想的人，是以施惠为乐而以受惠为耻的人。表现自己的仁慈，高人一等。接受别人的恩惠，低人一等。"

要避免别人不知感恩而忧虑，记住下面三条：

不要因为别人不知感恩而难过，要知道这是人的天性；

记住得到快乐的惟一方法就是施恩勿图报,因为施予本身就是快乐;
记住感恩是教化出来的,如果你希望子女知道感恩,就要教导他们。
享受施予的快乐。

克服忧虑的真实故事

我延长了45年的生命

洛克菲勒

洛克菲勒33岁时就赚到了100万美元;43岁时建立了世界上最大的石油公司——标准石油公司。53岁时如何呢?此时他的垄断事业依然蒸蒸日上,但高度紧张带给他忧虑,损害了他的健康。传记作家约翰·温克勒说他53岁时“看起来像毫无生气的一具躯体”。

他53岁时得了一种古怪的消化系统病,头发全脱,眼睫毛也如此,只剩一层淡淡的绒毛。

温克勒说“他的状况非常糟糕,长时间以来,他靠吸人奶维持生存”。医生认为他因为过度紧张而患上脱毛症。因为光秃秃的样子太滑稽,他只能戴帽子或假发,一直到他去世。

洛克菲勒的身体其实很强壮。小时候农场的体力活让他双肩宽阔,腰部挺直,步伐稳健。而53岁的他双肩开始下垂,走路左右摇晃,而这本当是男人的壮年期。

还有一位传记作家佛林写道:“照镜子时,他看到的是一位老人。无尽的工作和忧虑,长期的不良生活习惯导致的失眠,少量的运动和休息,这些已经剥夺了他的健康。”他只能吃牛奶和饼干,他本是世界上最富有的人却只能吃些穷人都不想吃的东西。金钱在这个时候对他何用?只能让他延长寿命,不至于在53时就死去。

是什么将他推到了死亡边缘?忧虑,恐惧,高度的紧张。

早在23岁时,洛克菲勒就很明确地为他的目标全力以赴。除了生意上的好消息外,没有什么能让他开怀一笑。每当一大笔生意做成,他会兴奋得跳起来,把帽子取下来扔到地上。一旦失败,立刻病倒。

一次他经由水路运送价值四万美元的稻谷,为节省保险费他没投保。可是当天狂风暴雨来袭,洛克菲勒非常担心遭遇不测。第二天当他的合伙人赶到办公室时,发现他早已在那里焦躁地走来走去。

一见到加勒，他颤抖着说："快，快看看还来不来得及投保……也许来不及了。"

当加勒投保成功回到办公室时，发现他更加沮丧了，原来，就在这期间，他收到一份货物平安的电报。这样就白白浪费了150美元的保费。甚至为此伤心得回家休息。一个每年经营50万美元生意的商人，却为150美元忧心，这真是让人费解啊。

为了生意，他几乎放弃了所有的游玩和休息。当他的合伙人用两千美元买下一艘二手渡轮时，他因生气而拒绝乘坐。

一个周六的下午，加勒发现他还在办公室里，就劝他说："走吧，我们坐船出去放松一下吧。"

洛克菲勒生气地警告他说："乔治，你太会浪费了，你明白吗，你正在失去我对你的信任。你会把我的生意毁了的。不，我绝不坐你的游艇，永远不！"

他曾说过："每晚都要告诉自己，我的成功只是暂时的。"然后才能躺下来睡觉。缺乏安全感是他一生中最重要的特征。虽然手上有数百万美元可以自由支配，但他总是担心会失去一切财富。正如马克·汉纳所说，他为金钱而发狂。他没有时间娱乐，没有时间玩，甚至没有时间参加宴会。

他曾对人表露过，他内心也"希望有人爱我"，但他的冷漠和多疑总使人不敢接近。著名的银行家摩根曾说："我不喜欢那样的人，也不想和他有任何往来。"

他的亲人，甚至是他的亲弟弟将自己的孩子的棺木从家族墓地里迁移，他说："在约翰·洛克菲勒控制的地盘上，他的亲人无法得到安息。"

他的同事都对他敬而远之，他竟然担心他的下属在办公室乱说话会不小心泄露公司的商业机密。对人缺乏基本的信任感，以至于有次同一个商人订合同时，他告诫那位商人千万不要告诉任何人甚至是他的妻子。他奉行的座右铭是："闭上嘴巴，努力工作。"

就在他的事业像维苏威火山喷发一样，他的个人世界却分崩离析。许多媒体公开指责他们和铁路公司之间秘密、不择手段的不公平竞争行为。

宾夕法尼亚的人群情激愤，他们都痛恨洛克菲勒，那些被他击败的竞争对手甚至将他的头像挂在树上泄愤，他们想亲手扼住他的脖子。威胁信件常常会送到他的办公室，以至于他不得不雇用保镖，以防不测。他用一种轻蔑的口气说："任凭你们骂还是打，我还是要按我的方式做事。"

但他终究是一个凡人，仇视和憎恨还是侵蚀了他，忧虑让他的身体日渐衰弱。疾病也像一个敌人，从内部进行攻击，他手足无措了。

开始，他想对外界保守这个秘密，但失眠、脱发等病情是很明显的，医生告诉他,现在摆在他面前的只有两条路可走:死亡或休息。

他想休息了。但忧虑、恐惧已经破坏了他的健康。美国传记作家伊达·贝尔第一次看见他时是这样描述他的:“他的脸上毫无生气,我从未见过如此苍老的人。”

洛克菲勒比当时的麦克阿瑟将军还要年轻几岁,他怎么会看起来如此衰老呢?贝尔当时本来想写一本揭露石油公司的罪行的书,对这个公司的创建者自然没什么好言语,但当她看见洛克菲勒在教堂用焦急的眼神望着四周时,她感到“一种从未有过的伤心袭来,而且这种感觉越来越强烈,因为我深深知道,没有朋友和所爱是一件多么悲痛的事。”

为了挽救洛克菲勒的生命,医生为他订了三条规则,他后来一直奉行着。

一、是避免忧虑。在任何情况下,不为任何事烦恼。

二、放松自己,多做运动。

三、注意节食,保持半饱状态。

洛克菲勒后来正是依此拯救了自己的生命。他离开自己的公司,积极学习高尔夫,桥牌,唱歌,整理庭院,同别人聊天。他也开始反思自己。他想他赚的那些钱怎样才能给更多人带来幸福,他决定做一些慈善事业。当他向一个教堂捐款时,各地传教士称那是“腐朽的金钱”。

像他这样的人,送钱都不容易,但他并没有因此而止步,而且做了更多的慈善之举,当他得知密歇根的一所大学因缺钱而将要关闭时,他又捐出数百万,这就是今天举世闻名的芝加哥大学。

他还努力帮助黑人。还组建了洛克菲勒基金会,致力于在全世界范围内消除各种疾病、贫困和文盲。他的这种举动,也是独一无二的。今天,我们很多人都该对他表示感谢,因为在他的资助下,科学家有了很多重大的发现,它们使你和你的孩子不再受脑膜炎、疟疾、肺结核、流感、白喉等各种病症的困扰。

洛克菲勒自己也由此获得了心灵的平静。哪怕他被迫接受生命中最大一次失败时,他也很镇定。

自1900年以来,他的石油公司受到一系列的攻击,惹上了官司。因为根据美国的法律政策,标准石油公司是一家垄断性公司,违反了《反垄断法》,将被政府判罚历史上最重的罚款。这场官司持续了五年,全美最优秀的律师几乎都卷入到这场官司当中,最后以标准石油公司的失败而告终。

当法官宣布判决时,律师担心洛克菲勒无法承受。晚上打电话时,他尽量委婉地告诉他,安慰他说:“洛克菲勒先生,希望这项判决不会让你失望,祝您能睡个好觉。”

洛克菲勒是怎么回答的呢?他平静地说:“不要紧,先生,我原来就打算好好睡它一觉。希望你也不要太介意。晚安!”

谁会相信这是一个曾因浪费150美元而伤心的人说出来的话?是的,他已经成功克服了自己的问题。他本来只能活到53岁,最后却以98岁的高龄寿终。

6

珍惜你所拥有的

智慧语录

人生有两项主要目标,第一,拥有你所向往的;第二,享受它们。只有聪明的人才能做到这一点。

哈洛德先生给我讲了他令人难忘的经历:

我以前经常担忧。1934 年春的某一天,我在一条街上看到的一幕赶走了我所有的烦恼。前后不到 10 秒钟,这 10 秒钟比我过去 10 年学到的还要多。

我经营了杂货店近两年,不但用光了所有积蓄,还欠下了一大笔债,得 7 年才能还清。最后只得停业。我只好打算到银行借点钱,到堪萨斯城找个工作。就是那个时候,我看到对街过来一个没有腿的人,他坐在一块木板上,下面用溜冰轮做了四个轮,两手各拿着一块木头在地上支撑划动自己。他过了街,正要把自己抬高几英寸以越过马路到人行道上,正当他费力时,他的眼光与我相遇,冲我灿烂一笑:"早安,先生,今天天气真好,不是吗?"他的声音充满了生机。看着他,我感到自己是多么富有,至少还有两条腿,可以走路。为什么不能开心、快乐、自信呢?后来我找到了工作。

美国飞行员瑞肯伯克曾在太平洋漂流了 21 天,当我问他从中得到的最大教训是什么?他说:"只要有足够的食物和水,你就不该再有任何怨言。"

《时代》杂志上提到南太平洋受伤的一名士官的故事,他的喉咙被碎片击中，接受了7次输血。他写了一个小条子给医生："我能活下去吗？""可以的。"他又写道，"我还可以讲话吗？"回答也是肯定的，他再写了一张条："那我还操什么心呢？"

试试在你浴室的镜子上贴上一段话："我正在因为自己没有鞋而难过，忽然遇见一个没有双脚的人，我的难过顿时消失了。"

你何不现在问自己，我到底烦些什么呢？你可能会发现，你的忧虑多半没有意义，也不重要。

生活中大概有90%的事情是好的，只有10%可能是不好的。如果我得到快乐，就应把自己的思想集中在那90%而不是10%上。如果你想忧虑，想难过，想得胃溃疡，就去关注那10%吧。

英国的很多教堂上贴着"思考并感激"这句话。它应当刻在每个人的心中。多想想值得我们感激的所有的事，为我们所拥有的一切感谢上帝。

《格列佛游记》的作者斯威夫特称得上是英国最悲观的一位作家。他为自己的出生悲哀，所以每当生日的那天他要穿上黑衣绝食一天。但在绝望之中他也不忘开心和快乐能给人健康。他说："世上最好的医生是节食、平安和快乐。"

我们每时每刻都在享受快乐医生的免费服务，只要我们能把注意力集中在我们所拥有的丰富的财富上，它们甚至要超过阿里巴巴的宝藏。你愿意以1亿美元卖你的双眼吗？你愿意将自己的双腿卖多少？还有你的双手，你的听觉，你的家庭？如果把这些加起来，你会发现你是如此富有，就是集洛克菲勒、福特和摩根的财富于一身，你也不愿意卖的。

但我们会感激自己的拥有吗？不。叔本华说："我们很少想到自己所拥有的，却总想着自己所没有的。"这正是人生最大的悲剧，它带给人类的痛苦远比战争和疾病的多。

新泽西州的柏马先生曾告诉了我一个故事：

> 我从陆军退役不久，开始做生意。我辛勤努力干得还不错，但很快就遇到麻烦了。我买不到零件和原料，这可能会导致我放弃生意，我满心忧虑，慢慢地脾气也变得很恶劣，性格也变得尖刻。可是当时我并不知道。情况越来越差，我几乎失去了快乐的家。
>
> 一天曾是我手下的一个兵对我说："约翰，你真该羞愧。好像世界上只有你一个人有烦恼似的。就算工厂被关，又能如何？你还有机会重新开始。你有更多值得感激的事，却只懂得抱怨。我真希望我是你，你看，我只有一条胳膊，半边脸被烧伤了，但我从来不抱怨。如果这样继续下

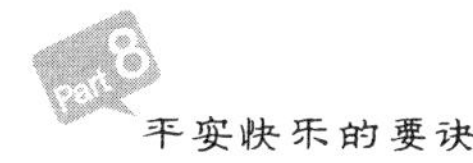

去，你不仅会失掉生意，还有你的健康、家庭和朋友。”

这话让我警醒。我发现自己正走入一条歧路。我下决心改变这些，现在我做到了。

再看看露丝的故事：

我的日子排得很紧，在亚利桑那州立大学学习风琴，在城里主持一个演讲训练班，在另一个城里讲授音乐欣赏，还要参加宴会、舞会、骑马。直到一天早上，我崩溃了，医生说：“你得卧床休息一年。”也没有说我有恢复健康的可能。

在床上躺一年！简直是无用的人，还不如死了。我惊惧、抱怨，无法接受这个现状。但还是得服从医生的命令。我的邻居鲁道夫是一个艺术家，他来看我，对我说：“你以为卧床休息很惨吧？其实不要这样想，你可以用这段时间去重新认识自己，这几个月，你在心灵上的成长会抵得上你过去的几十年。”

我开始慢慢平静下来，阅读一些启发人心的书。一天我听到收音机中说：“你表现出的只是你内心的反应。”这句话触动了我的心，我开始想令我活下去的一些开心、健康的事。每天早上醒来，我就让自己想一遍所拥有的该对这个世界感激的事：我有部分身体没有疼痛，有个可爱的小女儿，视力、听觉，悦耳的音乐，看书的闲暇，美味的食物，好友。

许多年以后，我都过着丰富的生活，现在我还感谢躺在床上的一年，那是我在亚利桑那最有价值、最快乐的一年。那一年我养成了一种习惯，每天早上清理一下自己所拥有的幸福，到现在我保持这个习惯，这也成为我最珍贵的财产。

正如英国作家约翰逊说的：“能看到每件事情最好的一面，并养成一种习惯，这真是千金难求的宝藏。”

罗根·史密斯有一句名言：“人生有两项主要目标，第一，拥有你所向往的；第二，享受它们。只有聪明的人才能做到这一点。”

看看一个妇人是怎样把洗碗变成一件乐事的：

达尔是一个几乎要双目失明的老太太。她仅有的视力只靠左侧一点点的小孔。看书时，必须把书举到脸跟前，尽可能让它靠近她左眼左侧的小孔。

但她并不想接受怜悯。小时候和小朋友一起玩游戏，她看不到任何记号，等其他小朋友都走了，她才趴在地上辨认那些记号，她将地上画的线记牢，最后成为这个游戏玩得最好的人。她在家自修,修完了两个大学的学位。

后来她成了南达柯塔州的一个学院的新闻文学教授。她说:“在我的内心深处,一直无法排除失明的恐惧,为了克服它,我只有对生活采取开心天真的态度。”

在她 52 岁时,奇迹发生了,一项手术让她的视力比以前好了 40 多倍。

一个全新的令人振奋的世界呈现在她的眼前。即使在水槽边洗碗对她也是一件令人兴奋的事。她写道:“我开始玩碟上的泡沫,我用手捧起一个肥皂泡对着光看,看到它如缩小的彩虹般绚丽。”

从水槽上方的厨房窗口望去,她看到的是:“振动着灰黑色翅膀飞过积雪的一只麻雀。”

有幸看到这一切,她禁不住写道:“我的主,我不禁低语,感谢您,感谢您。”

我们就不惭愧吗?我们生活在美妙的童话世界中,却瞎得什么也看不见,不懂得珍惜与享受。

拥有它们,只有最具智慧的人才能做到这点。

清点你所得的恩惠,而不是烦恼。

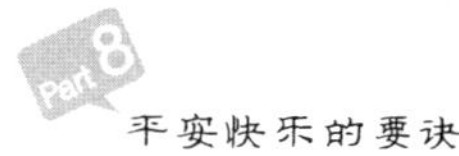

克服忧虑的真实故事

我在慢性自杀

保罗

六个月前,我生活紧张而繁忙。我一直处在紧张状态之中,从来不知道如何放松自己。每天下班后,总是身心疲惫,忧心忡忡。一直这样,从来没有人提醒我说:"保罗,你正在慢性自杀,你怎么不慢慢来,让自己放松一下呢?"

每天从起床时开始,我就忙忙碌碌。匆忙吃早餐,匆忙刮脸,匆忙穿衣服,匆忙地开车上班。我担心自己会甩出车外,总是紧紧握着方向盘。在匆匆忙忙上了一天班后,又匆匆忙忙地赶回家。就连睡觉也希望自己快点睡着。

这种紧张让我窒息,我决定去底特律看一位心理专家。他建议我放松自己——包括工作、开车、吃饭、穿衣,随时随地。他说如果我不知道怎样放松自己,就相当于慢性自杀。

从那时起,我就学会尽量放松自己。每当入睡前,我并不着急要睡着,而是先放松身体,做几次深呼吸。现在,早上醒来时,我感觉休息得很好。而以往早上醒来我总是觉得特别累,这真是一大进步。开车,吃饭也轻松多了。最重要的,上班时,我也能保持轻松。过于忙碌时,我总是会停下来,放松自己。当电话铃响时,我也不再像以前一样忙着去接听。

结果呢?生活变得愉悦了,我的忧虑也消失无踪了。

7

如果有个柠檬,就做柠檬水

智慧语录

人生中最重要的不是以你的所得投资,傻子都可以做到这一点。真正重要的是怎样从损失中获利,这才需要真正的智慧,才能显示人的智愚之别。

我曾经问芝加哥大学罗勃特·哈金斯校长如何得到快乐的问题。他说:"我一直试着遵照一个小的忠告,这是已故的西尔斯公司董事长裘利亚斯·罗森渥德告诉我的,他说:'如果只有一个柠檬,就做柠檬水。'"

一般人却会背道而驰。如果人们发现命运送给他的只是一个柠檬,他会说:"我完了,我的命怎么这么差!"于是陷入自怜之中,觉得世界都在与他作对。如果是一个聪明的人得到一个柠檬,他会说:"我可以从这次不幸中学到什么?我怎样把这个柠檬做成柠檬汁呢?"

心理学家阿德勒认为人类有一种不可思议的潜能,即反败为胜的力量。

下面的这个故事,印证了这个道理。

战时,汤普逊女士的丈夫驻守加州沙漠陆军基地。为了见面,汤普逊女士随夫驻在加州沙漠的陆军基地附近。那实在是个可怕的地方,当她丈夫外出演习时,她只能一个人呆在那间小屋子里。那里热得要命,仙人掌树阴下的温度高达125华氏度,找不到一个可以说话的人。吃的,呼吸的都充满了沙。

她觉得难以忍受,想放弃,准备回家,一分钟也不能再忍受了。她写信告诉她父亲,她想回家。她父亲的回信只有三行,这三行字却改变了她的人生:

有两个人从铁窗望出去,一个人看到的是满地泥泞,另一个人看到的是满天的繁星。

读了这几句话,她决定寻找她的那片星空。

她开始与当地居民交朋友,他们的反应令她动心。她对当地人的纺织与陶艺极有兴趣,研究各种仙人掌及当地植物,观看沙漠黄昏,找寻300万年前的贝壳化石。

这个发现令她既刺激又兴奋,她着手写了一本小说,逃出了自筑的牢笼。

汤普逊还学到了耶稣降生前五百年希腊人所说的一个真理:"最美好的东西都是最难得到的。"

20世纪,哈瑞·艾默生·福斯狄克重述了这句话:"真正的快乐并不是享受,而是一种胜利。"这种胜利来自于一种成就感,一种超越,也来自于一次把柠檬做成柠檬汁的经历。

佛罗里达的一个快乐农夫,曾将一个有毒的柠檬做成了可口的柠檬汁。当他买下农地时,心情糟透了,土地贫瘠,种不了果树也养不了猪,除了一些灌木和响尾蛇。他决定利用这些响尾蛇做罐头。几年后,再去拜访他,他的生意好极了。蛇的毒液抽出来后送到实验室制作血清,蛇皮以高价卖给皮鞋厂做女鞋和皮包,罐头运到世界各地。当地人以他为傲,称那儿叫响尾蛇村。

伯利梭说:"人生最重要的不是将自己的所得当做资本,任何人都可能这样做,真正重要的是如何从损失中获利。这需要聪明和才智,也显示了智者和愚者的区别。"

伯利梭在写这段话时也已失去双腿,我认识一个真正失去双腿的人。他能化负为正。

佛逊是一位失去双腿的快乐的人。1929年他到山上砍伐,当他把木材堆在车上准备回家时,一根木条滑下来,使他右腿因此瘫痪。从那以后,他没有再走过一步路。

一个24岁的青年,就要一辈子在轮椅上度过,他愤怒抗拒,怨恨命运的捉弄。随着年岁渐长,他发现反抗无用,只会让自己变得尖酸刻薄。"我终于体会到,当别人和善礼貌地待我,我也应当这样回应别人。"

经过了那个愤恨的阶段,他开始活在另一个不同的世界中。他开始阅读,拓展他的领域,他开始欣赏音乐,他学会了思考,用心去看世界。他的人生比以前所能想像的还要丰富。然而真正最重大的改变,还是他有时间来思考。"我一生中第一次真正用心看世界,并体会它的价值。我终于体会到以前追求的很多其实是没有价值的。"

由于阅读,他开始对政治感兴趣,他研究公共问题,坐在轮椅上发表演说,人们开始认识他,他当上了佐治亚州州务卿。

我在纽约教成人教育课时,发现很多人为自己没有机会接受大学教育而遗憾。其实我认识的很多成功人士都没上过大学。因为我知道这一点没那么重要。我告诉过我的学员一个失学者的故事。

那个人连小学都没有毕业。他家里非常穷苦,当他父亲去世时,他只得靠他父亲的朋友们募捐,才把他父亲埋葬了。父亲死后,他母亲在一家制伞的工厂里做事,一天工作10个小时,还要带一些工作回家做到晚上11点。

他就是在这种环境下成长的。他曾参加当地教堂举办的一次业余戏剧演出,演出时他觉得非常过瘾,他决定去学演讲。这种能力又引导他进入政界,三十岁的时候,他就当选为纽约州的议员,可是他对这项责任却一点准备也没有。事实上,他甚至不知道这是怎么回事。他研究那些要他投票表决的既冗长又复杂的法案——可是对他来说,这些法案就好像是用印第安文字所写的一样。在他当选为森林问题委员会的委员时,他觉得既惊异又担心,因为他从来没有进过森林一步;当他当选州议会金融委员会的委员时,他也很惊异而担心,因为他甚至不曾在银行里开过户头。他当时紧张得几乎想从议会里辞职,只是他羞于向他的母亲承认他的失败。在绝望之中,他下决心每天苦读16个小时,把他那无知的柠檬变成一杯知识的柠檬水。这样努力的结果,使他自己从一个当地的小政治家变成一个全国的知名人物,而且《纽约时报》也称呼他为"纽约最受欢迎的市民"。

这就是艾尔·史密斯。

当艾尔·史密斯开始他自我教育和政治课程十年之后,他成为纽约州政府最有权威的人。他曾四度当选为纽约州长,这是一个空前绝后的纪录。1918年,他成为民主党总统候选人,有六所大学——包括哥伦比亚和哈佛——把名誉学位赠给这个甚至连小学都没有毕业的人。

艾尔·史密斯亲口告诉我,如果他当年不是一天工作16个小时以弥补他的缺失的话,所有这些都不可能发生。

对成功者研究越多,我越深切感受到,他们之所以能取得成功,是由于一开始他们总会遇到阻力,而这又成为他们前进的动因,于是就取得了巨大的成就。正如詹姆斯说的:"困境往往对我们的人生有意外的帮助。"

也许弥尔顿就是因为双目失明,才能写出更好的诗篇;

贝多芬因为双耳失聪,才能写出更美好的曲子;

海伦·凯勒看不见也听不见,才写出了不朽的作品;

柴可夫斯基悲剧性的婚姻才促使他作出永恒的《悲怆交响曲》。

斯堪的纳维亚地区有句俗语:冰冷的北极风造就了爱斯基摩人。人们会因为舒适的日子、没有困难而快乐吗？恰恰相反，一个自怜的人即使躺在沙发上，也不会停止自怜。反倒是不计较环境优劣的人常常能快乐。他们富有责任感，不会逃避。

世界著名的小提琴家欧尔·布尔在巴黎的一次音乐会的演奏中，忽然将小提琴的A弦拉断了，他非常镇定地以剩余的三条弦演完全曲。佛斯狄克说："这就是人生，断了一条弦，你还可以用剩余的三条弦继续演奏。"

如果我们真的看不到任何转变的希望，有两个理由我们可以一试：

第一个，我们可以成功。

第二个，即使不能成功，这种努力已让我们向前看，它激发创造力，让我们忙碌，让我们无暇顾及那些已成为过去的事了。

命运交给我们一个柠檬，就把它做成柠檬汁。

克服忧虑的真实故事

我生活中的奇迹发生了

杰西·曼妮

忧虑完全把我打败了！现在，我大脑混乱，精神紧张，日夜无法入睡，觉得生活也没有任何乐趣了。我有三个女儿，都住在离我很远的亲戚家。丈夫从军中退役后也去了外地工作。一种不安、惶恐的感觉占据了我。

我的这种状况不但影响了丈夫的事业，也危及到了正常的家庭生活和我自己。我丈夫想开一家律师事务所，却找不到房子，他想等我身心恢复健康，就开始自己建一个房子。但我知道的越多，越是想努力，压力也越大，唯恐失败的恐惧感也越加强烈。渐渐地，我对任何事情都没有信心，觉得自己是一个完完全全的失败者。

我永远铭记母亲在我的生活最黯淡时帮助了我，激励了我。她让我不要自暴自弃，不要对生活妥协，不要逃避现实，勇敢面对，奋力拼搏。

慢慢地，我开始振奋起来。直到一个周末，我对父母说，他们可以放心回家了。相信我自己能照料家里的一切。那时我完成了以前我不可能完成的工作，独自照顾两个小孩，自己的睡眠和精神状态也有好转。一周之后，当他们又来看我时，发现我一边熨衣服一边在唱歌。我有一种满足感，我战胜了自己。我想我会记住：遇到挫折，面对它！永不言弃！

我学着让自己去工作，并从工作中享受到乐趣。后来，我把孩子接回家，和丈夫一起住在一栋新房里。我知道，我可以让两个可爱的孩子有一位健康乐观的母亲。我专注于家事，做各种计划，根本无暇顾及自己。就这样，奇迹发生了，我的身体变好了，精神也越来越好，对每一天的生活充满喜悦，即便偶尔还会感到沮丧，我也会告诫自己不要多想。渐渐地这种状况也越来越少了，终于消失。

一年之后，我有了一个成功的丈夫，一个温馨的家，三个健康快乐的孩子。

8

多为他人着想

智慧语录

一个人想得到人生快乐,就不能只想到自己,多为他人着想,因为快乐源自你为别人,别人为你。

我曾以200美元的赏金,征求“我如何快乐起来”的最激励人心的真实故事。

这次征文竞赛的三位评审是:东方航空公司的董事长艾迪·雷肯贝克,林肯纪念大学的校长史都华·麦克兰德博士以及广播新闻评论家卡腾波恩。他们收到两篇非常好的故事,以至于没有办法在其中选出第一名来,于是让两名应征者平分了奖金。下面就是得奖的故事之一。

执笔者是住在密苏里州春田镇的波顿先生。

我9岁时,母亲离家出走。12岁父亲死于一次意外。父亲与人在密苏里州的一个小城里合开了一家咖啡店,父亲出差时,合伙人卷款逃走,得知消息,父亲在仓促赶回家的途中遇车祸。我的两位穷姑姑收留了我们家的三个小孩,我和小弟无人要,镇上人可怜我们收留了我们。我先在一个穷人家寄居了一阵子,很快主人家无力收养,后来就被洛夫汀夫妇收留。洛夫汀先生告诉我只要我不说谎、不偷窃、听话,就可以一直和他们住在一起。这三条戒律成了我的圣经,我一直恪守着这些规则。

后来我开始上学,但第一个星期情况糟糕透了。其他的小朋友不断取笑我,骂我笨,叫我小孤儿。我心里难过极了,真想打他们一顿。但洛夫汀先生教导过我:“永远记住,一个真正的男子汉不会随便和别人打架。”我一直没和他们打架,直到有一天,一个男孩子捡起鸡屎抹在我的脸上,我饱揍了他一顿,还交了几个朋友。

洛夫汀太太给我买了一顶新帽子,我很喜欢,一个比我大的女孩子将它抢走,灌水弄坏了,并说要用帽子装了水,淋湿我的木脑子,让我清醒。

我从不在学校哭,回家后就忍不住了。一天洛夫汀太太给我提出了一个化敌为友的办法。她说:“拉尔夫,如果你先对他们感兴趣,看看能不能帮他们的忙,他们就不会再逗你,或叫你小孤儿了。”我听了这话后,用功读书,虽然我的功课在全班最好,但无人嫉妒我,因为我学会了帮助别人。

我帮几个男孩写作文,帮人写辩论稿,帮一个同学写读书报告,还花了几个晚上帮几个女生做算术。

后来,我们村中接连发生了几桩不幸,两位老人相继去世,一位太太被丈夫遗弃,我是这四家人中惟一的男性。两年来我一直帮这几位寡妇。上学和放学途中,我会到她们家,给她们砍柴、挤牛奶、喂牲畜。现在人们不再咒骂我,每个人都把我当做朋友。我从海军退役时,刚到家的第一天,就有200多位邻人来看我。有人还是开了几十英里的车来的,他们对我的关心是那么真诚。13年来,再也没有人戏弄我了。

华盛顿州西雅图已故的佛兰克·洛倍博士也是一样。他因为风湿病在床上躺了近30年。但是《西雅图报》的一个记者曾告诉我:“我去访问过洛倍博士好几次,我不知道还有谁比他更无私,更会善待人生。”

一个像他这样躺在床上的废人,怎么做到的呢?不是批评抱怨,也不顾影自怜。因为他信奉了威尔斯王子“我服务于人”的座右铭。

他搜集了很多病人的姓名和住址,写信鼓励他们,让他们高兴,同时也激励自己。他组织了一个专供病人通信的俱乐部,最后它成了一个全国性的组织。

他躺在床上,平均每年要写1400封信,给别人捐赠收音机和书籍,为成千上万的病人带来了快乐。

他和别人最大的不同是什么呢?他有一种内在的力量,一种使命感,他知道为一个比自己高尚且重要的理想而服务是快乐的。而不是一个像萧伯纳所说的“以自我为中心,一天到晚抱怨这个世界不顺他的心,没能让他开心”。

心理学家安德尔常常对患精神忧郁症的病人说,“如果你遵照我的方法——每天想一想你怎样才能让他快乐,你的病会在14天之内就能治好。”

安德尔在《生命对你应该有什么意义》第258页中说:

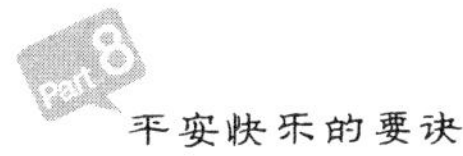

忧郁症是对别人的一种长期的愤怒和责备情绪，患者的目的是想取得同情和支持，但他似乎仍因为自身的内疚而抑郁不乐。忧郁症患者回忆的第一件事大都是："我记得我想躺在长沙发上，可是我的哥哥却先躺在那里，我大声哭直到他不得不走开。"

忧郁症患者通常会以自杀报复自己，医生采取第一步就是要避免他们有任何自杀的理由。我建议他们"绝不做任何你不喜欢做的事"。这句话听起来简单，可是我相信它是一些问题的根源。如果一个忧郁症患者能做所有他想做的事，那他还会责怪谁呢？他还会报复自己吗？"如果你想去看电影，"我告诉他，"或是出去度假，就去吧。如果你走在半路上发现你不想去了，就回来。"这是最好的情况，可以使他满足他的优越感——他就像一个神一样，可以随心所欲。而从另一方面看来，这并不是他所要的生活方式。他想控制别人、责怪别人，如果大家都同意他，他就没法责怪别人了。这种做法可以放松人的紧张情绪，我的病人之中，从来没有发生过自杀事件。

通常那些病人都会说："只是我没有什么想做的事"。对这个问题我听得太多了，早准备好了答案。"那就必做你不想做的任何事。"我说。不过有时候他也会说："我想整天躺在床上。"如果我说这样很好，他就不再想这样做了。

还有一种做法更直接的方式。我告诉他们，"你们可以在14天之内把病治好，只要你照我的话去做：就是每天要想怎样取悦别人。"你知道这对他们来说是意味着什么？他们满脑子想的是"我为什么要担忧别人"，他们的回答非常有意思。有人说："这对我来说太容易了，我一生都在这样做。"其实他们从来也没有做过。于是我要求他们再仔细考虑一下，他们并不会去想它。我告诉他们："睡不着的时候，你就把所有的时间花在思考怎样可以让别人高兴，这对你健康改善有益。"第二天再见到他们的时候，我问他们："有没有想过我的建议？"有人回答："昨天晚上我一上床就睡着了。"当然，跟他们讲这些话的时候一定要很诚恳，很友善。

还有些人会回答说："我永远也没法做到。我太烦了。"于是我告诉他们："你可以继续烦下去。不过，有时候你也可以想想别人。"我希望他们对别人有点兴趣。很多人对我说，"为什么我该让别人高兴呢？别人从来不想让我高兴。""你一定得考虑你自己的健康。"我回答说："别人以后会吃苦的。"我很少碰到病人说："我想过你所建议的事情"，我努力希望病人对这个社会感兴趣，我知道他们的主要病源是缺乏合作，而我也要求他们能够看出这一点。一旦他们能把其他的人放在平等合作的地位上,他们的病就好了……宗教上最重要的信条是“要爱你的邻居”……那些对别人毫无兴趣的人在生活中遇到的困难最多,对别人所造成的伤害也最大。人类的各种失败也源自这一类的人……我们对一个人所要表示的,以及我们所能给予的最高赞美,就是希望他是一个能合作的人,是一位好朋友,是爱情与婚姻中真诚的伴侣。

安德尔医生要我们每天做一件好事,可是好事是什么呢?穆罕默德说:“善行是能给他人脸上带来欢笑的行为。”

为什么行善会对人有益呢?原因是想要取悦他人时,就不会有时间想到自己而产生忧虑,恐惧与忧郁的主要原因就是只想到自己。

一对孤儿的出现,让穆恩太太只用了一天时间就克服了自己的忧郁。

五年前的12月里,我陷入了一种自怜与悲伤的低谷,过了几年快乐的婚姻生活后,我失去了先生。越接近圣诞,我越是哀伤。因为我从来没有一个人过过圣诞节。朋友们都邀请我去他们家,可是我不想,我知道在谁家都会触景伤情的,于是我婉拒了他们的好意。

圣诞节那天,下午三点离开办公室,我在街上漫无目的地走着,以此来驱逐内心的忧郁。街上都是欢乐的人们,我无法想像自己回到孤独的公寓,心中一片茫然,实在不知道要做些什么,泪水夺眶而出。逛了一个多小时后,我发现自己来到了公车站前,想起以前与我先生一起坐公车去探险,于是我上了第一部公车。过了一会,乘务员说:“终点站到了,女士。”下了车,我连地名也不知道。但那个地方安静平和。在等车时,我听到教堂里的音乐,走了进去,里面没有人,只有一位风琴手。我静静坐在那里,美丽的圣诞树,美妙的音乐,加上一天没吃东西,我慢慢地睡着了。

醒来时,我不知道身在何处,有点怕。接着看到有两个小孩,他们是进来看树的。其中的一个小女孩指着我说:“她会不会是圣诞老人带来的?”我的醒来让他们吓了一跳,他们穿得很破,他们说没有父母,是两个小孤儿。我带着他们去小店买东西,糖果及小礼物,孤独感奇迹般地消失了。这两位孤儿让我几个月来第一次感到真正的关心与忘我。我发现自己是多么幸运。我简直要感谢上天让我的圣诞节过得多么开心,这两个孩子带给我的远比我给他们的多。

这次经历再次让我明白,要让自己开心,首先是要让别人开心。快乐是有传染力的,因为帮助别人、爱别人,我克服了忧虑、悲伤与自怜,有了重生的感觉。

叶慈太太是一位小说作家,可是她的那些神秘小说没有一本比得上她的真实故事的一半有趣。这件事发生在日本袭击珍珠港美军舰队的那天早晨,叶慈太太因心脏病躺在床上已有一年多了,一天要在床上过 22 小时。她走过的最长的路,就是到花园里去做日光浴,而且还得让一个女佣人搀着。她告诉我,那段日子里,她以为这一辈子就是这样的废人了。

要不是日本人轰炸珍珠港,把我从这种状态赶出来,我绝不可能再真正地生活。

这件事发生的时候,一切都陷于混乱。一颗炸弹就落在我家的附近,震得我从床上掉了下来。军方的卡车赶到基地的附近,把陆军和海军的眷属接到公立学校里。然后红十字会打电话让那些有多余房间的人收容他们。红十字会的人知道我有一个电话放在床边,因此要我帮他们作联络中心。于是我记录下所有的陆军和海军的眷属被送到什么地方去,而红十字会也通知所有的相关人员打电话给我,问我他们的家人安顿在什么地方。

很快我发现,我的先生罗勃·叶慈上校安然无恙。于是我尽量想法让那些不知道她们的先生生死的太太们高兴。我试着去安慰那些寡妇。开始我一直躺在床上接听电话,后来我坐在床上听电话。最后,我忙得很兴奋,完全忘记了我的虚弱,走下床来坐在桌子旁边。在帮助那些情况比我还差的人时,我忘了自己。以后每天除了晚上正常的 8 小时睡眠以外,我没有再回到床上去。我想,如果日本人没有轰炸珍珠港,我也许终生会做一个半残废者。

珍珠港事件是美国历史上的一次悲剧,可对我个人来说,却是一件好事。那件可怕的危机让我产生了力量,而那种力量是我不可能梦想得到的。它让我不再只关注我自己,而去关心别人。这给了我生活的目标,我不再有时间去想自己,或为我自己担忧。

那些去找心理分析家治病的人,只要按照玛格丽特·叶慈的做法,有三分之一的人能够自己治愈自己——只要他们愿意帮助别人。著名心理学家卡尔·荣格说:“我的病人中,大约三分之一都不是真的有病,而是由于他们的生活没有意义和空虚。”换句话说,他们只是想搭人家的便车度过一生——可是游行的车队只经过而不会停留,于是他们去找心理分析家,谈他们那些小小的、毫无意义的生活。既然赶不上船,就只好站在码头上,怪这怪那,却不怪他们自己,还要求全世界都以他们自我的欲望为中心。

也许我们会说,“我们觉得这些故事没有什么意思。我们也曾招呼过圣诞夜里看到的一两个孤儿,如果我们本人在珍珠港的话,也会乐意去做玛格丽特·叶慈所做的事。可是我们的情形不同,我们过的是一般人的普通生活,做的是一天八小时的无聊工作,从来没有发生过任何戏剧性的事。怎么会对帮助别人有兴趣呢?而且我们为什么应该这样?这样做又有什么好处?”

我说,不管你的处境多么平凡单调,你每天都会碰到一些人,你对他们怎样呢?你是否只是视而不见?还是会试着去了解他们的生活?比方说一位邮差,他每年要走几百里的路,把信送到你的门口,可是你有没有费心去问问他住在哪里?或者看一看他太太和他孩子的照片呢?你有没有问过他的脚会不会酸?他的工作会不会让他很烦呢?或者是杂货店里送货的孩子、卖报的人、在街角上为你擦鞋的那个人。这些人都是人——都有他们的烦恼、梦想和个人的野心,他们也渴望有机会跟其他的人来分享,可是你有没有给他们这种机会呢?你有没有对他们的生活流露出一点兴趣呢?你不一定要做南丁格尔,或是一个社会改革者,才能改善这个世界。你可以从明天早上开始,从你所碰到的那些人做起。

这对你有什么好处?这会带给你更大的快乐和满足。亚里士多德称之为“有益于人的自私”。古波斯拜火教的始祖佐罗亚斯特说:“为别人做好事不是一种责任,而是一种快乐,因为这能增加你自己的健康和快乐。”纽约心理治疗中心的负责人亨利·林克说:

“现代心理学上最重要的发现就是:必须要有自我牺牲或者是约束,才能达到自我了解与快乐。”

多为别人着想,还能帮助你结交很多的朋友,获得很多的乐趣。怎样才能做到这一点呢?耶鲁大学的费尔浦教授说:

> 每次我到旅馆、理发店或者商店去的时候,一定会和我遇到的每个人谈些高兴的话。我把他们当做是一个活生生的人,而不是一个小零件。有时候我会恭维一个在店里的小姐,说她的眼睛很漂亮,或她的头发很美。我会问一位理发师,整天这样站着会不会觉得累?怎么做上理发这一行的?做了多久?剃过多少头?我发现,你对别人感到兴趣的时候,就能使他们非常高兴。我常常和那个帮我搬行李的服务员握手,他觉得很开心,每天工作都能打起精神。一个炎热的夏天,我去吃午饭,餐车里挤得像一个疯人院,服务非常慢,等到那个侍者把菜单交给我的时候,我说:

“那些在酷热的厨房里做饭的人,今天一定很辛苦。”那个侍者满是怨气地骂了一句,开始我以为他是在生气。他大声地说,“到这里来的人都埋怨东西不好吃,骂我们动作太慢,抱怨这里太热,价格太高,我已经忍受了19年了。你是第一个也是唯一的一个对我们表示同情的人,我真希望能多几个像你这样的客人。”

波斯宗教家左罗斯特说:“对别人好不是一种责任,而是一种享受,因为它能增进你的健康和快乐。”富兰克林说:“你对别人好的时候,也就是对自己最好的时候。”

当然你有选择的自由,你可以照自己的意思去做。但是,一个人只想到自己,是不可能活出真正的人生来的,事实上,会活得很糟糕。相反的,忘记自身,服务他人才能享受生活的喜悦。

德莱塞说:如果想从人生中得到任何快乐,就不能只想到自己,而应为他人着想。因为快乐来自你为别人,别人为你。那么就让我们如他说的:人生这条路,我只能经历一次,如果能做任何善事,让我们现在就做,不要拖延,不要轻视,因为,我再也不能回到老路上来。

消除忧虑,得到快乐平安,就需:

忘掉自己,尽量对别人感兴趣。

克服忧虑的真实故事

正负烦恼相抵

约瑟夫·普里斯特莱

当约瑟夫·普里斯特莱应邀出任休伯尼伯爵图书馆主任时,他曾特地写信向富兰克林请教。富兰克林向他介绍了自己解决烦恼的方法。以下是他写的信。

亲爱的先生:

你信中提到的问题很重要,在对事实并不完全了解的情况下,我不敢贸然建议你应该如何做。我把我的一些解决问题的方法告诉你。

很多问题看起来棘手,是因为我们碰到这些问题时,没有对问题的正反两面同时考虑清楚。也许是这样的原因,也许是那样的原因,忽明忽暗,以至于我们不能全面考量,所以就会觉得烦恼重重。

我解决困难的方法是:拿一张白纸,在中间画一条线,写上正反两栏。我用几天的时间将想到的问题全部写在相应的一栏中。考虑充分后,我开始评估正反两面,权衡利弊。如果我发现两方面势均力敌,我就将它们划掉。如果发现某方面正面因素相当于两个负面因素,就将它们三个一起划掉。如果我发现两个负面因素和三个正面因素相当,我就将它们五个一起划掉……依此类推,最后我一定能找到问题的根源所在。然后再经过一段时间的思考,如果没有新的发展,我就知道了解决问题的方法了。

尽管对各个因素所起的作用我们很难准确判定,但经过深思和比较,问题正反各个方面都会显现出来,这样我们做出判断时也不至于十分草率了。

希望你能做出你最好的选择。祝福你。

1772年9月19日

9

没有人会踢一条死狗

智慧语录

如果你被批评，那是因为你会给他一种满足感。这也说明你是有成就的，值得引人注意。很多人凭借指责比自己更有成就的人来得到满足感。

1929年，美国教育界发生了一件大事。一名叫哈金斯的年轻人一面念耶鲁大学，一面打工，当过侍者、家庭教师，在八年时间里，竟被聘为位列全美第四名的芝加哥大学校长。当时他还不到30岁。

这真不可思议，一些年长的教育学家都不以为然，各种批评纷至沓来：他太年轻了，没有经验，他的教育理念是荒谬的。甚至是报纸也无法保持客观，加入了这场攻击。

他上任那天，一个朋友对他的父亲说："今天早上报纸上的社论也在诽谤你的儿子，真让人惊讶。"

他父亲说："真的很糟糕，但我们都知道，没有人会踢一只死狗。"

的确是这样，这条狗越重要，踢它的人就越多，就越能获得满足。

英国国王爱德华三世早年也有这种经历。当时他14岁，在达特毛斯学院就读。一天，一位海军军官发现他在哭，问他怎么了，他不想说，后来还是说出来了。原来他被一位海军幼校生踢了一脚。校长把大家召集起来，一定要查出为什么有人会这么做。

过了很久，那位幼校生才承认是他做的，原因是当他们以后在英国海军服役时，可以跟别人吹嘘他曾经踢过英国国王！

所以如果你被批评，那是因为你会给他一种满足感。这也说明你是有成就的，值得引人注意。很多人凭借指责比自己更有成就的人来得到满足感。我正在写这一章时，收到一个女人批评救世军创办者威廉·布斯的信。因我曾赞扬过他，这位女士写信说，布斯曾贪污了 800 万美元的救助款。她的说法很荒谬，但我相信她也并不想找到真相，只是想攻击别人以显示自己的优越。我将这封信扔掉时，庆幸自己没找这样的人做妻子。她的信没让我改变对布斯先生的看法，倒让我看清了她的品格。

叔本华说："小人常常会因伟人的缺点或过失而沾沾自喜。"

没有人会怀疑耶鲁大学的校长是个小人，但前任校长德怀特，却以诋毁美国总统的一个候选人为乐。他说："如果此人当上总统，我们的国家将会合法卖淫，行为可鄙，是非混淆，道德沦丧，不再有敬畏感。"听起来像是在骂希特勒吧？可是他诋毁的对象却是撰写《独立宣言》的杰斐逊总统，他被人称为美国民主的先驱。

有一位美国人，被人称为"骗子"、"伪君子"、"比杀人犯好不了多少"，一幅报刊漫画把他画成伏在断头台上，有人正要砍他的头，街上的人群都在嘘他，他是谁？是乔治·华盛顿。

皮里尔上将因 1909 年到北极探险而闻名世界。当时他几乎因酷寒而丢命，因冻伤而被切了 8 个脚趾，而华盛顿的海军长官却因他的出名而恼怒，他们诋毁他，下决心要封杀他，甚至惊动了总统，才将此事平息，皮里尔才得以继续在北极的探险事业。

1862 年格林将军因一场战争的胜利，而在一夜之间成为全国偶像，从缅因州到密西西比河所有教堂钟声都为这次胜利奏鸣，可之后的六个礼拜，他因长官的嫉妒而被拘捕，并失去了军队，陷入屈辱和绝望的境地中。

为什么格林将军会在胜利的巅峰被捕呢？很大一部分原因在于他的成就引起了上司的嫉妒。

如果要得到平安快乐，记住：

没有人会踢一只死狗。

克服忧虑的真实故事

我寻找生命中的绿灯

欧文·斯隆

从小到大,我一直喜欢自找烦恼。这些烦恼又多又杂,有的值得,有时只是庸人自扰。我几乎到了无事不烦的程度。

两年前,我决定开始改变这种生活方式。我对自己的优点和缺点作了认真的反思,以便对自己有个更全面的判断。如此一来,我烦恼的根源也显现出来了。

我发现自己并不是活在今天。我总是为昨天的过失悔恨,为明天的到来心存恐慌。有人说过:"今天就是你昨天所忧虑的明天。"但对我无济于事。有人建议我让自己忙起来,那样就无暇烦恼了。我知道它们的合理性,但自己真正实施起来却是如此之难。

1945年5月31日晚,我在西北铁路站台上为朋友送行,忽然像受到了某种神示,那一刻我永生难忘,那是我一天中重要的转折点。

当时,车站极度拥挤。朋友上车后,我就沿着铁轨方向朝车头走去。我的目光被前方那座巨大而明亮的黄色的信号灯牵引着。突然,黄灯转绿,乘务员高喊"准备出发",紧接着,汽笛长鸣,火车启动,轰轰隆隆地驶出车站,开始了它漫长的旅程。

就在这会儿,我好像一下子得到启示。原来,我一直要寻找的答案就在这里:火车司机一见绿灯立马启程,而我却希望我旅程中遍布绿灯才能出发。在人生的车站里,我总是在想,在猜测未来会遇到什么,却不立即行动。而火车司机并不会为前方将会出现什么不测而担忧,尽管火车随时都可能因故障而延误。所以从头建立了一套良好的信号系统,以保证火车的安全运行:黄灯,减速慢行;红灯,危险停车。

我想为什么我不为自己的生活制定一套良好的信号系统呢?我想,这些系统也许本来就存在,是冥冥中注定并有一只无形的手在操纵,它能够保证我们的安全。我决定开始寻找我生命中的绿灯。

现在我每天都祈祷一天以绿灯开始。有时会遇上黄灯,我就放慢速度,放松自己。有时会碰到红灯,我就及时刹车,以防无法回头。

这个道理让我不再自寻烦恼了。在这两年里,有绿灯开道,我没有更多担心下面会遇到什么颜色的灯。人生之旅也由此而充满愉悦。

10

撑开伞，避开责难之雨

智慧语录

只要我不对任何中伤作出反应，这件事就会到此为止。到最后，结果证明我是对的，所有的责难都毫无意义；结果证明我错了，即使有10位天使作证说我是正确的，也没有用了。

长久以来，我们发现既然我们无法避免不公的批评，起码我们可以做一些更重要的事：就是决定自己是否要受到批评的干扰。

我们并非是要对所有的批评置之不理，而是恶意的。

你记得那个绰号叫"地狱魔鬼"的美国海军陆战队将军中最会玩花样的人吗？他告诉我说，年轻时他渴望成为最受欢迎的人物，希望人人都对他有个好印象，哪怕受到一点点批评都会让他难受。后来，在海军陆战队的30年让他变得坚强起来了。他说："我常常被人辱骂，他们骂我是毒蛇，是臭鼬，是黄狗。他们几乎想出了所有能够用得出的肮脏的话来骂我。这会让我受到伤害吗？哈！我甚至都不会回头去看看。"

也许有人觉得他对批评太不在乎了，但值得注意的是，大多数人对那些不值一提的小事都看得过于认真了。许多年前，纽约《太阳报》的一位记者参加了我的成人班的示范教学会，并在会上对我和我的工作进行攻击。当时，我非常生气，认为那简直是对我的人身侮辱。我打电话给他们的主编，要求他刊登文章，澄清事实，停止嘲弄。我决心要让那个人受到惩罚。

现在我对自己的所作所为很后悔，后来我知道了，买那份报的人大概只有一半会看到那篇文章，而看到的人又有一半把它当做一件小事，真正注意到的人中,又有一半几周后就会把它忘得干干净净。

我知道,一般人根本不会关心他人,或者是别人怎么批评你的,他们只想到自己,从早到晚,一直到深夜 12 点过 10 分仍然如此。他们对自己细小问题的关心程度远远要高于你的生死问题。

即使有人背后说我们的闲话,把我们当成笑柄或谈资,或是有人背后捅了我们一刀,出卖了我们,也不要纵容自己劳心费神。想想耶稣,十二个最亲密的门徒中有一个竟为了几个金币出卖了他,还有一个在他失意时三次公开背弃了他,并发誓说不认识耶稣。出卖耶稣的最亲密的人有六分之一,你我为何还希望比他更幸运呢?

多年前我发现,虽然我无法阻止别人对我不公正的批评,但我却可以做一件事,那就是我可以决定自己是否受到那些批评的干扰。

或者这样说会更加清楚,我的意思是我并不是完全对那些批评置之不理,我强调的是不公正的批评。有一次,我问罗斯福夫人如何对待那些不公正的批评,大家知道,她曾承受的压力常人无法比拟,她是拥有最多朋友以及最多敌人的白宫夫人。

少女时代,她曾经非常害羞,害怕人们的闲言碎语,害怕别人的批评,有一天她去请教罗斯福总统的姐姐,她说:“我想做一些事,但是又怕被人批评。”

罗斯福总统的姐姐看着她说:“只要你相信自己做的是正确的,就别去在意别人怎么说。”那句话后来成为她在白宫岁月中的支柱。她说:“做你认为对的事,因为你反正会受到批评的,你会因为做了某事被骂,也会因为不做某事被骂,结果都是一样的。”

美国国际公司的总裁布鲁斯接受我的采访,当问到他对别人的批评是否敏感时,他说:“对,我年轻时对别人的批评非常敏感,当时我渴望全公司的人都认为我是完美的。如果他们不这样认为,我就会烦恼。为了取悦一个有反对意见的人,往往会得罪了另一个人。于是我又安抚第二个人,结果搞得大家都有意见。最后我发现,为了避免别人对我的批评,我想安抚的人越多,得罪的人也越多。我告诉自己,如果你身居要职,就免不了要被批评,想法适应它吧。从那以后,我只管尽力而为,然后撑起一把伞,让批评之雨滑下,而不再让它滴到我的脖子里,让自己难过。”

美国作曲家泰勒做得更干脆。他在周日下午电台音乐节目里做评论,一位女士写信称她为“骗子,叛徒,白痴”,于是在下周的节目中,他向所有的听众念出这封信。然而几天后,他又收到那位女士的信,“这信中她一点也没改变自己的看法,依然坚持声称我是骗子,叛徒,白痴。”他能以这种态度对待别人的批评,实在让人佩服。

企业家斯瓦帕在普林斯顿大学演说时，说一位德国的老工人给了他一生中最重要的一个教训。这个工人与另一个工人陷入一场激烈争辩中，结果别人把他扔在河里。“当他到我办公室时，满身是泥，我问他到底说了什么，以致别人将他扔在河里，他说：‘我什么都没说，只是一笑置之。’”

美国内战时期，林肯如果不学会正确对待排山倒海般的批评，他早就被打垮了。他对付恶意批评的方法很经典。麦克阿瑟将军把他那段话挂在他办公桌上，并放了一份在书房里。

林肯说：“只要我不对任何中伤作出反应，这件事就会到此为止。我尽力而为，直至生命结束。到最后，结果证明我是对的，所有的责难都毫无意义；结果证明我错了，即使有10位天使作证说我是正确的，也没有用了。”

要保持平安快乐，记住：

撑开伞，躲开责难之雨。

11

学会自我批评

智慧语录

一般人常因他人的批评而愤怒，有智慧的人却想办法从中学习。

在我的私人档案夹中，有一个卷宗记着“我所做过的蠢事”。我把自己犯过的错误用书面方式记录下来，放在这个卷宗里。有时我会口述让秘书记录，一些太私人化或是愚蠢的事，我就自己动手写。

我常常记得所罗门王说的那句话：“我曾做过错事，做过许多许多的错事。”

每次重新阅读那些档案，我都会对自己的所作所为进行反思，它们或多或少会帮我学会如何控制自己。

以前我常常将所犯的错误怪罪于他人，随着年岁渐长，我发现我们所有的错误归根结底在于自己。很多人一直到老了才醒悟过来，结果已经太晚了。拿破仑在遭放逐时说：“无人应为我的失败负责，除了我自己。我是自己最大的敌人，也是自己不幸命运的根源。”

豪威尔先生是一位精通自我管理的人。1944 年他在纽约大酒店突然身亡震惊了全美。华尔街更是如此，因为他是美国财经界的领袖。他没受过什么正式教育，曾在一个乡下小店当过店员，后来做过美国钢铁公司信用部经理，此后一直朝更大的权力地位前进。他有着自己成功的秘诀。几年来，他一直有个记事本，登记一天中有什么约会。他的家人从不奢望他周末晚上会在家中过，因为他们知道，周末晚上是他自我反省的时间，他会在这时评估他在一周中的工作表现。晚餐后，他独自一人打开记事本，自问：“我当时做错了什么？什么是正确的？我还能做什么来改进我的工作？我能从这次经验中汲取什么教训？”长期以来，他一直保持着这种自我分析的习惯，对他的助益很大。

他的这种做法很像富兰克林的，只是富兰克林每晚都自我反省。他发现过13项严重错误，其中三项是：浪费时间、关注琐事、爱与人争论。他知道如果不改掉这些缺点，他是成不了大事的。于是，他一周定一个要改正的缺点，并每天记录，下一周，再努力改正下一个，这样整整持续了两年。如果不能克服这些缺点，他也无法成就伟大的事业。

难怪富兰克林会成为受人欢迎又有影响力的人。哈伯特说过：“每个人一天最少会有五分钟比较糊涂，智慧在此时也无能为力。”

蠢人才会受到一点批评就气急败坏，智者却希望从那些责备、反对阻碍中学到更多。美国诗人惠特曼说：“难道你的一切都是从那些羡慕你、恭维你，和你立场一致的人身上学来的吗？从那些反对你、指责你、阻挡你的人那里你会学到更多。”

不要等着敌人来批评我们，我们要自己动手。做自己最严格的批评者，在敌人指责我们之前找出自己的弱点并加以改正。达尔文正是这样做的。当他完成不朽之作《进化论》时，他知道这本革命性的著作会让整个知识界和宗教界产生动摇，对此，他不断自我反思，花了15年查证资料，反复研究自己的理论，批评自己所得的结论。

如果有人骂你是一个笨蛋，你会如何？生气？觉得受了侮辱？看看林肯是怎么做的。

林肯的军务部长曾经骂他愚蠢至极，他是因为林肯的干扰而生气。为了取悦一些自私的政客，林肯签署了一次调动兵团的命令。史丹顿拒不执行，还骂这个命令愚不可及。有人将这件事告诉了林肯，林肯很镇静地说：“如果他骂我蠢，我多半是真的笨，因为他几乎总是对的，我会亲自去和他谈谈。”

后来林肯找他谈，听了他的意见，并收回了命令。

我们也应该欢迎这样的批评，因为我们不可能永远正确，甚至是四分之三的正确。当罗斯福进入白宫时，他希望自己能够做到这样。当今最伟大的科学家爱因斯坦也承认自己的结论有时99%都是错误的。

法国一个作家说：“有时敌人对我们的看法比我们自己的观点更接近事实。”但面对批评，我们总是采取防卫的姿态。人总是喜欢被称赞，讨厌批评。但我们不可能永远是对的。人并不是一种逻辑生物，而是一种情感动物。我们的逻辑思维就像一叶小舟，在深邃、黑暗、充满风暴的情感大海里漂泊。

如果听到有人批评我们，不要急于为自己辩护，一般人都会这样。我们要与众不同，要谦虚，理智，要去拜会那些批评我们的人，并告诉自己：“如果批评者了解我所有的错误,他的批评一定比现在还要严厉。”只有这样,我们才能赢得别人的赞扬。

我曾谈到对付不公正批评的一个方法。下面是另一种,当你在为自己受批评而生气时,先停下来说:“等等……我离完美还有多远呢?如果爱因斯坦都承认自己99%都是错的,也许我至少80%的时间里是错误的。如果是这样,我确实应该受到批评,我们应该感谢那些批评者,他让我从中受益。”

塔索顿公司的总裁卢克曼每年要花100万美元赞助霍伯的节目,但他从不看说这个节目好话的信件,而坚持看那些批评信件。他知道从中可以学到真正的东西。

福特公司也尽量想知道自己在管理和业务方面的欠缺。最近他们公司对全体员工做了一次调查,听他们对公司的意见。

高露洁公司的总裁立特先生早年作为一个香皂推销员,他甚至主动要求别人给他提出批评。当他开始为高露洁推销时,订单很少,他担心自己失业,当他肯定产品或是价格没有问题,就想问题一定在自己身上。每当他失败,他会想一想自己哪里做得不对,有时会返回去,问那些商家:“请告诉我,我刚才哪里做错了?你的经验比我丰富,事业也成功。直言无妨。”

他的这个态度使他获得很多珍贵的忠告,后来就成了高露洁公司的总裁。

只有不平凡的人才能像他们一样,那么你自问一下,你是哪种人?

要平安快乐,记住:

虚心接受坦率、有益、富有建设性的批评。

九　拥有成熟的心灵

成熟心灵 <<<

心灵成熟的过程，是持续不断地自我发现、自我探索的过程。

1

对自己的行为负责

智慧语录

一个人迈向成熟的第一步应该是敢于承担责任。我们生活在这个世界上，就要面对生命中的许多责任，绝对不能在遇到困难或跌倒的时候，像孩子一样去踢椅子出气。

有一天，我正在学步的小女儿达娜想把一把小椅子搬到厨房里去，她想站在上面拿冰箱里的东西。看到这个情形，我急忙冲过去，结果还是没有来得及阻止她从椅子上摔下来。我扶起她，看看她摔伤没有，这时小女儿狠狠地踢了那张结结实实的椅子一脚。她十分生气地骂道："就怪你这个坏家伙，害得我摔倒了。"

如果你留心一下幼儿的生活，会听到或见到更多这样的故事。对他们来说，他们的这种行为是很自然的。他们喜欢责怪那些没有生命的东西，或是不相干的人，好像这样就可以减轻他们自己的痛苦，这种表现对他们而言也是很正常的。

但是这种反应一直持续到成人时期，就会有麻烦了。自古以来，人们就普遍存在一种委过于人的不良习惯。偷吃了禁果的亚当，最后就把过错推在夏娃身上："就是那妇人引诱我，我才吃了。"

一个人迈向成熟的第一步应该是敢于承担责任。我们生活在这个世界上，就要面对生命中的许多责任，绝对不能在遇到困难或跌倒的时候，像孩子一样去踢椅子出气。

为什么人们都喜欢推诿责任于他人呢？其实这不足为怪，因为责怪别人比自己承担责任肯定要容易得多。想想自己,你是否经常喜欢责怪父母、老板、师长、丈夫、妻子或儿女,我们甚至喜欢责怪先祖、政府以及整个社会,甚至责怪自己不该来到人世。

对那些不成熟的人来说,他们永远都可以找到一些理由,用外部环境来开脱他们自身的某些缺点或过失。比如他们童年太穷困,没有受过教育,健康情况不好,父母太穷,教导方式过于松懈等等。

对这些人来说,他们感觉命运总是和自己作对,也没有想到过去克服,总是找一些替罪羔羊。

一次我的课程是训练学员记忆别人的姓名,下课后,一个学员找到我,说:"我希望你别指望我能记住别人的姓名,这正是我的弱点,我从来都记不住别人的姓名。"

"为什么?"我问她。

"这是我们家族的遗传。我们家族的记忆力一直都不好,因此,我也不指望在这方面会有所提高。"

我诚恳地说:"你的问题不是遗传,而是一种惰性。因为责怪家族遗传要比努力提高自己容易得多,请你坐下,我要证明给你看。"

我帮助她做了几个简单的记忆训练,她十分专心,效果也很好。她愿意接受我的建议,记忆力也大有改善。

还有一名年轻的女子,她常常怨自己的母亲是怎样影响她的一生的。原来她小时候,父亲病逝,她母亲只得外出工作,以维持生活,教育女儿。后来这位努力的母亲成了实业家,她让女儿受最好的教育,结果她女儿却把她的成功视为最大的障碍。

她说她的童年太不幸了,因为她时时处在一种"和母亲竞争"的状态里。她的母亲很无奈地说:"我实在不了解。这些年来,我一直努力就是为了给她一个更好的机会,结果,却只给她增添了一种压力。"

奇妙的是,华盛顿没有高贵出身功绩显赫的父母,他一样成为了推动历史举世闻名的人物。林肯幼时极贫穷,这都没有成为他的障碍。他没有想着去责怪他人。他曾说:"我对美国人民、基督教世界、历史,还有上帝最后的审判,都负有责任。"

除非我们也有勇气在他人面前承担自己的责任,否则我们就不能算成熟。

如果有人说你的一切麻烦都源于你不正常的童年,如母亲的占有欲太强,父亲过于专制等,如果这种说法可以让你舒服,并又值得花钱,我倒不反对你一辈子依靠心理医生。

格夫曼曾在一篇文章中提到心理医生是如何把大家宠坏了。他认为,许多去找心理医生的人只不过是想为自己的自卑和不合时宜找一个心理安慰和借口。而心理学一直在为这种人提供依托。

还有些人把他们的困难归因于各种外在的因素。比如说自己的命生得不好,没有一颗幸运星,这些是16世纪时,人们对他们的不幸做得最多的一种解释。

但恺撒却说:“亲爱的布鲁塔斯,这些失败并不是因为我们所属的星相,而是因为我们习惯听命于人的性格。”如果你读了《圣经》,你会知道耶稣最完美的品质是他毫不妥协向善的个性特征。当有人找他帮忙时,他不去关注别人的潜意识,而是力图让他知道究竟是谁应该为之负责。“拿起你的行李回家吧,你的罪已被赦免,不要再犯罪。”他的态度表明把人的生活变得更加美好才是重要的,不要沉溺于自怜的深渊无法自拔。

英国都铎王朝有个奇怪的习俗,就是王家的小孩都有一名所谓的“挨鞭子的男孩”。由于冒犯皇族是大逆不道的行为,王家的小孩不能随便侵犯。但小孩顽皮,难免有不守规矩的时候,为了让他们谨守规定,便用钱请来一个“替罪羔羊”,来承担王家小孩应受的责罚。据说这种职位相当热门,许多人都抢着要做。因为那样不但可以支取薪水,还为以后进入王室工作提供了机会,因此成为许多人追求的目标。

当然,这种行业目前已不存在,但对许多不成熟的人来说,这种寻找“替罪羔羊”的形式仍然存在。如果他们找不到人可以责怪,还可以怪罪这个时代,现代生活中的不安全感,等等情况。

前不久,我参加了一个朋友的书展,那位朋友常常夸耀自己对现代艺术很精通。当时看到一幅画,作风很草率,我便对那位朋友说:“如果这是艺术,我就是米开朗基罗了。我们家里三岁的小孩也可以画得比这好。”

朋友说:“你对人类精神的痛苦没有感觉吗?这个艺术家所要表现的,是原子时代人类所受的压力与迷惑。”

一位不知所云的艺术家,也可以把自己的无能归罪于原子时代。

但有一件事是肯定的,如果原子时代带给人们的不是破坏死亡,而是希望或满足,我们更需要坚强、成熟的个性,需要那些能够为自己行为承担责任的人。如果想迈向成熟,记住:

不要拿椅子出气。

2

困难不意味着不幸

智慧语录

人们常常抱怨自己的环境不好,因此使他们没有成就。我是不相信这种说法的。假如你得不到所要的环境,可以制造出来一个啊。

我认识一个出租车司机,他很善于倾听,心胸开阔,喜欢接受新事物。有天,我和他谈到一个观点,我们认为那些伟人或成功者通常都是能够克服困难的人。接着他问我,认识一个叫纳达利·鲍德奇的人吗?

纳达利·鲍德奇生于1773年。他在10岁之前,大部分是以自修的方式学习,如拉丁文。到21岁时,他已经算是一个优秀的数学家。由于他热爱航海,他又开始学航海术。据说,一次航程里,他教全体船员如何用观察月亮和星座的关系来计算船舶的位置。后来还写了一本有关航海的书,成为经典之作。这对一个没有受过正规教育的人来说,实在是不简单。

也许没有人告诉过他:"要想成为一名科学家,大学教育是不可少的训练。"他能不顾一切地向前冲,并用自学的方式来得到各种必要的知识。对他来说,困难只是一句无聊的话。

对喜欢逃避责任的人来说,困难就成了最好的挡箭牌。你也许听过许多人把失败归于没有受过大学教育,对他们来说,即使他们真的上了大学,他们仍可以为自己找出很多理由。一个真正成熟的人就不会这样,他们会想办法去克服,而不是找借口逃避。

亚历山大·贝尔有一次对朋友抱怨说自己的工作不顺利,他觉得是由于自己缺少机电方面的知识。他的朋友当时是一家工学院的校长,他虽然同意贝尔的说法,却没有说:“你真不幸,没有机会学习电机课程真是太不幸了!”他也没有要他向父母请求帮助,只是简短地告诉他:“去读吧!”

贝尔果然去读了,并成为极有贡献的人。

那么,贫穷是不是失败的理由呢?美国总统胡佛是一个铁匠的儿子,后来还成了孤儿;IBM 总裁沃森年轻时是一个记录员,每周只挣两美元;这些成功人士从没认为贫穷是一种障碍。他们一心一意工作,根本无暇自怜。

历史上,很多著名的人都有身体上的缺陷。拜伦的腿有点跛,恺撒有癫痫病,贝多芬因病而失聪,拿破仑是有名的矮子,罗斯福有小儿麻痹症,而海伦从小就双目失明。

这些人都是具有成熟心灵的人。他们没有陷于自己的困难中无法自拔,而是勇敢地面对并接受它,向命运挑战,而不是自怨自艾,或是找借口逃避。

我有一位好朋友的儿子,长得高大英俊,但自小患有口吃,他在学校的成绩一直很好,同学们也很欢迎他。从小开始,他父母就为他找过许多专家去帮助他治疗,都没有成效。

一天男孩告诉父母,他将代表全体毕业生在毕业典礼上致辞。男孩兴高采烈地开始准备演讲稿,他的父母也为他提出不少意见和帮助。但他们一直没有提到怎样在演讲时克服口吃这个缺陷。

毕业典礼来了,当天晚上,男孩开始发表演讲,他站得很直,会场上静得出奇,很多人都注视着他,因为他们都知道他的毛病。男孩开始讲得很慢,但他很有信心,接着他很顺利地讲完了长达 15 分钟的讲稿,没有一丝慌张或迟疑的地方。他讲完之后,大家报以热烈的掌声。他们知道这个男孩是如何克服自己的缺点取得成功的。

拥有成熟心灵的人,不会陷于困难当中,而是勇敢面对它。然后再征服它。他们不需要怜悯和逃避。

史密斯的传记中写了有关艾莫·黑姆的故事。

> 他出生时医生就说,他活下来的机会不大。
>
> 但他还是活下来了。虽然 90 年来,他右半身严重残废让他非常痛苦,但他没有向命运屈服。既然依靠不了身体,他就依靠自己的智力,他开始努力阅读。1891 年当他 28 岁时,他成了一个传道士。他两次差点丧命,但他并没因此丧失信念,后来一位同仁在经济上支援他,几个月后,他出了院。
>
> 此后,他开始兴建教堂,募集传道资金,帮助当地的学校。他成功地募集了近 300 万美元从事慈善事业。到 69 岁时,他退休了但仍努力工作。

他不断讲道、写书,为慈善机构捐款等。

他不知缺陷为何物,只知道自己生存的目的,他最大限度地利用了自己的90多年,并成为"勇气"的化身。

这个时代处处强调年轻和活力,以致很多上了年纪的人,都会感叹自己过时了,不知道该怎样度过自己的余生。

我的一名女学员已74岁,她曾做过教师,由于不是很富裕,她一直做到强制退休才回家。由于当过教员,她很有教学经验,便到各个幼稚园去讲故事。我鼓励她把这当做事业来做。

她听了我的话后,便开始了她的晚年事业。她知道年纪不是障碍,相反还会为她提供很多经验,让她把故事讲得更动人,更好听。

她设计了很多故事,不但用口讲,还拿东西给大家看,她充满温馨和戏剧性的讲述方式,也深受大家欢迎。

如今,她已把她的热情和信心带到美国各地,并把欢乐送给了成千上万的儿童。对她来说,成长并没有让她变老,而是让她更成熟。年纪对她也不是缺陷,而成了一种帮助。

萧伯纳说:"人们常常抱怨自己的环境不好,因此使他们没有成就。我是不相信这种说法的。假如你得不到所要的环境,可以制造出来一个啊。"

假若别人有两条腿,而我只有一条;假如别人富有,而我贫穷;假如我长得胖、瘦、美、丑、害羞或进取,无论哪一点使我和别人不一样,都有可能成为我的缺陷,只要你自己这样认为。

不成熟的人随时可以把自己与众不同的地方看成是缺陷、是障碍,然后希望自己可以得到特别的待遇。成熟的人却不然,他先认清自己的不同处,然后决定是要接受他们,还是要改进。

如果要让自己成熟:

认清困难,并试着接受它。

3

努力与不幸抗争

智慧语录

要采取行动对抗困境。只有对抗,才能结束困境。

1945年8月,即日本宣布投降的第二天,玛丽·布朗太太在自己家里体会着寂静与空虚。

几年前,她的丈夫死于车祸,接着与她一起生活的母亲也去世。然而,悲剧似乎并不想完结。

当钟声在宣告和平降临时,我唯一的儿子也离我而去了。现在只剩下我孤单一人了。

儿子葬礼结束后,我一人走进那个空落落的房子,一种无依无靠、寂寞空虚的感觉包围着我,让人窒息。我觉得这是世界上最黑暗的地方了。就这样沉浸在悲伤自怜和恐惧中,我害怕极了,怕一个人面对将来,我的整个生活为之改变,更怕我的余生要在悲伤中度过。

这种感觉继续持续了好长时间,我无法接受这一切。

慢慢地,我明白了一个道理:时间可以让我忘记一切,帮我疗伤。但时间对我来说,过得太慢太慢,我必须做点什么来度过它。于是,我决定再找份工作。

日子一天天过去,我也慢慢恢复了对生活的兴趣。直到一天早晨醒来,我忽然意识到,过去的一切都已结束,将来的生活就在眼前。我必须学会接受现实,然后再让时间帮我承受现实并力图改变它。

虽然这个过程进行得很慢，但毕竟它开始了新的变化。现在，回想那段生活，我感觉我像是经历了一场狂风巨浪后复归于宁静了。

当悲剧降临到我们头上，我们最好面对它，接受它。接受它，你就作好了时间为你疗伤的准备，抗拒命运，永远无法让自己开始新的生活。

当我们的生活遭遇不幸时，只有时间可以将这些碎片捡起来，并重新抚平。我们要给时间一个机会。在刚受打击时，整个世界好像停止运行，而我们的苦难似乎也没有止境，但无论如何，我们还得往前走，去完成生命中的种种计划。一旦我们投入到这个过程中，痛苦便会逐渐减轻，总有一天，我们又能得到以往的快乐。

印度人克里斯那说："人的幸福结局，并不是平静、安稳的喜乐，而是轰轰烈烈地与不幸抗争。"

正是在"轰轰烈烈"地与不幸抗争当中，我们的人性才能变得更深沉，更丰富。也就是说掩藏在我们人性深处的潜质到这时才能被激活，苏醒，为我所用。就像哈姆雷特说的："要采取行动对抗困境。只有对抗，才能结束这一切。"

这里有个我们称为"尘暴灾难"的例子。

你见过美国西南地区的沙尘暴吗？见到过那些尘暴是如何摧毁多少农庄、破坏过多少人的生活吗？下面这个故事的主角就是一个自小生活在沙尘阴影下的小男孩。他现在 21 岁，他的父母一生都在与尘暴抗争。

自从父母过世之后，他便挑起整个家的重担。直到有一天，他们实在到了山穷水尽的地步，没有作物可以收了，眼看着就要饿肚子，看着屋顶上的落尘，他一筹莫展。忽然，他八岁的小妹妹走进来，身边跟着她的一个好朋友。

"吉姆，你可以给我 10 美分吗？我们想去买些饼干，我们每个人都要 10 美分。"她迫切地问道。

吉姆很久说不出话来，因为他实在找不到一个可以拒绝的理由，但是，他搜遍了口袋也找不到。

"对不起，妹妹，我没有 10 美分。"他温柔地回答。

当天晚上，他怎么也睡不着，他怎么也抹不去妹妹脸上失望的表情。他已经有过太多打击，但没有哪次像这次一样，他没有办法满足妹妹的一个卑微的要求。没有办法。想了很久，他决定采取行动。在天亮的时候，他下定决心，想好了计划。

他一直想当一个教师，父母去世后，他只得留在农场。现在眼看农场一再受到摧残，他只能考虑做其他工作。第二天，他到镇上找了份临时工作，从那时起，他借了很多书，每天认真读到深夜，以备有一天实现他的理想。

最后，他终于实现了自己的愿望。

生命并不是一帆风顺的，而是时时处在幸与不幸、沉与浮、光明与黑暗的交替里。我们不能像鸵鸟一样把头埋在沙堆里，拒绝面对各种麻烦，而麻烦也不会因此而得到解决。苦难是人类生活的一部分，只有实实在在地面对，才是成熟的表现。

许多小孩在做游戏时，常常因为自己没有胜利的把握而不想再玩下去。成熟的人不会这样，他们不会抽身而退，而是一试再试，直到成功为止。

赛门市长告诉了我他大学时代的一个室友的故事，是这样的：

杰克是个富有艺术天分、热心肠的学生。在校时，他参加校内各种表演活动，并做很多台前幕后工作，是学校各种大型表演的主持组织者，并且还在乐队里担任鼓手。离校后，他到一家电视台工作，做了一名电视制片人，他非常热爱自己的工作，全身心地投入到里面。

突然有一天一个朋友打电话告诉我他去世了，他患了一种绝症，但从没让人知道，在大学时就已经得了，他知道自己来日不多。想到大学时他的热爱生命、积极奋斗的情形，我感慨不已。从他身上，我知道：除非人生的比赛结束，否则决不言弃！

杰克用最勇敢成熟的方式面对他无法避免的遭遇。学员还告诉了我一个类似的故事。他的主角是迈克。

迈克只有21岁，进入了军中服役。在一次战役中，他的眼睛受了重伤，看不到东西了。他承受着巨大的伤痛，常常与人开玩笑，显得很开朗，还将自己的东西分给好朋友。

医生们尽力想帮助他恢复视力。一天，主治医生亲自走到他的房间对他说："迈克，你知道我一向喜欢说实话，我现在要告诉你，你的眼睛无法恢复了。"

时间似乎停滞不前，屋子里静得可怕。

迈克终于打破沉静，平静地说："我知道，医生，其实，我一直都知道，会是这样的结局，非常感谢你们为我花了这么多的心力。"

过后，他对朋友说："我觉得我没有任何理由绝望。我的眼睛看不见了，但我还可以听，还可以说啊！我身体好得很，可以走。在政府的帮助下，我可以维持生活，现在，我要做的，就是适应一种新的生活罢了。"

对那些叫着"为什么这会发生在我身上"的人来说，这里只有一个答案："为什么不呢？"

上帝并不偏爱任何人，作为一个人，我们都得经历一些苦难，正像我们也经历许多快乐一样。生活最终会让我们明白:在苦难面前,我们都是平等的,无论你的身份、你的性别是什么。生活中的苦难就像生、老、病、死一样,是人生的必经阶段。

这里是摆脱不幸的五种方法,让我们记住它:

1.接受不可避免的事实,让时间帮我们疗伤。

2.采取行动对抗困境。

3.集中精力帮助他人。

4.在有生之年,充分利用自己的生命。

5.享受我们所拥有的幸福。

如果要让你变得成熟,记住:

采取行动,才能结束困境。

4

将信念付诸行动

智慧语录

人不是因为没有信心而跌倒，而是因为不能把信念转化为行动，并且排除一切坚持到底。

如果我问你是否只要能力许可人人都能达到自己的目标，你很有可能响亮地回答：“是。”但是假如你此时正失业在家，没有收入，新的工作又无望，你还会这样说吗？你会采取行动证实这番话吗？

雷纳先生就做到了。他先继承了一笔遗产，接着在1938年又破产了，他的经历是这样的：

我的父亲事业成功，在我高中时，只要我要用钱，他都允许我随时用银行的账号开支票。到了我上大学时，我更是如此，我不知道钱的价值，更不知道用什么方法赚取，只知道用父亲的钱去签支票。

这种方式一直持续到父亲去世。父亲给我留下了一块相当大的、有价值的土地。不多久大萧条遍布全国，我出现了财政赤字，就抵押了一片地，随着情况的恶化，我只得以低价卖了那片地。由于要用钱，我最后卖完了所有的地。

最终，我一无所有。我要活下去，就得找工作，可我惟一的技能就是开支票。我不知所措。

当我从噩梦中醒来，终于知道，我要面对事实。要像个大人，成长起来。

我开始寻找自己的信仰。我强迫自己用信心取代恐惧和疑惑。我相信在这个充满机会的地方，只要有决心，人人可拥有一席之地。

我行动起来，并在堪萨斯州一家财务公司找到一份工作，在那里愉快地工作了四年。后来，我辞了职，又回到农地，我慢慢建立自己的信用，并逐渐扩大业务范围，买进卖出，从中获得不少利润，又走上了成功之路。

感谢失败给我的教训，我失去的产业又重新被我赚了回来，更重要的是，我把我的宝贵经验都传给了我的儿子。这远比留给他们财富要有意义得多。

雷纳先生从一个娇生惯养、不懂责任的孩子走向了成熟。打击让他认清自己不但要有信念，还要为这个信仰付诸行动。虽然他也像孩子一样逃避过，但他的信心让他成熟地面对了现实。

成熟是从学习中得来的，而且要经过苦难才能学到。这也正是赫德莉太太的体会。

赫德莉太太是加拿大一个快乐而又平凡的家庭主妇。她的生活一直很平静，直到一天一场车祸毁了这一切，让她没有任何准备地掉进深渊里。

开始，医生以为她的脊椎断裂了，但幸好它并没有碎，只是表面因擦伤而长出了骨刺。她要卧床三周。但因她脊椎本来有严重的僵硬现象，恐怕再过五六年她会瘫痪。

听到这个消息，我愣住了。我的生活本来一帆风顺，现在却面临着这样的不幸。可能要卧床三周、四周、五周……我不敢想象，勇气和乐观此时消失无影，取而代之的是恐惧。

一天早晨，当我从梦中醒来，我发现自己的思绪一下子变得清晰起来。我告诉自己，五年的时间还很长，我还可以做些事情，改善自己的状况。我不能没有战斗就宣布投降，我要尽力一搏。这样一来，我感觉自己的恐惧消失了，我挣扎着起来，想立刻开始有所行动。

我时时用“向前、向前、向前”提醒自己。

五年过后，再去检查，医生说我脊椎良好，还可以管五年。只要继续保持良好的心态。我想我能支持下去的。

我知道单靠信仰是无法让我们成熟的，但它能增强信心，让我们在面临困境时，不至于退缩。以信仰为基础后，必须付诸行动，否则都是空谈。

有时，我们的行动和信仰也会冲突。比如，有名妇女告诉我有个女售货员多找了50美分给她。我问她是否打算将钱退回，她听了很不以为然，说“当然不行,那是她自己的过失,应该让她自己负责。想想,如果少找了钱,吃亏的不成了我吗?”如果我们质疑这个妇女的诚实品质,她当然不够格。尤其是对别人的过失所采取的幸灾乐祸的态度,简直一点修养也没有。这完全暴露了她不诚实的品格。

我们的信念往往由行动表现出来。耶稣曾说:“凭他们所结的果子,就可以认出他们来。”只有行为才能算数。如果我们不付诸行动,任何理论都没有丝毫用处,我们所结的果子会是苦的,我们的生命也是假冒的。

一旦有了坚定的信念,就要付诸行动。

夏威夷有一名建筑商,坚信人不可轻易放弃。他不但相信,而且在行动中表现出来了,所以事业做得很成功。他就是保罗。

1931 年,他在建筑和工业界到处打听,想找一份工作。但他年轻又无经验,四处碰壁。当时不景气,就是有经验的老手也往往被解聘。

“我实在很气馁,但后来我决定,若无人雇我,我就自己来做。”他说,他从亲友那儿借了 500 美元,成立了一家小小的建筑承包公司。

“不景气吗?”当然,想要房子的人,谁不想找个有经验的人呢?但无论如何,他鼓起勇气,并干到了底,就凭这份信念和坚持,他终于找到了几份小生意做。

由于坚信,他终于渡过了生命中的最大难关。

的确,人不是因为没有信心而跌倒,而是因为不能把信心转化成行动,并坚持到底。

将信念转化为行动,坚持到底。

要想变得成熟,记住:

努力将信仰付诸行动。

5

发现独特的自己

智慧语录

心灵成熟的过程，是持续不断的自我发现、自我探索的过程，除非我们先了解自己，否则我们很难去了解别人。

我一向热爱园艺，并亲自种植了一个玫瑰园，它给我带来很多生活乐趣。一天，我沉醉在花丛中，忽然发现，这些玫瑰，粗看起来是如此相像，仔细看看，却发现它们每朵都不一样。哪怕是同品种的，它们的生长速度，卷曲程度，颜色深浅等都各具风姿。

人也是一样，每个人的生活经历都是独一无二的，尽管构成人的基本因素一样，但每个人都自成一格。

了解这一点，对我们心灵成熟很重要。因为只有我们把他人视为一个个独立的个体，才能与之建立起真正的联系。

但在现实生活中，要真正做起来似乎很难。我们常常把人看成没有个性、没有姓名的群体，而不是一个个独特的个体。比如我们常常把人定位在某个阶层，如普通百姓、中产阶层、低收入人群、白领阶层、上流社会等等。而我们自己也常常被别人归类。个性主义受到破坏，我们甚至不敢有自己独立的思想或采取与别人不一样的行动。

对如何使自己变得独特有个性，现代人充满了渴求。抛开社会对我们的评定归类、给我们的各种压力以使我们和群体一致，在内心深处，我们希望自己与众不同。

如何才能用更成熟的态度去认识自己，有三点建议：

一、每天抽出时间独处。

现代生活紧张忙碌,我们很少有时间让自己深思,我们一定要想法抽出时间来认识自己,面对自己。如此才能好好体验你的生活、信仰和行为。

独处的方式很多,你可以一面散步,一面冥想。可以到教堂去,寻求片刻的宁静,让自己的心灵变得澄清。

也可以接触大自然。可以独自到花园里走走,甚至坐在窗边眺望蓝天或树木,这些都可以让你的心灵得到极好的休息。每次看到季节的变换,无论是面对一望无际的风景,还是一片小小的土地,都可以让我们感受到大自然的神奇与美妙。让自己成为大自然的一部分。

还可以静静地独处,或是自我隔离。总之,每天抽一点时间,让自己不受任何干扰,好好体验你的生活、信仰,你自己及你的行为。历史上很多人如佛陀、约翰、笛卡尔、蒙田等人都时时独处,并从中受益。

二、打破习惯的约束。

我们时常把自己深藏在习惯或习以为常的事件里,都快窒息了还不知道,得用火药或极大的毅力才能破除。想想看,我们有多少人每天都不断重复相同的行为,生命因此变得迟钝,没有精神和创新的能力。

下面是一位学员摆脱习惯的经历:

> 我先生和我都爱看电视,每天一下班,便打开它,然后一边吃,一边看,直到睡觉。我们很少走亲访友,或是阅读书报,或是参加各种活动。假如有人来访,我们也会心不在焉,只希望快回到电视机前。
>
> 一天,我和几个老朋友一起吃中餐,发现自己和他们格格不入,他们谈的话题我都不知道。回家和丈夫提起这个事,并告诉他,我们得改掉这个习惯,他深表赞成。我们便开始计划,先报名参加成人教育晚间课程,也偶尔打打保龄球,去拜访朋友,到图书馆借书看。我很高兴我们摆脱了习惯,与他人的关系更亲密,生活也变得丰富多彩了。

三、兴奋热忱地去追求。

心理学家詹姆士曾说:“我常想,考量一个人的品格的最好办法,应该是找出他的精神或态度来。尤其是发生某些特别事件时,使他能感觉到自己最深刻、最活跃的生命。在这种重要关头,通常会有一种声音在他内心深处喊道:‘这才是真的我啊!’”

是的,兴奋时刻会呈现出我们的真面目。它本身能让我们摆脱习惯、厌烦、压抑,然后把我们整个人生动地表现出来。

兴奋的品质是我们工作能否成功的重要因素。因为情绪的动力是促成我们前进的力量。诺贝尔奖得主亚伯顿说:“在科学研究领域里,我认为热忱要比专业技术还重要。”

人的个性虽不能变,但可以由某些行为呈现。想要发现真的自我,就必须先除掉人性的束缚,如恐惧、畏缩、疑惑等种种积习。这时,兴奋就像火把,能把捆住自我的层层束缚挣脱,使真我释放出来。

爱能让人兴奋,工作或活动能让人兴奋,危险或紧要时刻能让人兴奋。极具挑战性的时刻能将自我的潜能激发出来。

因此发现自己与众不同的三个方法是:

1.每天抽出时间独处。

2.打破习惯的约束。

3.兴奋热忱地去追求。

心灵成熟的过程,是持续不断的自我发现、自我探索的过程,除非我们先了解自己,否则我们很难去了解别人。苏格拉底曾说:“认识你自己”,这是人类智慧的开始。而发现独特的自己是对这一古老智慧一种新的诠释。

要让自己变得成熟:

认识你自己。

6

学会接受自己

智慧语录

成熟的人会适当忍受自己,正如他适当地忍受别人一样。他不会因自己的一些弱点而觉得活着很痛苦。

布兰登曾说:“适度的自爱对每一个正常人来说,是很健康的表现。为了从事工作或达到目标,适度地关心自己是绝对必要的。”

的确,要想活得健康、变得成熟,“接受自己”是一个必要的条件。但这并不等于一味地考虑自我满足。这种理智的态度,是自尊自重,体现了人性的尊严。

马斯洛认为自我接受就是指:自发性,解除自我约束、自然、满足。

成熟的人不会夜晚躺在床上比较自己和别人的不同,不如某人有信心,不如某人有进取心等。他可能有时会批评自己,或是发现自己的过错和效率不佳,但他知道自己的目标和动机是对的。他会克服自己,而不是自悔自叹。

成熟的人会适当地原谅自己,正如他对待别人一样。他不会因为自己的一些弱点就活得痛苦。

喜欢自己是否和喜欢别人一样重要呢?可以说,对别的事或人充满憎恨的人,只会表露出他们对生活的失望和对自己的厌恶。

今天,美国的医院里的人很多都是精神或情绪有问题。而且,这些人都不喜欢自己,他们无法与自我和谐共处。

我不想深究这其中的原因,我只是觉得在这个充满竞争的社会中,我们总是用物质成就去衡量一个人的价值。而对名利的追求、工作的压力等都容易导致我们心灵的疾病。而信仰普遍缺失,也是使人们精神迷失的一个原因。

哈佛大学的教授怀特在他的书中提到了现在流行的一种观念,即:“我们必须学会调整自我,以便适应现实的各种压力。但这是一种理想。我们能适应各种单调、枯燥和强制性的社会角色和任务。但若想取得成功,则需一种抗争意识或是自我改变的能力,而且要一种积极的富于创造性的能力。”

我同意他的观点。我们很少有人有勇气独树一帜,或是清楚自己究竟拥护什么。我们的行为通常受到社交或经济的影响,如衣、食、住、行,大致与别人差不多。如果周围环境与我们的个性格格不入,我们会变得神经质或是不快乐,会觉得失落和迷惑,会不喜欢自己。

几年前,我的一位女学员遇到这种问题。

她的先生是位成功的律师,有野心,做事积极,也很独裁。在社交圈子里他们以先生的朋友为主,他们也是以声望和所取得的成就衡量人的价值。这个夫人个性安静、谦逊,那样的生活使她感到自己很渺小,无法发挥自己的长处。她自己具有的品质也常常被忽视,她对自己越来越没有信心。她为自己达不到别人的期望而痛苦至极。她讨厌自己。

她的问题不是不能适应环境,而是不适应自己。她不能愉快地接受自己的本来面目,而希望成为一个完全不同的如别人期望的人一样。她要明白:每个人都有一定的作用,可以在生活中表现出来。这种作用必须依自己的个性表现出来,而不是模仿他人,明白了这点,她才能对自己产生信心。

自我认同的第一步,是不再用别人的标准来评价自己。要建立起自己的价值观点,然后以此作为生活的依据。

不喜欢自己的人,常常会过度自我挑剔。适当的自我批评是健康的,若超过一定的限度,就会影响到我们的积极行动。

有这样一个女学员,她抱怨自己的演讲没达到自己预期的效果。

“当我站起来演讲时,立即意识到自己笨拙、胆怯。班上其他人都显得镇定自若,很有信心,可我一想到自己的缺点,就失去勇气,无法再讲下去。”

等她讲完,我说:“别尽想自己的缺点,并不是缺点让你的演讲不好,而是你没有把优点发挥出来。”

是的,并不是缺点让我们的演讲、艺术作品或个人性格失败,优点的显著会让缺点也变得不那么重要了。

把注意力放在自身的好品质上,培养优点,克服弱点,才能不断进步。

当耶稣遇到身体或精神受折磨的人,他不会先去问为什么这些人会这样,也不会过度同情,不会说:“可怜的人哪,你的运气真差,环境处处与你作对。告诉我,你是怎样落难的?”

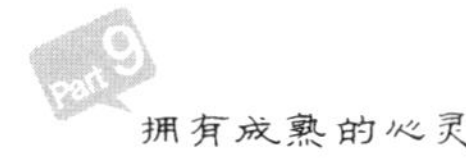

不，他会直接进入重点，他说："你的罪被赦免了，回家吧，不要再犯罪了。"

我们的心灵常因罪恶感和过去或现在所犯的种种过错而显得自惭。我们不能喜爱自己，为了让自己跳出这种境况，我们必须埋葬过去，重新出发。

为了学会喜欢自己，我们必须面对自己的缺点。这并不意味着我们必须降低水准，变得懒惰，或不再尽心尽力。这是表示我们必须知道：没有人能永远达到100%的成功率。期待别人完美是不公平的，期待自己完美则是愚蠢的。

有这样的一位完美主义者，她对每件事都力求精确，凡事都不肯交给他人，而是事必躬亲。连做个小小的报告都要费很多时间研究，要是演讲，更是准备到筋疲力尽为止。她讨厌不速之客到她家里去，每次请客都要计划得尽善尽美，她费了这么大的心，终于把每件事都处理得十分完美，一种冷酷的，没有欢乐、温情、自在的完美。

要求自己完美是一种残酷的自我主义。那表示：我们不能只表现得和他人一样好，而是要超过他人，要像明星一样闪亮。我们的重点不是自我发挥，不是为了把事情做好，而是要胜过他人，傲视他人。

完美主义者同样是人，他也会与常人一样犯错误，会失败。但他们无法容忍这些，所以他们开始憎恨自己。

千万别这样，这样很快会让自己讨厌自己。有时候，我们要学习着自己喜欢自己。

比如独处。这是学习喜欢自己的一个好方法。巴德医生曾说："我们习惯躺在床上冥想当日的种种活动。这种习惯，就是学习与自己相处的一个好方法。"

除非我们学会了与自己相处，否则我们无法期望别人与我们好好相处。有人说："我们内心就像一泓幽泉，只有独处时你才能发现它的美。"独处能让我们更客观地认识自我。《圣经》里说："要安静，便可知道我就是神。"

如果我们一味地依赖别人去寻求快乐，势必会给别人增加负担，影响彼此的关系。学习尊重、欣赏自己，既可以帮助我们认识自己，让自己变得成熟，也可以增进与别人相处的能力。

要让自己变得成熟：

了解并接受自己，对自己宽容些。

7

不要令人乏味

智慧语录

在我们的周围,很多人总是在不断地给人制造乏味,让人生厌,这种人说不上什么罪过,也算不上什么不轨,却对他人有着极大的危害。

在我们的周围,很多人总是在不断地给人制造乏味,让人生厌,这种人说不上什么罪过,也算不上什么不轨,却对他人有着极大的危害。而且我们生活的这一世界也无法将这些令人乏味的人或事隔绝开,使他们不至于总是纠缠着我们。

以下是令人乏味的几种情况,如果我们事先了解自己身上是否会发生这种情形,在今后加以避免,那不就成了让人喜欢的人吗?

1.过分琐碎

“你的小孩子好吗?”是一句最普通的问候,却会招来一大串令人乏味的报告。且这些报告没有什么价值,只要你一打开话匣子,就得陷在那里,直到这些滔滔不绝的话把你淹没。这类谈话通常是这样的:

“约翰尼近来怎么都不好好吃早饭了。就在昨天,他把整碗麦片倒在自己的头上,你看,真是调皮极了!所以,我打电话给小儿科医生,我说,医生,我想尽办法了,但约翰尼总是不爱好好吃东西,他不是把麦片吐出来,就是把它们弄得到处都是,最严重的是,他把它们搞得满身都是。

“医生问我是不是试着在麦片中加点香蕉,奇怪的是,约翰尼从来就不爱吃香蕉。他叫香蕉为蕉蕉,啊,多可爱啊。他说:‘约翰尼不要蕉蕉。’胖胖的小手挥个不停,还高声叫道,几乎要掀翻屋顶。啊,他比同龄的小孩长得快,我们附近的小孩都不如他有表达力,真是奇怪!对了,前几天,他还把桌巾从桌上拉下来,然后用漂亮的黑眼睛看着我,说:'约翰尼拉拉。'真是把我和他爸爸笑死了。"

相信你听到这类没完没了的话,也会烦死的。最让人恨的是,这类人能把话题轻易地引到他所想要说的方向,无论是多么不相干的事,她马上能"言归正传"。

这些令人乏味的话题范围很广,不只是有关小孩、桥牌或电影而已,它可能是丈夫的取向爱好,或是表姐的水果收藏室,或是表兄弟的工作,或是姐妹的痛苦遭遇,甚至是猫狗等宠物的琐事。有次,在曼哈顿街碰到一个老朋友,她便用了20分钟讲了她家金丝雀消化系统如何出了毛病。

这些都是心灵不成熟的表现,因为他们还不懂得交友的第一原则:为别人着想。

2.言不及义

马克·吐温有篇作品,是模仿一个唠叨乏味的人,如何漫无边际地描述一件事,却从没有讲到要点的经过。故事是这样的:"啊,我对你讲过我到西部参观哈比印第安村的事吗?我们是星期五早上出发的,哦,不是的,应该是星期四,记得吗?我说过我们得星期四走,因为星期三我要去看牙医,我上面的牙有点松动,因此要牙医帮我看一下。天,那个牙医真是啰嗦,喋喋不休,幸好他还知道得做生意。我曾和我的上司提到过他,说起我的上司,他真是一个怪人,什么事都依赖我,他总是心不在焉。有一天,我对劳拉说:'劳拉,要是哪天我不做了,你想我的上司会怎么办?'劳拉回答:'比尔,假如你不干了,我就要回家去找妈妈了。'这不是很孩子气吗?"结果,你到最后也不知道哈比印第安村究竟是怎么回事。

3.碰到铁板一块

这种人和喋喋不休相比,是少数,但也值得一提。当你用尽办法,想找出一个投机的话题时,却发现是对牛弹琴。你试了又试,想要让他讲出一些话,但得到的只是面无表情,或是几声简单的"哦"而已。这种人似乎没有感情,想从他身上找礼貌或智慧的反应,好像到外星球发行股票一样困难。他们不会对你感兴趣,只会保持马铃薯似的安静,不受外界干扰。

4.什么都要争论不休

与这种人谈话,任何话题都会像球一样反弹回来打到你的脸上。

这种人好像什么都知道,而且能武断地用几句话结束别人的谈话,别人若有不同的观点,他会不客气地说:"天啊,你疯了吗?难道你不知道这事早已经证实,就是……"或是当天他情绪较好,就会低声告诉你:"不是的,先生,你完全错了！我告诉你……”对付这种人，只有一个办法：无论他说什么，都要表示同意的样子，否则，即使是温和地表示不同意，一场消耗战就会搞得你筋疲力尽。与这种人交谈，你不要期待彼此交换看法，因为他只注意自己的意见，并且像摩西颁布律法一样具有不可侵犯的权威。

5.只会唱低调的人

这些人对事都充满悲观。在他们眼中，这世界简直像地狱一般。他们对人生没有指望，认为人世间到处是笨蛋、骗子和各式各样的恶人；甚至连气候也变了，当然不是变得稳定，而是比以前更坏了！

与这种人谈上十几分钟，你也会被这种低调感染，变得闷闷不乐。因为他如坏天气一样，具有影响力，无论你情绪多好，天气一变，你也会被卷进风暴里去。

无论是喜欢诉苦的女人，还是一个大男人，他们只要一开口就没完没了。他们总是把自己放在中心，是各方注意的焦点，这时，听众所能回报的，大概只是一个大大的长长的哈欠，并希望自己就此失去意识，直到话题结束。

最让人苦恼的是，这些人并不知道自己的言谈那么令人讨厌。我们也没有故意和这种人过不去。只是，他们总是以为自己是各种集会的中心，是社交家，是信息的传播源。或许我们自己也正是这样的人，只是我们没有意识到而已。

其实，只要我们留心一下，对这种情况我们还是有所察觉的，这样我们就及时收口，以免让人讨厌。比如，我们正兴致勃勃谈到自家的小孩如何讨人喜欢时，你看到有些人微笑或眼神不自然，或是有人坐立不安，心神不定，我们就要快点打住，或是给对方谈论自己的机会。也许，接下来该你受苦了。

还有，如果对方在你谈话时开始偷偷看表，或是用力甩，或是凑到耳边，你若还不停止谈话，就要小心对方在内心骂你了。尤其是演讲的时候要注意这种情况。

心不在焉的眼神也是一种预示。那也表明对方对你的话题不感兴趣，在宴会上如果一个可怜的人想摆脱困境，他只能用乞求的眼神求救了。

也许你会问，这些和心灵成熟有什么关系？可以这样说，言语乏味显示出说话的人缺乏智性、想像力和对人的敏感性，而这些特征是一个人具有健全人格的不可或缺的重要因素。

言语乏味的人不但不了解自己，甚至也不能保持自己的个性。因为他无法让别人了解自己的需要得到满足，在与别人交谈时，也很难让别人了解自己的需要并得到满足。为了弥补内心的失落，他们只好把注意力集中在一些琐事上并把它加以强化。他们的沟通方式如同他们的精神一样无趣。

言语乏味是心灵不成熟的表现，人若是心灵成熟，或是心智继续成长，就能与人讨论任何事情而不会引人生厌，因为凡是经由他处理的每件事，都会变得有意义，同样的事，言语乏味的人处理就毫无趣味。如果我们不努力，有一天也会变成那种人。所以要让自己成熟，必须：

注意心智不成熟的令人乏味之举。

8

不要盲从因袭

智慧语录

像追求安全感一样,人们顺应环境,往往最后变成了环境的奴隶。人的真正自由,是在接受生活的各种挑战,是要不断奋斗,并经历各种争议。

爱默生说:“要想成为真正的人,必须做个不盲从因袭的人。你心灵的完整性是不可侵犯的……当我放弃自己的立场,而想用别人的观点去看一件事的时候,错误便形成了。”

坚持一项没有人支持的原则,或不随便迁就一项普遍为人支持的原则,都不是件容易的事。当一个不随波逐流的人,愿意在受攻击时坚持自己的信念,的确需要很大的勇气。

年轻人或涉世不深的人,常会害怕自己与众不同,无论是穿着,行动,言谈还是思考模式,都尽量被自己所属的圈子认同。家里有青少年的父母最害怕听到这样的话:“萨利的妈妈让她擦口红”、“别的女孩像我这么大,都和男孩出去约会了”。

小孩喜欢与同龄人做相同的事,他们很在意朋友或玩伴对自己的看法。他们需要被自己的同伴接受,这是他存在的最重要的证据,假如这同伴之间的标准与父母的发生冲突,对他们会造成很大的困扰。

当我们身处不熟悉的环境,又没有经验可以参考时,最好的方法就是先顺应一般人的标准,直到我们自己的经验和信心足以给我们力量,然后才能按自己的信念去做。若是不清楚自己反对的对象或理由便照着做,则是愚蠢的行径。

无论如何,时间会让我们归结出属于自己的价值体系。这不仅是许多人这样教导我们的,也是我们自己的观察、经历和思索的结果。很幸运的是,对整个社会而言,大部分人都对生活中的一些重要的基本原则表示赞同,否则,就要陷于一片混乱了。

但是,就算是基本原则也有受到考验的时候,尤其是一些不愿随波逐流的人,这便是文明进步的动力。比如,人们一向对奴隶制度不敢反对,直到有少部分人起来大声疾呼,最后才得到响应。一些不合理的现象,一般为大部分人所接受,不曾受到质疑,直到少部分人起来反对,并坚持到底,事情才有了转机。

要想不随波逐流并不容易,至少不是件愉快的事。有时,还很危险。大部分人宁愿顺从环境,躲在人群中接受保护。但是我们并没有认识到,这种安全感其实是虚假的,大众心理是脆弱的,最容易被牵着鼻子走。

人们顺从环境,最后往往会变成环境的奴隶。人要真正的进步,就是要不断接受生活的种种挑战,要不断奋斗并经历各种逆境。莫勒曾说:“一般的人并不能在消极的顺应、平安或一般所谓的幸福中达到人格的完善,而是要在承受挑战重压下达到卓越的境地。身心健康的人从不逃避困难。我们的祖先正是这样获得进步的。”

我们说过,要迈向成熟,必须学会接受责任,而成长与之相关,就是:在父母提供的保护基础之上,慢慢地走向自我发展的广阔境界。

假如我们真的成熟,便不再需要后退躲到怯懦者的避难所里去顺应环境,我们不必盲从别人,而要有自己的观点。

一些有着特殊使命的人,他们为使命感所驱使,能义无反顾地面对一切困难。但一般人,像你和我或隔壁邻居,常常摇摆于各种团体的压力之间,因为我们认为:假如有那么多人反对,想必是我们错了。我们的信念常常被绝大多数所压倒,当大多数人反对我们的时候,我们自己也会失去信心。

也有人觉得,那些特立独行的人,通常行为古怪、哗众取宠、标新立异。我们当然不会认为一个蓄胡子的人、一个在大街上打赤脚的人、一个穿着T恤参加晚宴的人、一个在剧院抽雪茄的女士是追求自由独立的人,我们会以为他们是动物园的猴子,文明程度太低。

成熟的个性能增强我们的信念并促使我们为之而奋斗。每个人对自己,对他人,对人类都应有一种责任感。在这方面,爱默生的立场值得我们尊敬。他在世时,很多人希望他能支持他们的反奴隶或其他改革运动,但他都拒绝了。他同情他们并希望他们能成功,但他知道这不符合他的特点。尽管他这种做法受到很多人的误解,他仍然坚持。

要坚持一项他人反对的原则,或不随便迁就一项普遍为人支持的原则,都不是一件容易的事。这需要极大的勇气。

有次,我参加某个社交聚会,话题正转入最近发生的某个议题,当时,所有在场的人都赞成这个观点,只有一个男士反对。他先是客气地表示不同意,后来因为有人直接问他的看法,他才微笑说:“我本来希望你们不要问我,因为我是与各位不同的一个,而这又是一个愉快的聚会,既然你们问了我,我就要说出自己的看法。”接着,他就把看法简要地说了一下,立即受到大家的围攻。他坚定不移地固守自己的看法,一点也不让步,结果,尽管他没有说服别人,却赢得大家的尊重。因为他坚守自己的立场,没有做别人的应声虫。

前不久,美国还依靠个人决断谋求生存。那些西部拓荒者,遇到事情时并没有可能向专家请教或帮忙,他们只能依靠自己去处理任何状况或危机。生病了,没有医生就靠常识或秘方;受人攻击时,没有警察就依靠自己的力量和智慧;安居下来,没有建筑工人就靠自己的双手;无论何时,他们都当机立断,自己行动。而他们也一直做得很好。

现在,我们生活在一个充满规则的时代。我们习惯依赖专家权威的看法,对自己越来越没有信心,以至于我们不能有自己的个性化意见或坚持自己的信念。专家已经替我们做了。

我们现在的教育趋势,是针对一种既定的性格模式来设计的,因此很难培养出领导人才。由于大部分人都是跟从者,不是领导者,所以我们需要领袖人物的训练。

根据教育家波比的说法,我们的孩童是依照国家需要的人格特征来训练的,因此都养成了能社交、平易近人、能调整自己以适应群体生活等习惯。没有人可以例外,每个小孩都要参加游戏,都要讨人喜欢。但是假如要使这些国家未来的主人翁都能在我们的教育体系下愉快地接受训练,我们必须让那些有独立个性的小孩也有独立的空间。如果他喜欢阅读,不喜欢玩棒球或是喜欢音乐,而不是踢足球,就让他们能照自己的意愿做,而不应把他们看成是与群体格格不入。

在一般公立学校,那些敢于提高声音,为自己的子女教育方式提出看法和意见的人,的确需要勇气。因为通常别人会说,最好把这些问题交给那些有资格的专家来解决。但是,有一位住在城郊的年轻人,他就勇敢地站出来为自己子女的教育方式讲话。他是个能独立思考的人,如今不少人受他的影响,并选他做社区教育委员会的委员。

有很多小儿科医生会告诉我们怎样抚养、照顾孩子;很多心理学家告诉我们怎样去教育孩子;很多专家告诉我们应该如何让生意成功;投票时我们也很

少人有自己的选择，大部分只是根据规定的意见；专家甚至还影响到我们的私生活。

莫勒说这种所谓的集体状况会扼杀我们的一些珍贵品质。他说："这种扼杀，就像纳粹的专政一样。它激起人性中的专制成分，这与美国的民主理想是相悖的。……我们还无法做一个天使，但也不能沦为一只蚂蚁。"

现在要保持自己的面目很难。比如，我们常以一个人所属的团体或阶层来区分他们的属性，如"他是工人"、"她是上班的妇女"、"他是自由派"等等。几乎我们每个人都贴有标签，也毫不留情为他人贴上。

普林斯顿的大学校长达斯，在1955年的学生毕业典礼上，以《成为独立个体的重要性》为题发表演讲，说："无论你受到多大压力，让你不得不改变自己去顺应环境，只要你是个具有独立个性的人，就会发现，不管你如何尽力想用理性方法向环境投降，你仍会失去自己所拥有的最珍贵的资产——自尊。维护自己的独立性，可说是人类神圣的需求，是不愿当别人橡皮图章的表现，随波逐流虽可得到一时的满足，却也时时会干扰你平静的心灵。"

他最后做了一个深刻的结论："人只有在找到自我的时候，才会明白自己为什么会到这个世界上来，要做什么事，要去什么地方等问题。"

澳大利亚的斯本德爵士，1955年6月被任命为纽约联合大学的校长时，也发表了这样的演说："生命对我们的意义，是要将我们所具有的各种才能发挥出来。我们对自己的国家、社会、家庭，都具有责任。这是我们来到这个世界上的理由，也能使我们活得更有用处。如果我们不去履行这些义务，社会便不会有秩序，我们的天赋和独立性也不能发挥。我们有权利，也有一个神圣的机会去培养自己的独立性，并借以追求自己、家人、朋友甚至全人类的快乐和幸福。"

要想让自己变得成熟，必须：

培养独立的个性。

9

先要值得喜欢

智慧语录

要想赢得爱情，先要值得被爱；要想赢得友谊，先要表示友善；要想让别人对我们感兴趣，就得先对他们感兴趣。

当我们还喜欢做梦的时候，常常幻想有一天能写出最好的小说，想像别人怎样赞扬那本书，想像那些掌声，和那些触手可及的荣耀。想像我们穿什么衣服；他人是如何追捧、赞美自己；……想了很多很多，却从没想到过途中可能会遇到的困难，可能要付出的辛苦、眼泪和汗水。我们想的是成功后的那份荣耀，而不是如何去争取它。

这是幼年时期的一种不成熟的行为，是一种想与他人建立良好关系的心理体现，只是我们总是希望别人先喜欢我，却不曾想过我们怎么做才能让别人喜欢。

我常听到许多埋怨："我性情过于腼腆，难以引起别人的注意"、"没有人对我感兴趣"、"别人并不想认识我"等等。的确，别人为什么要喜欢你呢？这个世界没有义务非要喜欢你。任何一个人，有什么特别的理由让别人对你特别关注？除非我们具有让他们关注的特质。

孔子曾说："最重要的，不是别人有没有爱我们，而是我们值不值得被爱。"要想赢得别人的友谊或是感情，必须先不去担心别人是否喜欢我们，而是要用心去改善自己的态度，增进能让他人喜欢的品质。

玛丽安·安德森早期事业失败，整个人都不得志，她几乎想放弃自己的歌唱生涯。后来，凭借着执着的追求，她渐渐恢复了勇气和信心，准备继续为自己的事业奋斗。

有一天,她兴致高昂地对母亲说:“我要再唱下去!我要每个人都喜欢我!我要追求完美。”

她母亲回答:“很好啊!这是很好的志向,但是,要知道,人在成就伟业之前,必须先学会谦卑。”她听了后,深受触动,决心在音乐上力求完美,而不是“想要”完美。

谦卑先于伟大,这是她母亲给她的最好赠言。

强森是一只明星狗,他的主人为它写了一本书,书中说它工作时总是乐在其中,而不是为了报酬。很多次,就算没有人要它表演,它也表演得不亦乐乎,它可从来没考虑过报酬和奖赏,而这正是它成功的小秘密。

一个小女孩在试镜前,十分紧张,几乎没有勇气出场,有人告诉她:“不要去想试镜的结果,只要高高兴兴地跳就是成功。”

果然,那个小女孩不再紧张,并且试镜之后就被录用。

是的,赢得别人注意的最好方法,是不要去担心结果如何,或是在意别人是否喜欢我们。只要我们开始行动,努力去实践那些要完成的事就好了。

克洛维十分懂得交友之道。凡是遇到他的人,无论身份如何,都会在遇到他的15分钟后,对他产生好感。他既不年轻,也不英俊,更不是百万富翁,他用什么魅力吸引别人的?

其实很简单:他丝毫不矫揉造作,并且能让别人感觉到他对别人真正的关心与喜欢。

小孩会爬到他的膝上,朋友家的仆人会为他准备特别的点心。而且假若有人说:“今晚,克洛维会来!”当天的宴会就不会有人缺席。

他是怎样做到呢?说到底就是待人诚恳、热爱他人。对他来说,对方是什么人,或做什么事,他都不会在意,只要遇见陌生人,他很快就像老朋友一样与人交谈,不是谈自己,而是尽量谈别人的事。但他不会唠叨不停,只是向对方表示自己的兴趣和关心,以便建立起友谊。

这种方法,就是最挑剔的人,也会像阳光下的花朵一样吐露芬芳。正像格洛夫说的:“外交的秘诀仅在五个字,我要喜欢你。”

有经验的销售人员知道,如果你一直为自己的生意能否成交担心,就会带着心理负担,结果反而表现不好。大众食品的董事长布立斯先生认为好的销售员不去关心生意能否成交,而是一心一意为顾客服务。如果他的注意力集中在顾客身上,通常不会遇到拒绝。他说:“我常常告诉销售员,每天早晨他们都对自己说:‘我今天尽可能地帮别人解决问题’,而不是‘今天我要多做几笔生意’,那样,他们成交的可能性更大。那些总想为别人解决问题、让别人快乐的人才是好的销售员。”

打高尔夫时，我的眼光通常集中在球上。我在教导学生如何与人沟通时，通常告诉他们要把注意力集中在打球上面。如果只考虑能否成功，反而容易紧张，达不到好的效果。

我也是尝尽苦头才学到这个经验的。

一次要到一个地方发表演讲，听说当地的观众很不好应付，在事前与一个朋友进餐时，我免不了流露出紧张的情绪。“假如听众不同意我的观点，怎么办？假如他们不喜欢我怎么办？”我神经紧张地问那个朋友。

“是的，他们为什么要喜欢你呢？你能给他们什么呢？你认为自己要讲的东西很重要吗？”

我承认那些对我很重要。

“那好，我倒不觉得听众喜不喜欢你有多重要。重要的是你有没有把你的信息传达给他们，他们是否讨厌你又有什么关系呢？至少，你已经完成了任务。”

这番话让我改变了看法。它让人明白自己不过是个谦卑地传达信息的演讲者，而不是要显摆自己的学问，目的是要给听众一些有激励性的思想，以期对他们的生活有益。

得到友谊的最好方法，是注重给予，而不是获得。赢取友谊的能力，是一种心境，一种处世态度，或是一种愿意把自己的爱、兴趣、注意力及服务精神献给他人的愿望。

我们必须把首要的事放在前面。要想赢得爱情，先要值得被爱。要想赢得友谊，先要表示友善。要想让别人对我们感兴趣，就得先对他们感兴趣。没有什么方法可以一劳永逸。

我们认清了“施比受有福”，还要把这种认识用实际行动表现出来。我们不能只是把金矿埋在心里，金子被使用才能显示出它的价值。正如《圣经》所说：“凭它所结的果子，便可认出它来。”

夫妻间的深情，是不需要常用言语来表达的。但是如果这种感情也没有其他方法表示，很可能会因失去滋润而干枯。很多太太听到她们的丈夫为她做的一些小事而表达谢意时，她们是多么的高兴。

爱是人类进步的基础，是人与人交往的桥梁，也是一个人是否成熟的标准。我们必须感受到他人的感受。这就是“同情心”。同情心能使你对情谊有真正的体会，使人类走向真正的文明。假如我们要与他人维持成熟的关系，同情心是一种必备的感受能力。

要想让自己变得成熟：

释放出你的同情心。

十　规划工作，善于理财

理财规划 ‹‹‹

一个人生活上的快乐，应该是尽可能减少对外在事物的依赖。

1

找一份适合你的工作

智慧语录

不要仅仅只是因为自己家人的愿望，就勉强从事某一行业。不要贸然决定从事某一行业，除非你喜欢。

我曾经问过一位人事经理："今日的年轻人求职时，所犯的最大错误是什么？"他说："他们不知道他们想干什么，这真叫人万分惊讶。一个人花在选购一件衣服上的心思，竟比选择一件关系将来命运的工作要多得多，是一件多么奇怪的事。而他将来的全部幸福和安宁全都依赖于这份工作了。"

我要奉劝年轻朋友们：不要贸然决定从事某一行业，除非你喜欢。不过，你仍然要考虑父母所给你的建议。他们比你年长，已经获得那种从众多经验及过去岁月中才能得到的人生智慧。

如果你已经到了18岁，你将要做出你一生中最重要的两个决定——这两个决定将深深改变你的一生，影响你的幸福、收入和健康。这两个决定可能造就你，也可能毁灭你。

这两个重大决定是什么？

第一，你将如何谋生？也就是说，你准备干什么？是做一名农民、邮差、化学家、森林管理员、速记员、兽医、大学教授，还是去摆一个摊子？

第二，你将选择一个什么样的人生伴侣？

对有些人来说，这两个重大决定通常像在赌博一样。哈里·艾默生·佛斯迪克在他的一本书里写道："每位小男孩在选择如何度过一个假期时，都是赌徒。他必须以他的日子做赌注。"

那么你怎样才能减低选择假期中的赌博性呢？

首先,如果可能的话,应尽量找到一个自己喜欢的工作。有一次,我请教轮胎制造商古里奇公司的董事长大卫·古里奇,我问他成功的第一要素是什么,他说:“热爱你的工作。”他说:“如果你热爱你所从事的工作,你工作的时间再长,也丝毫不觉得是在工作,反倒像在做游戏。”

爱迪生就是一个好例子。这个未曾进过学校的报童,后来却对美国的工业化影响深远。他几乎每天在他的实验室里辛苦工作18个小时,吃饭、睡觉也在那里,却丝毫不觉得苦。“我一生中从未做过一天工作,每一天对我来说都其乐无穷。”他说。所以他会取得成功!

国际家庭产品公司的公共关系副总经理卡尔夫人曾为杜邦公司雇用过数千名员工,她说:“我认为,世界上最大的悲剧莫过于有那么多的年轻人从来没有发现他们真正想做些什么。想想,一个人如果只从他的工作中赚点薪水,而别无其他,那真是最大的悲哀了。”卡尔夫人说,有一些大学毕业生跑到她那儿说:“我获得了达茅斯大学的文学学士学位或是康莱尔大学的硕士学位,你公司里有没有适合我的职位?”他们甚至不晓得自己能够做些什么,也不知道希望做些什么。因此,难怪有那么多人在开始时野心勃勃,充满玫瑰般的美梦,但到了40多岁以后,却一事无成,甚至麻木不仁。

选择正确的工作,对你的健康也十分重要。琼斯霍金斯医院的雷蒙大夫与几家保险公司联合做了一项调查,研究使人长寿的因素,他把“合适的工作”排在第一位。这正好与卡莱尔的名言不谋而合:“祝福那些找到他们心爱的工作之人,他们已无须企求其他的幸福了。”

索柯尼石油公司的人事经理保罗·波恩顿在过去20年当中,至少接见了75000名求职者,并出版过《获得工作的六个方法》的一本书。我问他:“现在来求职的年轻人犯的最大错误是什么?”“他们不知道他们想干些什么,”他说,“这真是叫人惊诧,一个人花在选购一件穿几年就会破损的衣服上的心思,竟远比选择一件关系将来命运的工作要多得多——而他将来的全部幸福和安宁全都依赖于这个工作。”

如何解决这个问题,我认为可以利用一下职业指导。但它只是给你建议,最终做决定的还是你自己。

也许你会觉得奇怪,为什么我会说这些令人担心的话题,但是你知道吗?多数人的忧虑、悔恨和沮丧,都是因为不适应工作而引起的。关于这种情形,你可以问问你的父亲、邻居,或是你的老板。学者约翰·米勒宣称,工人无法适应自己的工作,是“社会最大的损失之一”。的确,世界上最不快乐的人,就是那些憎恨他们日常工作的“产业工人”。

威廉·孟宁吉博士是我们当代最伟大的精神病专家之一,他在二次大战期间主持陆军精神病治疗工作，他说："在军中我们发现了挑选和安置的重要性，就是说要让适当的人去从事适当的工作。最重要的是，要使他相信自己工作的重要性。当一个人对自己的工作没有兴趣时，他会觉得自己被安排在一个错误的职位上，不受欣赏和重视，同时觉得他的才能被埋没了，这样就会情绪低落，即使没得精神病，也会埋下种子。"

同样，在工厂，如果员工轻视自己的工作，也会做不好事情，精神压抑。菲尔·强森就是一个例子。

菲尔·强森的父亲开了一家洗衣店，他把儿子叫到店中，希望他将来能接手这家洗衣店。但菲尔痛恨洗衣店的工作，所以懒懒散散，没有精神，只做些不得不做的工作，其他一点也不关心。有时候，他干脆不来。他父亲十分伤心，觉得儿子是一个没有野心、不求上进的人，使他在员工面前丢脸。

有一天，菲尔告诉他父亲，他希望做个机械工人。他父亲十分惊讶。但菲尔还是坚持自己的意见。他穿上油腻的粗布工作服，工作也比洗衣店里的更为辛苦，工作的时间更长，但他竟然快乐得在工作中吹起口哨来。他选修工程学课程，研究引擎、机械装置。

而当他 1944 年去世时，已是波音飞机公司的总裁，并且制造出"空中飞行堡垒"轰炸机，帮助盟军赢得了世界大战。如果他当年留在洗衣店，他和洗衣店——尤其是在他父亲死后——究竟会变成什么样子呢？

即使会引起家庭纠纷，我仍然要奉劝年轻朋友们：不要只因为你家人希望你那么做，就勉强从事某一行业。不要贸然从事某一行业，除非你喜欢。不过，你仍然要仔细考虑父母给你的劝告。他们的年纪可能比你大一倍，他们已获得那种惟有从众多经验及岁月中才能得到的智慧。但是，到了最后，你自己必须作决定。将来工作时，体会快乐或悲哀的是你自己。

现在向你提供下述建议，以便你选择工作时作参考：

1.阅读并研究下列关于选择职业的辅导员的建议。这些建议是最权威人士提供的，由美国最成功的一位职业指导专家基森教授所拟定。

(1)如果有人告诉你，他有一套神奇的方法可指出你的"职业倾向"，千万不要相信。这些人包括摸骨家、星相家、"个性分析家"、笔迹分析家。他们的法子并不灵验。

(2)不要听信那些给你作了一番测验，然后就指出你该选择哪种职业的人。这种人违背了职业辅导员的基本原则，职业辅导员必然考虑被辅导人的健康、社会、经济等各种情况，同时他还应该提供就业机会的具体资料。

(3)找一位拥有丰富的职业资料藏书的职业辅导员，并在辅导期间妥善利用这些资料和书籍。

(4)完全的就业辅导服务通常要面谈二次以上。

(5)绝对不要接受函授就业辅导。

2.避免选择那些人满为患的职业和事业。在美国,谋生的方法共有两万多种以上。但年轻人可知道这一点?在一所学校内,三分之二的男孩子选择了五种职业——两万种职业中的五项——而五分之四的女孩子也是一样。难怪少数的职业会人满为患,难怪白领阶层会产生不安全感、忧虑和“焦急性的精神病”。特别注意,如果你要进入法律、新闻、广播、电影以及“光荣职业”等行业,必须要费一番大功夫。

3.避免选择那些维生机会只有十分之一的行业。例如,兜售人寿保险。每年有数以千计的人——经常是失业者——事先未打听清楚,就开始贸然兜售人寿保险。根据费城房地产信托大楼的比特格先生的叙述,以下就是此行业的真实情形。在过去20年里,比特格先生一直是美国最杰出而成功的人寿保险推销员之一。他指出,90%的首次兜售人寿保险的人又伤心又沮丧,结果在一年内纷纷放弃。而留下来的,10人当中的有一人就可以卖出十人销售总数的90%,另外9人只能卖出10%的保险。换个方式来说:如果你兜售人寿保险,那你在一年内放弃的机会为90%,留下来的机会只有10%。即使你留下来了,成功的机会也只有百分之一而已,否则你仅能勉强糊口。

4.在你决定投入某一项职业之前,先花几个星期的时间,对该职业做全盘了解。如何才能达到这个目的?你可以和那些已在这一行业中干过很多年的人士面谈。

这些会谈对你的将来可能有很大的影响,这是我的经验。二十几岁时,我向两位老人请教过这个问题。现在回想起来,我觉得那两次会谈是我生命中的转折点。事实上,如果没有那两次会谈,我的一生将会变成什么样子,真的很难想像。

你怎样获得这些职业指导会谈呢?现在假设你正打算作一名建筑师,在你作最后决定之前,你应该花几个星期的时间,去拜访你城里和附近城市的建筑师。你可以从电话簿的分类栏里,找出他们的姓名和住址。不管有没有预先约定,你都可以打电话到他们的办公室。如果你希望订个见面时间,可以写信给他们,内容大致如下:

能否麻烦你帮个小忙?我希望能接受您的指导,我现年18岁,正考虑作一名建筑师。在我作最后决定之前,很希望您能赐教。如果您太忙,无法在办公室接见我,而愿意赐我半小时在您家中见我,我将感激不尽。

以下就是我想请教您的问题:

(1)如果您的生命再从头开始,您可愿意再做一名建筑师?

(2)在您仔细打量我之后，我想请问您，您是否认为我具有成为一名成功建筑师的条件？

(3)建筑师这一行业是否已人满为患？

(4)如果我学习四年的建筑学课程，要找工作是否困难？我应该首先接受哪一类的工作？

(5)如果我的能力中等，在前五年当中，我可能赚多少钱？

(6)当一名建筑师，有什么好处和坏处？

(7)如果我是您儿子，您愿意鼓励我当一名建筑师吗？

如果你很害羞，不敢单独会见“大人物”，这儿有两项建议，可以帮助你。

第一，找一个和你同年龄的小伙子一起去。你们彼此可以增加对方的信心。如果你找不到跟你同年龄的人，你可请求你父亲和你一同前往。

第二，记住，你向某人请教，等于是给他荣誉。对于你的请求，他会有一种被奉承的感觉。成年人一向是很喜欢向年轻男女提出忠告的，你所求教的建筑师将会很高兴接受这次访问。

如果你不愿写信要求约会，那么不需约定，就可直接到那人的办公室去，对他说，如果他能向你提供一些指导，你将万分感激。

假设你拜访了五位建筑师，而他们都太忙了，无暇接见你(这种情形不多)，那么你再去拜访另外五个。他们之中总会有人接见你，向你提供宝贵的意见。这些意见也许可以使你免去多年的迷失和伤心。

记住，你是在从事你生命中最重要且影响最深远的两项决定中的一项。因此，在你采取行动之前，多花点时间探求事实真相。如果你不这样做，在下半辈子中，你可能后悔不已。

如果能力许可，你可以付钱给对方，补偿他半小时的时间和忠告。

5.克服“你只适合一项职业”的错误观念。每个正常的人，都可在多项职业上成功，与此相对，每个人也可能在多项职业上失败。

享受你的工作。

2

如何聪明地花钱

智慧语录

令多数人感到烦恼的，并不是他们没有足够的钱，而是不知道怎样支配手中的钱。

有件事你需要考虑：当牵涉到金钱问题时，你实际上是在为自己经营事业。而你如何处理你的金钱，实际上也确实是你的私事，别人无法帮忙。根据《妇女家庭月刊》所做的一项调查，我们70%的烦恼都跟金钱有关。对大多数人来说，多赚一点钱并不能解决他们的财政问题。事实上，我们经常看到，收入增加之后，并没有实质性改观，只是徒然增加开支，使大多数人感觉烦恼的并不是他们没有足够的钱，而是不知道如何支配手中已有的钱！

我曾向预算专家爱尔茜·史塔普里顿夫人专门请教过这个问题。她曾担任财政顾问多年，以个人指导员身份，帮助那些为金钱而烦恼的人。她帮助过各种收入的人，从一年赚不到1000美元的行李员，到年薪10万美元的公司经理。她说："对大多数人来说，多赚一点钱并不能解决他们的财政问题。"事实上，收入增加之后，不但没有什么帮助，反而徒增开支而已——增加头痛。"使多数人感觉烦恼的，"她说，"并不是他们没有足够的钱，而是不知道如何支配手中的钱！"

我也有过经济困难，我曾在密苏里州的玉米田和谷仓每天做10小时的体力活。我辛勤地工作，直至腰酸背痛。但我当时所做的那些活并不是1小时1美金，也不是5毛钱，也不是10分钱，而是每小时5分钱，每天工作10小时。

我一连20年住在一间没有浴室、没有自来水的房子里，我知道其中的滋味。知道睡在一间零下15度的卧室中，是什么滋味；知道为节省一毛钱徒步几里，鞋底穿洞、裤子打补丁的滋味；也尝过在餐厅里尽点最便宜的菜，以及把裤子压在床垫下的滋味——因为没钱将它们交给洗衣店。

然而，在那段时间，我仍设法从收入中省下几个钱来，如果不那么做，我心里就不安。这段经验，让我明白，如果你我渴望避免负债以及避免金钱烦恼，我们就必须和一些公司一样：拟定一个花钱的计划，然后根据那项计划执行。可惜，我们大多数人都不这样做。西蒙金指出，人们在处理金钱时，会表现得格外盲目。有位他认识的会计员，在公司工作时，对数字精明得很，但等到他处理个人财务时却不是这样。如果这个人在星期五中午拿到薪水，他会走到街上去，看到商店橱窗有件让他着迷的大衣，就毫不犹疑地将它买下来——从不考虑房租、电费以及所有各项“杂”费，这些都要由这个薪水来付。然而这个人却知道，如果他所服务的那家公司以这种贪图目前享受的方式来经营，公司势必破产。

那么，什么是管理我们金钱的原则呢？我们如何展开预算和计划？以下有 11 条规则。

1.把事实记在纸上。

约翰·洛克菲勒也保有这种总账。他每天晚上祷告之前，总要把每便士的钱花到哪儿去了弄个一清二楚，然后才上床睡觉。你我必须去弄个本子来，开始记录，要记录一辈子吗？不。预算专家建议我们，至少在最初一个月要把我们所花的每一分钱作准确的记录，如果可能的话，并坚持作三个月。这只是提供我们一个正确的记录，使我们知道钱花到哪儿去了，然后我们就可依此作一预算。

2.拟出一个真正适合你的预算。

史塔普里顿夫人告诉我，假设有两个家庭是邻居，住同样的房子，同样的郊区，家里的人数一样，收入也一样，然而，他们的预算需要却会截然不同。为什么？因为人性是各不相同的。她说，预算必须按照各人需要来拟定。

预算的意义，并不是要把所有的乐趣从生活中抹杀，它真正的意义在于给我们某种物质安全感。从某种程度上说，物质安全感就等于精神安全和免于忧虑。“依据预算来生活的人，比较快乐。”

3.学习如何聪明地花钱。

我的意思是，学习如何使你的金钱得到最高价值。所有大公司都设有专门的采购人员，他们啥事也不做，只是设法替公司买到物美价廉的东西。身为你个人产业的男女主人公，你何不也这样做？

4.不要因你的收入问题而头痛。

史塔普里顿夫人告诉我，她最怕的就是被请去为年薪 5000 美元的家庭拟定预算。我问她为什么。“因为，”她说，“每年收入5000美元，似乎是大多数美国家庭的目标。他们可能经过多年的艰苦奋斗才达到这一标准——然后，当他们的收入达到每年5000美元时，他们认为已经‘成功’了。他们开始大事铺张：在郊区买栋房子，买部车子，许多新家具，以及许多新衣服……一不小心，他们已进入赤字阶段了。他们实际上比以前更不快乐，因为他们把增加的收入花得太凶了。”

这是很自然的。我们都希望获得更高的生活享受。但从长远方面来看，到底哪一种方式会带给我们更多的幸福——强迫自己在预算之内生活？或是让催账单塞满你的信箱，以及债主整天敲你的大门？

5.如果你必须借贷，设法争取银行贷款。

6.投保医药、火灾，以及紧急开销的保险。

对于各种意外、不幸，及可意料的紧急事件，都有小额的保险可供投保。我并不是建议你从在澡盆里滑倒至染上德国麻疹的每件事都要投保险，而是郑重建议，你不妨为自己投保一些主要的意外险，否则，万一出事，不但花钱，也很令人烦恼。而这些保险的费用都很便宜。

7.不要让保险公司以现金将你的人寿保险付给你的受益人。

如果你投人寿保险是为了在你死后能照顾家人，那么我请求你，绝不可让保险公司一次将大批现钞付给你的受益人。

“有许多新钞票的新寡妇”将会如何？我让马利翁·艾伯利夫人来解答此一问题。她指出不让寡妇领取人寿保险金，而改为领取终生收入的好处。她提及一位收到两万美元人寿保险现金的寡妇，她将钱借给儿子开创汽车零件事业。她儿子事业失败了，她现在穷困潦倒，三餐不继。像这样的悲剧，数以千计，不胜枚举。

“2.5万美元在妇女手中，平均不到7年就全部花光。”这是《纽约时报》经济编辑施维亚·波特在《妇女家庭月刊》上所发表的文章中提出的。

8.教导子女养成对金钱负责的态度。

我永远不会忘记我在《你的生活》杂志上所读到的一篇文章。作者史蒂拉·威斯顿·图特叙述她如何教导她的小女儿养成对金钱的责任感。她从银行里取得一本特别储金簿，交给她九岁的女儿。每当小女儿得到每周的零用钱时，就将零用钱“存进”那本储金簿中，母亲则自任银行。然后，在那个礼拜之后，每当她须使用一毛钱或一分钱时，就从账簿中“提出”，把余款结存详细记录下来。这位小女孩不仅从其中得到很多的乐趣，而且也增强了如何处理金钱的责任感。

9.如果你是家庭主妇，也许可在家中赚一点外快。

如果你在聪明地拟好开支预算之后，仍然发现无法弥补开支，那么你可以像安娜一样。她的丈夫生病了，她必须赚点钱补贴家用。但怎么办呢？没有经验，没有技术，没有资金，只不过是一名家庭主妇。她从一颗蛋中取出蛋清加上一些糖，在厨房里做了一些饼干；然后她捧了一盘饼干站在学校附近，将饼干售给正放学回家的学童，一块饼干一分钱。“明天多带点钱来，”她说，“我每天都会带着饼干在这儿。”第一周，她赚了 4.15 元，同时也为生活带来情趣。她为自己及儿童们带来了快乐，现在没有时间去忧愁了。

10.不要赌博——永远不要。

对于那些想从赌赛马及玩吃角子机器上赢钱的人，我总是觉得很惊异。对于那些天真得妄想打败这些早已设计好来骗他们钱的机器的傻瓜，除了轻视之外，别无同情。

11.如果我们无法改善我们的经济情况，不妨改变自己的心理。

如果我们不可能改善我们的经济情况，也许我们可改进心理态度。记住，其他人也有他们的财务烦恼。我们可能因为经济情况比琼斯家差而烦恼；但琼斯家可能因为比不上李兹家而烦恼；而李兹家又因为跟不上范德比家而懊恼。

美国历史上最著名的人物也有他们的财务烦恼。林肯和华盛顿都必须向人借贷，才能启程去首都就任总统。

要是我们得不到我们所希望的东西，最好不要让忧虑和悔恨来打扰我们的生活。让我们原谅自己，学得豁达一点。古希腊哲学家说哲学的精华就是：“一个人生活上的快乐，应该是尽可能减少对外在事物的依赖。”

让我们记住，即使我们拥有整个世界，我们一天也只能吃三餐，一夜也只能睡一张床，即使是一个挖水沟的工人也能如此！而他们可能比洛克菲勒吃得更有味。

百分之七十的烦恼和金钱有关。

3

夫妻间的职业冲突

智慧语录

妻子必须心甘情愿地让自己的丈夫去做他最喜爱的任何事情,即使他的做法很冒险。能够不顾一切地努力实现进取心和创造心的人,就不会为了其他的原因而退缩了。

19 世纪 80 年代,我的祖父查理士·劳勃特森在堪萨斯州的农庄长大。他想要移居到印第安·奈里特利去,看看自己能够在这个边界殖民区里做出什么事业。于是他和他的妻子哈丽特就将他们的行装整理好,放进一辆敞篷马车里,带着孩子们往未知的前途出发。他们在锡马龙的河岸定居。这个地方,就是现在的俄克拉荷马州东北部。我的祖父建造了一座木屋,用篱笆围起一片自己的土地。不久,他借了一些钱在这个小乡村开了一家小店,那就是现在俄克拉荷马州的杜尔沙市。

我的祖母哈丽特日子过得很艰苦,她要照顾九个小孩,身体不太好,而且生活很不方便。那里没有医生,只有一家一间教室的教会学校供小孩子念书。艰苦的生活、债务、寒冷的冬天和炎热的夏天,这就是他们全部的写照了——但是以边疆的生活标准来说,查理士·劳勃特森成功了。哈丽特活着看到她的丈夫变成一个成功的、受人敬重的居民,她的儿女们也都幸福地结婚了,而印第安·奈里特利也变成联邦政府的一州。

联邦政府这些州的发展,不仅由于有像查理士·劳勃特森这种男人的眼光,他们开拓了新的天地并且扩展疆界,而且也因为有了这些勇敢的妻子,就像哈丽特,她们勇敢地去尝试新机会。这些女人信仰上帝,信仰她们的丈夫,而且信仰她们自己。她们勇敢地面对着危险、困苦、疾病和死亡。当她们朝西部前进的时候,有没有怀念过她们离开的舒适的家?有没有后悔过离开了朋友、双亲、财富以及现在所面对的物质缺乏、恐惧和劳苦的生活?如果她们没有后悔过,她们就是没有人性了。

但是就是这样,拓荒的女人们跟随着自己的丈夫来到这些荒凉地区,写下了美国历史上光辉的一页。他们留给自己的儿女一笔巨大的遗产,包括一片土地、城市,以及一种不屈不挠的勇气和无法动摇的信心的光荣传统。

盼望丈夫成功的妻子,必须发扬我们的拓荒前辈的刻苦精神。妻子必须心甘情愿地让自己的丈夫去做他最喜爱的任何事情,即使他的做法是很冒险的。不管遭到了什么挫折,她必须有深信丈夫的勇气,而且毫不畏惧地支持他。能够不顾一切地努力实现进取心和创造心的人,就不会为了其他的原因而退缩了。

“上帝啊,请赐给我一个年轻人,他必须有足够的胆识去做别人心目中的傻事。”路易斯·史蒂文生说。莎士比亚则这样说:“疑虑是我们心中的叛逆者,由于害怕去追求,将会使我们失去我们通常能够赢得的东西。”

例如,我认识的一个男人,在他所不喜欢的职位上工作了一辈子,只因为他的太太宁愿以任何代价来保住安定的生活。

开始的时候他是个记账员,后来他赚够了钱,可以开自己的汽车修理厂了,这时候他结了婚。而他的太太认为在他们还没有买下房子以前,他最好不要辞去工作。等到他们有了房子以后,他们正要生下第一个孩子,这位男士的妻子觉得,开创自己的事业将是一件多么辛苦的傻事——于是日子就这样过去了。他的薪水已经足够家庭开支,还有保险金可以供应孩子的教育费用,有必要开创自己的事业吗?太可笑了!如果失败了怎么办?他可能会失去在公司里的工资、退休金、疾病津贴,以及一份中等而固定的薪水。于是这位男士就失去了创业的机会,因为他的妻子不愿意给他尝试的机会。

现在,他是个对生活感到厌倦的、庸庸碌碌的中年人,他把空闲的时间用来修补自己的汽车。他有张失意的脸孔,患有胃溃疡,此外再也没有什么东西可回想了。生命就这样过去了。他生命中绝大部分的时间都用来压抑他对于工作的不满,他对自己的工作没有真正的兴趣,没有热心,没有完成的野心——这都是因为他的太太不愿意给他尝试的机会。

如果他放弃了不喜欢的工作,尝试努力去做自己选择的工作而失败了,事情又会怎样?至少他将会因为已经做过自己想要尝试的工作而感到满足,而且如果他尝够了失败的滋味,他就真的会成功了。

然而,使人感到兴奋的是,这种类型的妻子似乎只是少数而已。

最近有一项对6000名家庭主妇的调查,其中的第一个问题是如果她丈夫想要从一个他不喜欢的安定工作转到另外一个不稳定且报酬低,但能让她丈夫高兴的工作上去,她们能否同意。结果只有25%的人说不愿意。

我曾接触过雷诺兹。他是一家大石油公司的助理,我认为他前途无量。

他有空时,喜爱画画。他画了许多风景画挂在公司里,有时还将画卖给别人。

虽然他喜欢自己的工作,但他渴望有更多时间画画,他一直想去他向往的墨西哥的陶欧斯城——那儿是艺术家的天堂,他想放弃自己的工作,移民到那里。当他和太太谈到这个打算时,他太太鼓励他说:"我还可以帮你卖画,你专心画就是了。我想我们会成功的。"

在太太的热心支持下,他下定了决心。他的小儿子也帮忙店里的事,他画得很好,最后成为那里最成功的画家之一。现在在陶欧斯的街上,还建有他自己的画廊和工作室。这一切归功于他妻子的支持和鼓励。

最适合某个人的工作或能给他带来快乐的工作不一定会让他富有,但如果一个人不能从他的工作中得到满足,他就算不上成功。做妻子的要有精神耐力,让丈夫自由选择他所喜欢的工作。

很多伟大的成就可能都是由于有心胸的妻子愿意给丈夫一个尝试的机会。

救世军的创始人威廉姆斯的妻子凯瑟林,就是一个典型。

当威廉姆斯以传道为天职,在伦敦的贫民区布道时,他和他的妻儿都忍受着寒冷、饥饿和讥讽。他努力帮助穷人,损害了自己的健康。他妻子身体瘦弱,而且受着肺痨的折磨,她总是生活在肉体的痛苦中。但就是这样一个妇人,不但要照顾全家八个孩子,还帮她丈夫传道,结束一天劳累之后她晚上总是到贫民区帮那些可怜的困难的人。

其实她本来有机会可以离开那个地方,有人帮他们迁到一个富人区,做一个舒服的工作,但凯瑟林站起来说:"不,不!"

我真希望她能够知道,她所作贡献的结果。她那伟大的献身精神感动过伦敦无数的人。

是的,成功的真正意义是找到你热爱的工作并为之努力。

"上帝啊,请赐我一个年轻人,让他有足够的胆识去做别人心目中认为的傻事。"史蒂文森说。莎士比亚说:"疑虑是我们心中的叛逆者,因为害怕,他将会让我们失去我们本该得到的东西。"

给丈夫一个机会,并有足够的勇气共同面对困难!

处理好夫妻间的职业冲突。

4

做好你的家庭预算

智慧语录

预算并不是一件束缚行动的紧身衣，也不是毫无目的地把用的每分钱都做个记录。它是一张蓝图，一种计划的方式，用来帮助你从你的收入中得到更大的好处。

对于金钱，一些乐天派给我们提供了很多笑料。当大卫·科波菲尔让他的年轻新娘按收入花销时，朵拉噘起小嘴撒娇，是多么可爱。我们也不喜欢一个母亲把家里预算弄得一团乱时，父亲在母亲节那天表现出迷人的大度。还有狄更斯笔下奢侈的麦考伯先生历来是让人喜欢的角色之一。

在文学里，迷人和不负责任会同时集中在一个让人喜欢的角色身上。但现实生活里，没有什么比不会预算更让人头疼了。支大于收无法让人开怀大笑，他是冒险家；而奢侈浪费的妻子也绝不动人，她是缠在丈夫脖子上的重担。

一般人认为，只要收入增加，我们的担忧就多余了，这是一种很普遍的误解。据专家分析，有些收入增加只是造成开销的增加而已。

有个全国知名的心理学家说："处理家庭收入这个问题太简单了，没钱少花，有钱多花。"我同意他的观点，但这样做，就没有好好处理个人收入。听起来很迷人，但理智地想想，会发现不对劲。

毫无计划地花销，就等于让每个人包括肉贩子、面包商……都来分享你的收入，除了你本人以外的每个人。

有计划的、有预算的花费，可以保证你和你的家人能够从你的收入里得到公平的分享。

预算并不是一件束缚行动的紧身衣,也不是毫无目的地把用的每分钱都做个记录。它是一张蓝图,一种计划的方式,用来帮助你从你的收入中得到更大的好处。

以下有一些想法,可以帮助你完成你自己的家庭预算计划。

1.记录每一件开销,使你对于支出情形有个清楚了解。

亚尔诺德·白尼特和约翰·D·洛克菲勒都是精明的记账专家。我也是这样。虽然我都以开支票的方式付款,我仍然喜欢按月把我的花费记录成一张整齐的单子。每年一次,我会把这些每月的花费加起来。我可以使用这些记录,查出我家的生活费增加的情况。一旦你知道你的钱花到哪里去以后,就不必再做这种记录了。但是,我很喜欢手边有这种资料。例如,如果我怀疑我花太多钱买衣服了,我只要瞥一眼我的记录就知道真相了。

2.根据家庭的特殊需要,设计出自己的预算。

首先,把你这一年里固定的开销列出来,然后计划你其他的必要开销。每个人都知道,这是件不容易的事情。拟定计划需要决心、家庭合作,有时候还需要严谨的自制力。我们不能买下每一件东西——但是我们可以决定什么东西对我们最重要,舍弃最不重要的东西。你愿意拥有一个舒适的家而放弃买昂贵的衣服吗?你愿意自己做衣服,将节省下来的钱买一台电视机吗?显然,这些决定必须由你和你的家人自己来做。

3.至少要把每年收入的10%储蓄起来。

给你的家庭设定一个固定开销,至少要把1/10的收入储蓄起来,或拿去投资。也许你还可以想办法存一笔额外资金用来做特殊用途,譬如买房子或汽车。

财务专家说过,如果你能节省你丈夫收入的1/10,虽然物价高昂,不到几年你也就可以获得经济上的舒适。

4.准备一笔意外或紧急用途的资金。

大部分的预算专家都劝告每一个年轻家庭,至少要存下1至3个月的收入,用于紧急事件。但是,这些专家警告说,想要存太多钱的人,会发觉很难办到,甚至根本就存不了钱。与其要断断续续地隔几周才一次存5元,倒不如每周固定地存下2.5元,效果会更好。

5.使预算计划成为全家人的事。

预算计划必须得到全家人的合作。经常举行家庭预算讨论会,往往可以减除情绪上的不和,因为我们大家对于金钱的态度,都会受到自己的经验、气质与教育程度的影响。

6.要考虑人寿保险的问题。

玛莉昂·史蒂芬斯·艾巴利女士是人寿保险专家,她说的话具有独特的权威性。当我访问艾巴利女士的时候,她建议当妻子的人应该自问以下这些问题:

你知道经过人寿保险,你的家庭能够得到什么基本需要?你知道一次付款和分期付款有何不同,而且各有各的好处?你知道关于付款的方法有哪些不同的选择?你知道现代人寿保险具有双重目的吗?

金钱并非万能,这句话不错。但是,如果知道如何聪明地处理我们的金钱,就可以带给我们的家庭更多心境的安宁、幸福与利益。

所以,我们不可幻想着自己的丈夫像我们梦想中的金龟婿一样带回来一大袋薪水,这只会浪费我们的时间,损毁我们的青春。我们的工作就是使自己变成财务能手,好好处置他赚回来的钱——如果我们想要激励他赚更多的话。怎么做呢?只要依照以上的规则去做。

合理开支,不要入不敷出。

十一　你是沟通高手吗？

沟　通　　　　　<<<

一个说话得人心的人，大家对他能力的评价，往往超过他真正的才华。

1

演讲,让你前途不可限量

智慧语录

与人们进行有效的交谈,并赢得他们的合作,是每一个正在努力追求上进的人所必须具备的一种能力。

你知道演讲能力对你有多么重要吗?想想由此而结交的朋友在社交上对你的重要性,想想自己与大众、与社会相处的能力将会大大增加,想想它对你的人生和事业造成的影响,想想它带给你的领袖气质……

美国舍弗公司的总裁格莱斯通说:"与人们进行有效的交谈,并赢得他们的合作,是每一个正在努力追求上进的人所必须具备的一种能力。"

事实上,哪怕你一辈子也不需要公开演讲,培养这种当众说话的能力也可以增长你的自信。因为你一旦发现自己能够站起来,口齿伶俐地对着人们说话,你在和个别人交谈时,也一定会更有信心和勇气。大多数人在社交场合中感到害羞拘束,当他们发现,自己站着和同事说话,天也不至于会塌下来,便会发现当初的拘束是多么好笑。他们在训练过程中培养出来的自然洒脱的气质,令家人、朋友、同事、顾客都刮目相看。这个时候你会感到神清气爽,感到自己完美,这种感觉是你以前从来都感受不到的。

寇克斯大夫每年到佛罗里达州度假,那儿离著名的棒球队巨人队训练场不远。作为一名热心球迷,他经常去看他们打球,并渐渐和球员成了好朋友。

有一天,他应邀参加一次球队宴会,在没有任何心理准备的情况下,宴会主持人介绍他,并邀请他给全场球员讲讲队员健康问题。

当然,对这个问题,他可以说是内行,他是研究卫生保健的。但是,在这种情况下,面对一群人讲这个问题,却是另外一回事,他心跳加速,吓得不知所措,他努力让自己平静下来,然而从未做过公开演讲的他,此时脑海中的各种思想好像都长着翅膀,飞得无影无踪了。

他表示谢绝,却引来了更热烈的掌声。听众的呼声越来越大。

他只好转过身背对自己的朋友,默默地走了出去。

他再也不愿陷入哑口无言的境地中,他做的第一件事是参加了演讲培训。他刻苦训练,抓住每一次机会。

努力带来的进步让他自己都感到吃惊,结果,他再演讲时,紧张情绪消失了,信心越来越强,两个月后,他成了演讲明星,也在这个过程中结交了很多朋友。

纽约市共和党竞选委员会的一名委员,在听过他的一次演讲后,立即邀请他到全市各地为共和党竞选发表演讲。

想获得自信、勇气和面对公众讲演时冷静而清晰的思考力,并不是那么困难,如同打高尔夫球一样,只要有充分的愿望和恒心,你就能发挥你的潜力。

演讲,可以让你的前途充满辉煌。

2

只要有信心,没有学不会的

智慧语录

在人的种种心理中,没有什么比自信对一个人的成功更重要。

我认为在我一生中,最重要的一课是,我们的思想对我们的重要性。我如果能知道你的思想,就能了解你这个人,因为你的思想造就了你这个人,改变自己的思想,我们就能改变自己的一生。

想要成功的决心,是能不能成为有效说话者的成败关键。

◎能做的只是征服

有强烈的欲望保持热忱,有坚强的毅力翻越高山,重要的是相信自己一定会成功。

当恺撒从高卢而来,穿过海峡,带着他的军团登陆在英格兰时,他是怎么样让自己的军队成功的呢?他将军队带到多佛海峡的悬崖上,让士兵面对着脚下两百英尺下正在燃烧的船只,他们只身陷入敌国,与大陆最后的联系已被切断了,用来退却的工具船只也被焚烧,留下来的只有一件事可做:前进,征服!

他们就是这样置于死地而后生的。这就是不朽的恺撒精神。

当你要去征服面对听众而产生的恐惧时,为什么不用这种精神呢?把所有的消极思想都扔进熊熊的烈火中,而且把身后通往踌躇的大门,紧紧关上。

◎还有一个理由没说

美国石油大王洛克菲勒说过，商业成功的第一要诀是耐心和坚信最终必然成功的信心，这对提高说话技艺同样适用。

几年前，我来到阿尔卑斯山，试图攀登一座名叫凯瑟的山峰。旅行指南上说，登这座山很困难，业余登山者要有向导。而我和两个朋友都是业余爱好者，也没有请向导。一位朋友问我们是否能成功？我坚决而果断地说："当然！"

"你为什么认为自己能成功呢？"朋友又问道。

"因为，也有人没有请向导曾取得了成功。而且我做任何事都不会失败的。"我回答道。

结果呢？我们做到了。

永远保持信心，这是做任何事情应有的正确心态，从征服演讲到征服珠穆朗玛峰无不如此。只有坚定不移地相信，你才能愉快地去做成功道路上必须做的每一件事。

南北战争时期，海军上将都庞列举了一大堆冠冕堂皇的理由，来证明自己如何能率队进入查尔斯港，法拉格将军专心致志地听完他的陈述后，冷静地说："可是，还有一个理由你没有提到。"

"什么理由？"都庞大惑不解。

"你不相信自己可以做得到。"

是的，在人的种种心理中，没有什么比自信对一个人的成功更重要。

树立信心，是你成为演讲高手的第一步。

3

实践,并持之以恒

智慧语录

如果你已下定决心,事情就成功了一半。

我的课程,每年都有旧的想法被淘汰,但只有一点是不变的,那就是每个学生至少要在同学面前试讲一次,或是更多。为什么?因为不当众说,谁也学不会演讲,就好像一个人不下水,无论如何也学不会游泳一样。

◎我让自己一直出丑

当有人问萧伯纳是怎样学会气势逼人的演讲经验时,他说:“我是用自己学会滑冰的方法来做的,我固执地一个劲儿地让自己当众出丑,直到习以为常。”年轻时,他是伦敦最胆小的人之一,经常要在走廊上徘徊20分钟或是更长时间,才能鼓起勇气去敲别人的门。他为自己的胆小而深感痛苦和羞愧。

后来,他决定想法克服自己的胆怯和恐惧。他要把自己的弱点变成最强有力的资本。于是他加入一个辩论学会,只要有公众聚会讨论,他都参加并四处演讲,最后他成为二十世纪上半期最有信心、最出色的演讲家之一。

说话的机会到处都有,在聚会时,在开会时,在一些活动中,没有哪种工作是不需要说话的。如果你不去说,你就不会知道自己会有怎样的进步。

一个商务人员对我说:“你说的这些我都知道,可我总是很犹豫,害怕学习的考验。”

"快丢开这些想法,什么考验?你为什么不用一种正确的精神来学习呢?"

"什么精神?"

"冒险精神。"

是的,当你把演讲付诸实践时,你也是在冒险,你会发现,这个冒险会改变你,从内到外。

◎下定决心就成功了一半

学习任何新事物,从来都不会稳定直线进步的。这个过程就像起伏不定的浪潮,忽高忽低,忽动忽静,有时还会进一步,退两步。这就是学习中遇到的"坡度"。意志薄弱者会就此放弃,而勇敢者会持之以恒,直到有一天,他们发现,几乎在一夜之间,发生了奇迹,他们说话的技巧一飞冲天。

也许在最初面对听众时,常常会感到一些心理上的恐惧,一些精神上的紧张。其实,即使经历过无数次公开演出的大音乐家,也会有一样的感觉。著名音乐家帕德列夫斯基每次坐在钢琴前时,总是紧张地摸着袖口,而一旦开始演奏了,所有恐惧又如同八月里的迷雾,瞬间消逝得无影无踪。

相信,只要你坚忍不拔,过不了多久,你的恐惧就会一扫而光。

有一位非常希望学习法律的年轻人写信向林肯求教,林肯说:"如果你已下决心要成为一名律师,事情就已成功了一半……你要时刻记住,自己必胜的决心,比任何事情都重要。"

林肯就是这样的人。他一生所受过的正规教育,总共不超过一年时间。至于书,他曾步行 50 里去借,在他的小木屋里,柴总是燃烧到天明。他总是就着火光看书。他常将书放在木头缝隙里,清晨天一亮,他立即从床上爬起来,揉着眼睛,掏出书迫不及待地读起来。

有时,他会走二三十里路去听人演讲,回到家,就随时练习,在田间,在树林,在杂货店,在沙龙里。就这样,勤练不休,他将自己塑造成一个有名的演说家,而且与当时最杰出的雄辩家道格拉斯展开辩论;也就是这个人,在盖茨堡的第二次总统就职演说中,独步千古。

抓住任何可能的机会去实践。

4

克服你的恐惧心理

智慧语录

如果我们失去了很多欢乐,让自己快乐的最佳方法,就是表现得自己本来就很快乐一样。

爱默生说:“恐惧比世界上任何事物更能击败人类。”

害怕当众说话并不是个别现象。一份调查指出,演讲课有百分之八九十的学生,刚上课时都会感到上台的恐惧。即使是很多职业演讲者都坦白地说,他们从来没有完全消除登台的恐惧。恐惧源于无知和不确定性。对多数人来说,当众说话是一个不能确定的因素,所以难免产生焦虑恐惧。

惟一的办法,就是练习,练习,再练习。

◎我们会节哀的

这是杰出的演说家爱德华·卫格恩的故事。我们可以把它当做一种鼓励。

他读中学时,曾有一次被要求做五分钟的演讲,一想到这事他就感到特别害怕。

他说:“当讲演的日子要到了,我生病了。只要一想到那件事,我就血冲脑门,脸颊发烧,只有跑到学校的后面,把脸贴在冰凉的砖墙上,才能褪去脸上涌起的绯红。

“读大学时我还是这样。有一次,我小心地背下了一篇演讲词的开头。但当我面对听众时，脑袋里嗡的一下，几乎没有什么意识了，也不知道自己身在何处。勉强挤出几句：'亚当斯与杰佛逊已经过世……'然后再也说不出一句话来。如是便鞠躬，在如雷的掌声中沮丧地回到座位上。校长站起来说：'哦，爱德华，我们听到这个消息真的很震惊，不过现在我们会尽量节哀的。'接着便是哄堂大笑。当时我真的羞愧至死，好在只是病了几天。"

"我从来就不敢奢望做个大众演讲家。"

但是，1896 年，离开大学后的一年，丹佛掀起了一场关于"自由银币铸造"问题的政治运动。爱德华先生认为"自由银币人士"及其信徒的建议有错，承诺空洞，十分愤怒，然后回到家乡，自告奋勇地就健全币制发表演讲。听众席上有不少是以前的老同学，大学里那一幕又掠上心头，恐惧几乎让他窒息，他甚至想从台上逃下来，但他坚持下来了，最后他终于成功了。

在以后的几年，令全世界的人都感到吃惊的是，他把演讲当成了自己的职业。

◎表现得很勇敢的样子

威廉·詹姆斯说："如果我们失去了很多欢乐，让自己快乐的最佳方法，就是表现得自己本来就很快乐一样。"

同样，如果我们感觉自己很勇敢，而且表现得真的很勇敢，勇气就很可能会取代恐惧。

要克服恐惧，面对观众时，不妨表现得好像真的有勇气一样。

罗斯福小时候经常生病，又很笨拙。长大了，开始他也是很紧张对自己也没有信心。他便开始训练自己，不只是身体，而且是对灵魂和精神。

他是这样讲自己蜕变的经历的："小时候，我在一本书上看到一段话，给我的印象十分深刻。那是一艘小型军舰舰长说的，他说：每个人想有所行动时，刚开始都会害怕。应该学会驾驭自己，让自己表现得好像一点也不害怕，这样持之以恒，原来的假装就会变成真的事实。他凭借着练习无畏的精神，在不知不觉中真的变成了无畏的勇者。"

他以此为训练自己的依据，开始，害怕的事可真多，从大灰熊到野马，到枪手，无一不是。可是他故意装作不怕的样子，慢慢地他就不再感到害怕了。

克服当众说话的恐惧，对我们做任何事情都有很大的影响。他们会发现自己的人格渐臻完善，进而进入更丰富、更圆满的人生。

克服恐惧心理。

5 不打无准备之仗

智慧语录

完全的准备能带给你安全感。

只有准备充分的演讲者才能自信。就像上战场携着不能用的武器,不带一点弹药,还怎么谈得上攻克恐惧的堡垒?林肯说:"我要是无话可说时,就算是年纪一大把,经验一大堆,也免不了因此而难为情。"

我的一位外科医生朋友说:"我可以在十分钟内教会你怎样将盲肠取出来,然而,要教你遇到意外时怎样处理,得花我四年时间。"演讲也是这样,总要周密准备,以应变化。

◎最狼狈的演说

完全的准备能带给你安全感。信徒约翰说:"完全的爱,会置恐惧于度外。"完全的准备也可能这样。丹尼尔说他如果没有准备就出现在听众面前,就像没有穿衣服一样。

几年前,一位政府官员在纽约扶轮社餐会上做一次主讲,我们等着他开始讲,想好好听听。

他事先好像没有准备,就随意即兴讲讲,结果找不到什么说的,于是他从口袋里掏出一叠笔记本来,然而他的笔记也是杂乱无章,像一货车的碎铁片。他手忙脚乱地在这堆东西里翻来翻去,怎么也找不到有用的东西,说话也显得越来越笨拙。随着时间一分一秒地过去,他也越来越绝望,他不停地道歉,挣扎着想从笔记中理出一点头绪来,用颤抖的手端起一杯水,凑到焦干的嘴边,这情景真的很狼狈,叫人不忍再看下去。最后他只得坐了下来,这是我见到的一个最丢脸的演讲家形象。他的演讲就像卢梭说的写情书一样:始于不知何所云,终于不知己所云。

◎空前绝后的表演

完全的准备不意味着把演讲词一字不漏地背下来。这样不但浪费时间,而且很容易导致失败。我们一生说话都是自然而然,只要思想明澈,言语就像我们呼吸的空气,不知不觉地会自然流出来。

如果我们一点点背下演讲词,面对听众时,很容易因紧张而遗忘。即使没有忘记,讲起来也不自然,因为它不是来自我们的内心,只是出于记忆而已。

丘吉尔很辛苦才学到这点。年轻时,他也要写讲稿,背讲稿。直到有一天他在英国国会上背他的讲稿时,思路突然中断,脑海里一片空白,他感到很羞辱,他将上一句重复了一遍又一遍,依然想不起来,最后只得颓然坐下。自此后,他再也不背讲稿了。

凡斯是世界上最大的保险公司之一的副总裁。多年前,他应邀在一次行业代表会中作一次演讲。来自全美的两千名代表参加这次会议,由于他只做了两年就取得很大的成功,就安排了他二十分钟的演讲。

他很高兴,知道这是一次提高自己身价的好机会。他把演讲词写下来,在镜子面前演练了 42 次,把一切仔细地准备好,每字每句,每个手势,每个表情,甚至上台的细节,真的能想到的他都想到了。

可是,当他站起来要演讲时,面对两千名听众他忽然觉得害怕。他只说了:“我在本计划里的职位是……”脑子里就只是一片空白。慌乱中,他后退了两步,想重新开始,可是脑子里依然是空白。于是又退了两步,想再重新开始,依然没用。讲台有四尺高,后面没有栏杆,和墙有两米的距离。所以当他第四次重复刚才的动作时,掉下讲台,消失到隔缝里去了。听众哄堂大笑,笑得人仰马翻,跌出椅子。这种滑稽真是空前绝后。更让人拍案叫绝的是,听众还以为这是特意安排的助兴节目。

这个公司的一些老前辈们现在还对他的表演津津乐道。

林肯说:“我不喜欢听刀削式的、枯燥的讲演。当我听人演讲时,我喜欢看他像在和蜜蜂搏斗一样在讲话。”

马克·吐温说:“书面写出来的东西是不适合作演讲用的。它生硬而没有灵活性,无法通过口头有效而愉悦地传达出来。讲演的目的是让听众感到快乐,不是说教,你要让他尽量显得口语化、简洁、温和,如果你不这样做,就会烦死一屋子的人。”

充分的准备,带给你安全感。

6

对自己的话题充满热情

智慧语录

表现热烈,对自己所做的一切自然就会热烈起来。

当你走上演讲台时,应该对它充满企盼,而不能像一个要受刑的犯人。轻快的步伐也许大部分是假装的,却能为你创造奇迹。告诉自己你现在要对听众讲一些有价值的事,因此你身体的每一部分都要告诉他们这一点。

杜纳德称之为"预热我们的反应"。罗斯福总统这个人"活泼愉快度过一生,带着一分雀跃、活力、冲撞和热情。这些是他的标记。他总是对自己处理的一切事情有着浓厚的兴趣,浑然忘我,或者他装得像这个样子"。的确,表现热烈,对自己所做的一切自然就会热烈起来。

◎看出其中的错误了吗?

我曾到日内瓦参加国际联盟第七次大会,后来对当时的情形做了笔记。无意间我又翻看了这些笔记。以下有一段话:"在三四个人死气沉沉地讲完或读完自己的讲稿后,加拿大的乔治·佛斯特上台发言。他没有带任何纸张或字条,我大为赞赏。他专注于他要讲的事情上,并配合手势来强调他的观点。他很想让听众了解他的思想,热情地向他们传达着自己的理念。我在教学上提倡的那些法则,在他的讲演里表现得很完美。"

我常会想起他的讲演,他的真诚和热情。只有对自己所选的题目充满了热情的人，才会有如此的表现。

福丝·J·辛主教是美国最有影响力的演讲家。他从自己的早年生活中也学到了这一点。

他在《此生不虚》中写道："我被选出来参加学院里的辩论队。在辩论前一晚，我们的辩论教授把我叫到他的办公室，对我大加指责。"

"你真是饭桶，本院有史以来还没有哪个演讲者比你差。"

"那，我既是饭桶，你干吗还要挑选我参加？"我辩解道。

"因为你有思想，但你不会讲。"他说，"到那边去，从讲辞中抽出一段将它讲出来。"

我把那一段话反反复复地讲了一个小时，他说："看出其中的错误了吗？"

"没有。"于是又是一个半小时。

最后，我实在是筋疲力尽，他又说："你还看不出错在哪里？"

"过了两个半小时，我找到了问题的原因。"我说，"我知道了，我没有诚意。我根本对要讲的东西心不在焉，没有真感情。"

就这样，他学得了毕生难忘的一课。要把自己沉浸在演讲中，于是他开始对自己的题材充满热情。直到这时，教授说："现在你可以讲了。"

◎兰草对山胡桃木灰

二十多年前的一次演讲，因热情而造成的说服力，至今仍然浮现在我眼前。我听过很多演讲，可是这一个，却是真诚战胜常识的一个最佳的例子。

纽约一家很有名气的销售公司里，有一个一流的推销员经常爱唱反调。有次，他说他能让兰草在无种子、无根的情况下生长。他说将山胡桃木的灰撒在新耕过的土地里，然后，一眨眼兰草就出现了。他坚持说山胡桃木灰而且只有它才是兰草生长的原因。

评论时，我委婉地说，如果他这种惊人的发现是真的，他在一夜之间就可以成为巨富，因为兰草的种子价格很贵，而且这项发现还会让他成为人类历史上的一位极杰出的科学家。但事实上，没有一个人，有能力创造这个奇迹，没有人能从无机物里培植出生命。

这个错误是显而易见的，根本没有反驳的必要，所以我平静地告诉他这些话。其他的同学也都是这样认为的，惟独他自己坚持自己的看法。他想也没想，就站起来说，他没有错，他对自己的发现热衷到难以置信的程度，甚至大声说他还没有引用论据，只是陈述了他的经验而已。于是他接着往下说，扩大了原来的论述,提出更多的证据,他的声音充满了热情。

我只好再次说,他不可能是对的,他对的几率几乎是零。他立刻又站起来,提议和我打赌,让美国农业部来裁决这件事。

你知道这时情况发生了什么变化吗?好几个学生开始相信他的发现,还有很多人变得举棋不定。我相信要是来作一个表决,一半以上的人不会同意我的观点。我问那些改变自己主意的人,是什么让他们改变了观点?他们不约而同地说是演讲者的热忱和坚定,让他们开始怀疑自己的常识。

既然这样,我只好写信给农业部,我对他们说,问这样无聊的问题,实在是不好意思,结果他们肯定了我的答案,就兰草或是其他什么东西从山胡桃木灰中长出来,根本就不可能。他们回信还说他们收到了一封同样的信,原来那个销售员自己也写了一封。

这件事对我触动很大,演讲的人如果真的确信某事,并热情地为它辩论,就能让人相信,即使是宣称自己能从尘土中培植出来兰草也没有关系。那么,我们归纳、整理出来的正确的常识,岂不是更有说服力吗?

有人曾问美国作家理查·乔尔德,他是如何成为一个生气无限的作家的,他说:“我非常热爱生命,所以不能静下来不动。我只是觉得必须让人们知道这一点而已。”

一个人说话时的那种真诚,会让他的声音焕发出真实的光辉,那是虚伪的人装不出来的。

如果我们的目的是说服别人,特别需要发自真诚的内在光辉,我们自己先被说服,才能设法去说服别人。

发自内心的热情才能感染别人。

7

要赢得听众的赞同

智慧语录

人人都有一种内在的价值感、重要感和尊严感,伤害了它,你就永远失去了那个人。

林肯说,他赢得一场辩论的方法,是先找到一个让听众同意的点。这正是说服性演讲的秘诀之一。

有技巧的演讲者,一开始便获得许多赞同的反应。他以此铺路,让听众朝赞同的方向前进。就像撞球游戏里的弹子,将它往一个方向打出后,如果要让它转向,就要费些力,如果要把它推到与原来相反的方向,就需要费更大的力。

◎先赢得听众的赞同

人的心理是很微妙的。当一个人说"不",而且真心如此,他的整个身体,甚至自己都进入到一种抵抗状态之中;相反,一个人说"是"时,就绝无撤退的行为发生,他们整个身体是处在一种前进、接纳、开放的态度中。所以,如果一开始就能让听众说是,就有可能成功地抓住听众,为我们自己的观点铺路。

林肯在讨论奴隶问题时,就利用了这点,《明报》这样评说他的讲演:"前半个小时,他的反对者几乎同意他说的每句话。然后他抓住这点开始领着他们,一步步地,将他们引入自己的圈子里。"

无论什么样的争议,总会有一些共同点让双方产生共鸣。比如1960年2月,英国首相哈罗德·麦克米兰对南非联邦国会两院发表演讲。当时,南非当局采取了种族隔离政策，而他要陈述英国无种族歧视的观点。他没有一开始便对这种分歧进行阐述。而是先强调南非在经济方面取得的了不起的成就，又巧妙地转移到分歧上来。他说："身为英国的一员，我们真诚希望能给予南非支持和鼓励，希望各位不要介意我的直言，在我们的领土上，我们正在设法给人们自由的政治前途，这是我们坚定的信念。我不能违反，我认为，我们应该像朋友一样，不管谁是谁非，都来共同面对我们之间还存在分歧这个事实。"

如果首相一开口就强调双方的差异，后果会怎样？

人都是如此，正如罗宾生说的："如果有任何人表示与我们不同道时，我们反而会对自己的信仰怀有带着偏激的热爱。显而易见，我们珍爱的并非是信念本身，而是遭到威胁的自尊……这小小的'我'是人类中最关键的一个词，适当地加以考虑才是大智慧。"

◎他们会照单全收的

人人都有一种内在的价值感、重要感和尊严感，伤害了它，你就永远失去了那个人。而当你爱上一个人，你也就造就了他，而且，他也同样爱你、敬你。

但骄傲是人性中一个极易被触动的东西，如果聪明的话，是不是应该让一个人的骄傲为我所用，而不去和它作对？能和一个人携手进入对方信仰的城堡中，需要对别人尊重、友好。然而大多数人缺少这种能耐，他们认为，要攻占城堡，只有用武力猛攻，将它夷为平地。而结果呢？敌意一旦产生，吊桥立即收起，大门紧闭，身披盔甲的武士拉开了弓，争个头破血流，两败俱伤。

有一次我和一位艺人一同上一个节目，我和他并不熟，但从那次会面后，我从报刊上了解到他的困境，我想我知道其中的原因。

我安静地坐在他身边，很快要轮到我讲话了。

"你好像不紧张啊？"他说。

"哦，不，我当然会，当我在听众面前站起来前，我总是稍微有点紧张，我尊敬我们每位听众，难道你不紧张吗？"我说。

"不会，为什么要这样？听众会照单全收的，他们都像是上了瘾的瘾君子。"

"我不同意，他们是权威的裁判，我对他们都怀着极大尊敬。"我说。

后来看到有关此人声望下降的消息时，我想这与他对人采取轻慢而不尊重的态度相关吧。

记住人是需要爱和尊敬的。

视听众为上帝。

8

保持自己的个性

智慧语录

我们不能让个性消失，这是你独特的这一个的真实凭证。

制造厂商会说：所有的福特轿车是完全一样的。但是，没有两个人是相同的。每一个新生命，都是太阳底下的一个新事物，之前没有和它一样的东西，此后也不会有。所以，年轻人应该追求自己独特的个性，让自己与众不同，并发挥出自己的价值。尽管我们的社会试图改造他们，习惯把人放在同一个模式当中，但我们不能让个性消失，这是你独特的这一个的真实的凭证。

对演讲而言也是如此。

◎看它怎么讲

演讲除了讲词外，还有一个重要的因素，就是将这些词句表达出来的特有的个性。说什么和怎么说是两回事，不能混为一谈。

在一次公开演奏会上，我坐在一个年轻小姐身边。当时著名钢琴家帕德列夫斯基在弹奏肖邦的一首马祖卡舞曲，她也拿着曲谱在看，她感到不解的是，为什么帕德列夫斯基的手指敲击的音符跟她弹奏时敲的一模一样，然而她的表演是那么平庸，而帕德列夫斯基的表演却引人入胜，美得让人心醉。其实她不知道其中的关键并不在于音符，而是弹奏的方式。帕德列夫斯基的弹奏融进了他自己的感觉、艺术才能、个性气质，天才和凡人的区别也由此判然分明。

俄国大画家普鲁洛夫修改一个学生的习作时,学生惊奇地看着改过了的图,叫着:“啊,你只动了那么一小点,可是整个画就不一样了。”

普鲁洛夫说:“艺术就始于那么一小点儿的区别啊。”

演讲其实与绘画和弹琴是一样的。

英国有句老话:“一切看他怎么讲,而不看他讲了什么。”

◎个性的展示

这个世界上没有两个人是相同的,也没有一个人与你的思想和看法完全一致。很少有人能像你一样自然地谈话,表达自己的意见。这是你的独特之处,也是作为一个演讲者最宝贵的财产。抓住它,发挥它,这点星星之火会让你的演讲产生力量和真诚。千万别把自己装在一个模子里,淹没了自己的个性。

洛吉爵士的演讲与众不同,因为他的说话方式、他的胡子、秃头,这些是他独特的商标。如果他要模仿洛依德·乔治,他看上去就很虚假,就会失败。

美国有史以来最著名的一场辩论是在道格拉斯和林肯之间发生的。林肯个子高,显得很笨拙,道格拉斯矮,但很优雅。他们俩外表迥异,个性、立场也完全不同。

道格拉斯是上流社会人士,林肯却有“劈柴农夫”的绰号,他往往穿着短袜就走到门口接见民众。道格拉斯没有幽默感,林肯则是有史以来最风趣的故事家;道格拉斯骄傲而且自大,林肯谦逊而宽容;道格拉斯说话激烈如狂风暴雨,林肯则显得平和从容不迫。

林肯经常喜欢停顿,当他说到一个重点时,他就会直视对方,身体前倾,足足有一分钟,不说话。这种沉默与突起的噪音一样有效果。他知道他和道格拉斯的辩论接近尾声时,所有的迹象表明他就要失败了,他因此而沮丧,他的演讲也因此而充满了感伤。在最后一次演说时,他突然停下来,默默地站了一分钟,望着身边那些半是朋友半是旁观者的面孔,深陷的忧郁的眼睛充盈着未曾流下来的泪。他用他特有的声调说:“朋友们,不管是道格拉斯还是我入选美国参议院,那都无关紧要,真的没有关系。我们今天向你们提出的问题才是最重要的,比任何个人的利益和政治前途都显得重要。朋友们——”说到这,他又停了下来,听众静静地听着,“即使在道格拉斯法官和我那可怜、脆弱无用的舌头已经安息在坟墓中,这个问题还会继续存在、呼吸、燃烧。”

一样的声名显著,但如果他们某个人要模仿另一个,一定会输得很惨。他们两者都把自己独特的个性发挥到极点,因而显得与众不同,更具说服力。

发挥自己的优点吧。虽然福熙元帅说过:“世上万事,说易行难。”

保持个性。

9

注意你演讲的台风

智慧语录

惟有自然、真诚才能获得听众的信任。

台风和个性,是决定演讲成败的关键。惟有自然、真诚才能获得听众的信任。

以下四句话是对演讲时台风的最好说明:

装满桶子。

撬掉塞子。

让自然跳跃。

得体的衣着,迷人的微笑。

演讲者的服装对听众会有什么影响?我们注意到一个有趣的现象,如果演讲者是个不修边幅的男士,穿着宽宽松松的裤子,变形的外衣和鞋子,自来水笔露在胸前口袋的外面,一张报纸,一把烟斗将西装塞得鼓鼓的;或是一位女士带着一个丑陋的大包,衬裙翻在外面,那么听众对这样的演讲者根本没有信心,觉得他们的头脑也是乱七八糟,就像他那头蓬乱的头发,或是胀鼓鼓的手提包。

当李将军代表他的军队前往阿波托克斯投降时,他穿着整齐的制服,腰上还系了一柄珍贵的长剑。格兰特却只穿着士兵的衬衫和长裤,格兰特后来回忆说:"相比之下,对方是位衣着漂亮的男士,身高两米,穿戴整齐,而我们则与之形成了鲜明的对比。"没有在这个历史性的场合穿上合适的服饰,成为格兰特将军一生中最大的遗憾。

演讲者在演讲时,就像被放在放大镜下,所有的眼睛都看着他,在这种情形下,他外表上最微小的不调和的地方,也立即像科罗拉多州平原上的派克山峰那样醒目。

我曾经写过一位银行家的成功经历,他说他成功的最大原因,是他那迷人的微笑。这个说法听来有点夸张,但我相信这是真的。比他拥有更丰富的经验、更敏锐的能力的人有很多吧,但他却拥有别人没有的财产,原因就是他随和的个性,温暖、迷人的微笑。

想想看,如果演讲者态度冷淡,仿佛很讨厌这个演讲,要是能快点结束,他会感谢上帝的。这时观众的感觉也是一样的,要知道这种态度是很有感染力的。

如果我们对听众有兴趣,他们也会对我们有兴趣,如果我们不喜欢台下的听众,他们也会对我们表示厌恶,如果我们表现得胆怯慌乱,他们也会对我们丧失信心。常常是我们还没有开口,他们已经评定了我们的好坏。

◎把自己突显出来

演讲中最重要的东西是人。

如果你是演讲者,一定要很突出地表现出来,要像少女峰白雪覆盖的峰顶与瑞士的蔚蓝天空交相辉映那样突出。

演讲者身后不能有任何吸引听众注意力的东西。一次我在加拿大安大略省兰登市,正好碰上加拿大总理在当地演讲,他演讲的时候,却有一个工友拿着一根长大棒从这个窗户走到另一个窗户,一一调整窗子。结果听众几乎忘记了台上的演讲者,而是专心致志地看着那位工友,仿佛他正在表演什么魔术似的。

不管是听众还是观众,他们都无法抵抗望向移动物体的诱惑。演讲者应该记住这些。

他要克制自己,不要在演讲时玩弄自己的手指,摸衣服或是其他一些削减听众注意力的一些紧张的小动作。我记得有个有名的人在纽约演讲时,不断用手弄着讲台上的桌布,结果听众全都专心地望着他的手,足有半小时。

演讲者不应安排在贵宾席的讲台上。几年前,雷蒙在布鲁克林发表一系列演讲,他邀我和另外几个贵宾一起坐在讲台上,我没有接受。我知道这样对演讲者没有好处。事实上,在那天晚上我注意到有好几位贵宾移动身子,或是将一条腿放在另一条腿上,然后又放下来。只要他们稍微动一下,听众就会将眼光从演讲者身上移到这位贵宾身上。事后我把这个情况告诉了雷蒙，此后他就一个人站在了讲台上。

◎准备好出场姿势了吗？

有关讲演姿势的条条框框实在是太多了，但那十之八九是废物。

一个最适合的姿势，只有自己去揣摩，从自己内心出发，根据自己的思想和兴趣去培养。惟一有价值的姿势就是你天生就会的那一种，一盎司的本能比一吨的规矩更有价值。

手势与服装这种可随意穿上或脱下的东西完全不同，它是内在心理的外在表现，如同亲吻、腹痛、大笑或是晕船一样。

你可以想像，个子修长、动作笨拙、神思缓和的林肯和说话很快，温文尔雅的道格拉斯使用完全相同的手势，那将是多么可笑的事。

林肯演讲时，经常甩动头部，尤其是他想要强调自己的观点时。有时这个动作会猛然顿住，有很强的震撼力。随着演讲的进行，他的动作会越来越自由，最后臻于优美。他表现自然、高贵，他瞧不起虚假、做作、炫耀……有时，为了表示喜悦，他会高举双手，手掌向上，仿佛渴望拥抱那种精神。如果他要表示厌恶，他会高举双臂，握紧双拳，在空中挥舞，表现出一种最生动坚定的决心，显示出他决心把他痛恨的东西拉下来，丢在灰烬里。

罗斯福则比林肯更有活力、更激昂、更积极。他的脸因充满感觉而显得生机无限。他紧握拳头，整个身体成为他表达感情的工具。政治家布莱安经常伸出一只手，手掌张开。葛莱斯东经常用手拍桌子，或是用脚踩地板，发出很大的声响。罗斯伯利则习惯高举右臂，然后用力向下一拉，这些动作都是演讲者有力的思想和信念的有力而自然的表现。

当然，如果一个人专注于自己的讲题，急于表达自己的意见，以至于忘了自己的存在，那么他的手势及表达方式是不会受到批评的。如果你怀疑这一点，你可以冲着某个人将他推倒。你会看到，那人站起来，会对你说出一段几乎无懈可击的完美演讲。

自然是最宝贵的。

10

运用记忆中的印象法则

智慧语录

普通人只用了自己实际遗传能力的百分之十,其余的百分之九十都被浪费了,因为他们违反了记忆的自然法则。

卡尔·希修教授说:“普通人只用了自己实际遗传能力的百分之十,其余的百分之九十都被浪费了,因为他们违反了记忆的自然法则。”

记住这些记忆的法则,并学会将它运用到商业、社交和公开演讲中去,那一定会让你受益匪浅。

其实,这个法则就是印象、重复、联想。印象法则是很有趣的。

◎刻在钢铁上的记忆

如果你要记忆某个东西,必须对它获得深刻、生动、持久的印象。想要达到这个目的,你就必须集中你的注意力。

罗斯福的惊人的记忆力给每个见过他的人都留下深刻的印象。他对人和事情的记忆仿佛是铭刻在钢铁上,而不是写在水上。这种能力是依靠他坚强的毅力训练出来的。这让他能够在最混乱的情况下集中精神,保持注意力。

1912 年芝加哥大选期间,群众拥向竞选总统总部所在地,挥着旗帜,高喊:“我们要泰迪,我们要泰迪!”呼喊声、乐队音乐声,来来往往的人,匆匆忙忙的会议,还有各种密谋和磋商,情况混乱、嘈杂。普通人早就被扰得心神不宁,但是罗斯福却安然躺在房间的椅子上，将所有的混乱与嘈杂置之度外，潜心阅读古希腊历史学家希罗多德的作品。而在巴西荒野旅行时，他每天傍晚一到宿营地，就立即在大树底下找一个干燥的地方，取出一张小凳子和英国历史学家写的《罗马帝国兴亡录》，完全沉浸在其中，忘了滂沱大雨、营区的嘈杂声以及热带雨林发出的异样声音。在这种环境里，他还能专心致志地阅读。

花五分钟全神贯注集中注意力，比你在神思恍惚的情况下胡思乱想好几天效果更好。毕丘曾说过："激情奔放的一小时，胜过迷迷糊糊的无数岁月。"

这就是记忆力的秘诀之一。

◎看不见的樱桃树

真正的观察力也是获得记忆的重要能力。

爱迪生曾经发现，他的 27 名助理研究员，每天都来回穿过新泽西州门罗公园，从灯工厂通往主要实验室的一条固定的路线上，连续走了六个月。这条路的旁边有一棵樱桃树，当爱迪生问他们，这些人当中有没有一个注意到这棵樱桃树。答案是：没有一个人注意。

爱迪生因此宣称："平常人的头脑注意不到他眼睛看到的事情的千分之一。我们的观察力，真正的观察力，真是贫乏得让人难以置信。"

给一个普通人介绍你的两三个朋友，两分钟之后，我敢保证他再也记不住其中任何一个人的姓名。为什么？因为开始他就没十分注意，也没有正确地观察。他可能说是他的记忆力不好，但事实并不如此，是他的观察力很差。他不会惊讶照相机无法拍下雾中的景象，却期望能够捕捉住相当模糊的印象。很显然，这办不到。

恰当运用记忆法则。